Sammlung Luchterhand 297

Gabriele Wohmann

Ausgewählte Erzählungen aus zwanzig Jahren

Herausgegeben von
Thomas Scheuffelen

Band 2 (1964–1977)

Luchterhand

Originalausgabe
Sammlung Luchterhand, September 1979
3. Auflage März 1981
Umschlag von Kalle Giese

Gesamtherstellung bei der
Druck- und Verlags-Gesellschaft mbH, Darmstadt
ISBN 3-472-61297-5

Inhalt:

Inhalt des ersten Bandes *(SL 296):*

Bitte? Ja, das stimmt, allerdings. Das bin ich: musikalisch. Ich möchte sagen: gottseidank. Hochmusikalisch, wir alle, drei Geschwister und die Eltern. Ich nehme fast an, Ingeleins Töchterchen besitzt mit seinen zweieinhalb bereits das absolute Gehör, wenn auch Ingeleins Mann, leider – ich meine, er ist nicht ausgesprochen musikalisch, zumindest nicht ausübend, und das ist etwas, Ausübung, was wir in unserer Familie immer für höchst wichtig gehalten haben. Ich denke immer noch so, nun als Erzieher. Papi hat ja sogar komponiert, damals, in der schwierigen Zeit, ich brauche nicht deutlicher zu werden. Seine Opern, Opern für Kinder, für Jugendliche – Opern für *junge Menschen* – wurden hier an unserm verehrungswürdigen humanistischen Gymnasium aufgeführt und immer wieder nachgespielt. »Der versunkene Zeiger«, »Libella«, »Zauberer und Hexlein«, um nur einige zu nennen. Ich finde, schon deshalb sind heutige Diffamierungen nicht nur unangebracht, sondern auch gemein, indem sie sich nämlich richten gegen ein Gefühl, das uns heilig, ja, ich wiederhole es: *heilig* sein sollte: gegen die Verehrung derer, die damals jung und aufgeschlossen waren und in jenen Schulopern Glück und Trost fanden. Meinem Vater, wie Hubert getan hat, nachträglich anzukreiden, daß er diese Opern in jener gewissen Uniform einstudierte und dirigierte – was soll's. Er hat getan, was damals möglich war und unter den damals möglichen Bedingungen. Während andere sich drückten – Meine Herren, ich weiß die Ehre zu schätzen, heute und hier als frischgebackenes Clubmitglied Ihnen gewissermaßen mein vergangenes Leben zu Füßen legen zu dürfen – aber mein Leben ist nun einmal auch das Leben meines Vaters, ich bitte um Vergebung. Es ist dies umso mehr, nachdem jener Zeitungsartikel Hubert Hammers sein Andenken zu schänden unternahm. Ich bin sicher, und dafür dankbar, daß jener bösen Zunge dies Rachewerk Ihnen gegenüber mißlingt. Und trotzdem möchte ich noch einige

Anmerkungen – falls Sie es gestatten? Danke. Danke. Warmen herzlichen Dank. Ihr Beifall rührt mich zutiefst. Schließlich: wir wissen ja, wer diesen Artikel schrieb. Ein ehemaliger Schüler unserer Anstalt, einer, der das Friedrich-Wilhelm-Gymnasium wegen mangelhafter Leistung vorzeitig verlassen mußte! Unsere Presse ist auch nicht mehr, was sie war. Ich habe Hammer unter sämtliche Aufsätze die Bemerkung »nicht schulmäßig« schreiben müssen. Hoffnungslos. Denn die Sache über Lenin, ich weiß nicht recht. Und immer Klammern, in jedem Aufsatz, ich strich durchweg aus, was in Klammern stand. Und »Trottoir« statt »Bürgersteig«, um nur ein Beispiel zu nennen. Er setzte auch dauernd Kommata statt der Konjunktion »und«. Aber das sind Einzelheiten, die bloß für den Eingeweihten das Gesamtbild abrunden. Zusammengenommen bot er das Phänomen eines Gemeinschaftsgegners und notorischen Einzelgängers, bindungslos. Ich halte viel von Fahrten als den Förderern von Gemeinschaftsgefühl, Kameradschaftsgeist und Gruppenstimmung. Daher auch seinerzeit meine in besagtem Artikel angefochtene Zugehörigkeit zu jener politischen – gewiß: politischen, ich leugne es nicht, stand auch für uns Jungens niemals die Politik im Vordergrund, höchstens insofern, als wir unser Vaterland liebten und stolz drauf waren, deutsch zu sein – meine Zugehörigkeit also und meine Begeisterung, ja: Begeisterung – ich rede von der sogenannten HJ, nicht wahr. Es ist ja leicht, meine Herren, heute alles das in Grund und Boden zu verdammen, was einerseits damals nicht zu durchschauen, andererseits durchaus jugendeigen und insoweit also zu bejahen war. Der junge Mensch, nicht der von der Sorte des Artikelschreibers, der rechte junge Mensch ist begeisterungsfähig, sucht Kontakt in der Gemeinschaft, will sich einsetzen und opfern, am liebsten für ein Ideal, jawohl. Das ist in meinen Augen, denen des Erziehers, nach wie vor der sympathische junge Mensch, der übrigens meistens Musik liebt bis ausübt.

Und sympathische junge Menschen durfte ich damals in

meiner Gruppe, ich meine: Schaft, dann Schar, schließlich Gefolgschaft führen und leiten in Marsch, Spiel, Übung, Appell, auf der Fahrt und am Lagerfeuer, bei Sport und Lied. Eine schöne Zeit, ich wage diese nonkonformistische Äußerung, wohlgemerkt mit der Einschränkung: für uns Jugendliche. Für Erwachsene war sie nicht so einfach. Ja, ich sage bewußt: nicht so einfach, weil ich Übertreibungen hasse. Für meinen Vater in seiner Eigenschaft als Musikpädagoge und so weiter und so weiter war diese Zeit umso weniger einfach, als ja doch gewisse künstlerische handicaps – Verzeihung, die deutsche Sprache ist reich genug – kurzum, ich rede jetzt von den seinerzeitigen Schwierigkeiten, Bach-Passionen aufzuführen. Es war nun mal nicht gern gesehen. Dem Orchester des Stadttheaters hatte die Gauleitung ein entsprechendes Verbot erlassen. Hier beginnt der Einsatz meines Vaters. Bachnarr, der er war, blond und ungebeugt, wenn auch in Uniform, die ihm übrigens stand, dirigierte er 43 und noch 44 die Matthäus-Passion, ich kenne seine nassen Augen überm Notenbild der »Erbarme Dich«-Arie, ich weiß um sein Zittern beim Flötensolo, einer in der Tat nicht perfekten Leistung des Schülers Mirz, ja, mit Schülern mußte er vorlieb nehmen, mein Besseres gewöhnter Vater, der bei zahllosen öffentlichen Veranstaltungen und Feiern auch das Stadttheater-Orchester hat dirigieren und mit ihm einmütig gerühmte Erfolge erzielen dürfen – Ihr Beifall zeigt mir, daß Sie sich erinnern. Die gesamte gebildete Bürgerschaft, gewissermaßen die Adademiker, aber auch die Kleinbürger unserer geliebten Stadt, alles dankte damals meinem Vater für wahrhaftig nicht undeutsche Musikerlebnisse. Ich sage: geliebte Stadt, und darf doch nicht Vaterstadt sagen. Ja, meine Familie stammt aus dem norddeutschen Raum. Darauf waren wir, ich sage das in aller Bescheidenheit, darauf waren wir eigentlich immer ein bißchen stolz, ich meine, darauf, Norddeutsche zu sein. Schon die Sprechweise ist ja angenehmer. Blond sind allerdings nur Papi und Ingelein, Mammchen, Volkmar und ich eher brunett. Die Familie meiner Mutter zweigt ins Pommer-

sche hinein. Das ist aber nicht der einzige Grund, weshalb wir uns zu einer gewichtigen Veränderung unserer häuslichen Welt entschlossen haben. Ich muß weiter ausholen. Als musikalische Familie hatten wir von jeher die Zimmer unseres Hauses nach Komponisten getauft. Schubert, Beethoven, Brahms, und so wohnte ich beispielsweise in Wagner, während die Küche damals schon, ich bitte Sie: *damals* schon Hindemith hieß! Ingelein in Reger, Volkmar – aber ich will mich kurz fassen. Vor anderthalb Jahren nun, nach quälender Warterei auf die Wiedervereinigung unseres grausam gespalteten Vaterlandes, entschlossen wir uns dazu, diese Komponistenzimmer dem Gedächtnis unserer Heimat zu weihen.
Denn nur Erinnern erhält am Leben und beharrt auf naturhaftem Urrecht. Stolp heißt jetzt das Eßzimmer, Stolpmünde die Anrichte. Ich selber wohne in Kolberg. Und so weiter.
Aus Unrecht kann ja niemals Recht werden, stimmt's? So.
Weiter mit den anrüchigen Anwürfen unseres fragwürdigen Artikels Hubert Hammer. Seine Verwandtschaft übrigens besteht ja aus Pfarrern. Pfarrer hatten es vergleichsweise leicht in jenen zwölf Jahren, ich meine, Christentum und Nationalsozialismus ließen sich ja nicht immer vereinbaren, Widerstand lag also in der Natur ihres Amtes, obwohl übrigens Nationalsozialisten erwiesenermaßen das Christentum schon aus dem Grund nicht gänzlich ablehnten, weil Deutsche ihm die Ehre gegeben hatten, an es zu glauben – wieder ein Teilstück mehr innerhalb meiner These, daß gar nicht *nur* Schlechtes von *lauter* Bösewichten damals gesagt, gedacht, getan worden ist, wir wollen doch sachlich bleiben. Danke. Danke. Überhaupt, die unorthodoxe Meinung sei hier einmal erlaubt, scheinen es mir gerade diejenigen Prediger gewesen zu sein, die sich bis zu einem gewissen Grad anpaßten, welche den besseren Einfluß damals ausgeübt haben. Ich meine, denn nur sie spendeten Trost. Sie redeten die Sprache der Machthaber und spendeten zwischen den Zeilen Trost, doch. Das Volk braucht ja Verständigung, also Worte. Was hatte es von denen, die sich zum Schweigen zwingen ließen? Dies ist

meine unmaßgebliche Meinung, und ich begrüße, daß es nicht viele waren. Genauso, auf die musikalische Ebene meines Vaters übertragen, genauso verhielt es sich unter den Kulturschaffenden. Mein Vater hat den Dirigentenstab nicht hingelegt, o nein! Erstens war er viel zu musikalisch für einen derartigen Verzicht. Zweitens hat er seine Pflicht gekannt: jungen Menschen zu dienen. Deren Idealismus Gegenstand zu bieten. Mittels Musik. Es wurde damals viel nachahmenswerte Musikpflege getrieben, o ja, auch innerhalb der HJ und der entsprechenden Organisationen für Mädchen, ich weiß das doch von Ingelein, die ja auch nicht, bloß weil Nazis nun mal regierten, von Klavier und Geige lassen konnte. In ihrer Sing- und Spielschar, unter ausgezeichneten menschlichen Kräften, eben richtigen Führernaturen, hat sie viel profitiert, und ich freue mich darüber, daß sie bei ihrem Töchterchen gewisse Elemente der damaligen Erziehung übernimmt.
Tja, meine Herren, ich finde, es kommt nichts Gutes dabei heraus, wenn in Bausch und Bogen verdammt wird, was in seinem Kern nicht übel war. Ich rede ja jetzt nicht von gewissen Ausschreitungen und Verfolgungen gewisser – ich meine, das war natürlich nicht richtig, daß man Menschen verfolgte, bloß weil sie nicht das Glück hatten, einer hochentwickelten Rasse anzugehören, dafür *konnten* sie ja schließlich nichts. Denn, reden wir nicht länger um den heißen Brei, es ist doch mal so: Rasse, gutes Blut, es muß ja nicht unbedingt germanisches sein – sie bestimmen unser Erdendasein, so oder so.
Das bringt mich zurück zu jenem vom Friedrich-Wilhelm-Gymnasium verwiesenen Schüler und jetzigen Journalisten, in dessen Familie es ja auch, soviel ich weiß, zwei Emigranten gibt, ich lasse dahingestellt, aus welchen Gründen. Emigration, meine Herren, nun, auch dies ist ein Kapitel für sich. Ich möchte hier nur andeuten. Ich möchte hier nur zu überlegen anregen, welche Haltung wohl die menschlich geradere sei: sein Vaterland in der Stunde der Not zu verlassen oder ihm zu dienen, wenn auch in nicht geliebter Uniform. Aber Dienst,

Pflicht, Einsatz, Opferbereitschaft – all dies sind Begriffe, die der Emigrant ja mißachtete. Er redet von seinem Gewissen. Meine Herren, das Gewissen des Emigranten – na, ich weiß nicht. Aber das Gewissen dessen, der hierblieb, der mitmachte und seine edlen Motive ausbeuten lassen mußte, das Gewissen des Tatmenschen und Patrioten, es kannte seine Entscheidung in jenen Jahren; sie hieß: beharre auf deinem Platz und erfülle ihn nach deinen Kräften. Sie hieß für meinen Vater: musiziere! Komponiere! Dirigiere, auch braun, Bach! Sie hieß für mich: geh deinen jugendeigenen Weg bei Spiel, Sport, Kameradschaft – und auch ich habe meine musikalische Ausbildung in dieser Zeit vervollkommnet und wünsche es mir nicht anders.
Ich möchte zusammenfassen: Die Anwürfe des ehemaligen Gymnasiasten, dessen Schulverweis übrigens in erster Linie auf mich selber zurückgeht, des Separatisten und Gemeinschaftsfeindes Hubert Hammer – Verzeihung meine Herren, ich muß eine Seite überschlagen haben, hier ist ein weiterer Punkt, der vor die Zusammenfassung gehört. Er betrifft Hubert Hammers Elternhaus. Ich deutete vorhin an, Hammers Verwandtschaft weise Pfarrer auf. Nun, ich glaube nicht, daß ich sein Vater sein möchte. Wäre ich nämlich Pfarrer und Vater eines Sohnes wie Hubert, so würde ich mich aufs Schwerste entscheidender Erziehungsfehler anklagen müssen. Dieser Herr, mir unbekannt, da er nie in meinen Sprechstunden erschien und eine weinerlich-hypertrophierte Mutter vorschickte, dieser Herr hat einen Denunziantensohn. Auf Rabenväter folgen Rabensöhne.
– Wie bitte? Verzeihung, Herr Vorsitzender, ich habe nicht verstanden –? O, Pardon! Ich wußte nicht –
Vorsitzender: Ich bitte um Ruhe, meine Herren. Unser Freund und heutiger Antrittsredner, Spezialgebiet Pädagogik, befindet sich schließlich zum ersten Mal in unsern Reihen, sein Irrtum, beziehungsweise sein Nichtwissen, ist darum menschlich-verständlich. Also bitte, Freund Hammer, Fachgruppe Theologie, das Wort!

Freund Hammer: Ich will nicht stören, mag aber keine abgelesenen Reden. Hubert Hammers Rabenvater bin ich. Fahren Sie ohne Konzept fort, Clubfreund.

Hamster, Hamster!

He du, findest du nicht? Findest du nicht, Sammy? Wie findest du das, Sammy? Ich finde es jedenfalls. Ich finde, ja. Doch. Ich finde wirklich. Es ist das, was übrig bleibt, ja. Und wir haben jetzt Zeit dazu, es ist nett, Erinnerungen, sie sind nett, und wir haben welche, du mit deiner Hilda, Sammy, wir haben nette, Sammy, wie? – Doch. Es ist nett, welche zu haben und dann mit ihnen zu leben. Falls so was für dich nicht zu hoch ist. Mit ihnen leben, ja. Ich meine, seit der Apparat weg ist, vor allem. Ist doch einfach nett, es wieder vorzukramen, uralte Sachen wie unsere Maireise nach Los-dingsda – wie, he Sammy, wie hieß das noch, ich meine das Dorf auf dem Hügelkamm mit unserm Westblick, mit unserm Belgienblick, Sammy, die kleine Kneipe, bei der Grenze, erinner dich. Stella Artois. Feiner Name, was. Für Bier, mein ich. – Ich fänd es auch albern, Sammy, genau wie du, richtig albern, wenn wir uns Vorwürfe machten, wirklich Sammy, vor allem nach so vielen Jahren, du – du hast recht. Hast du nicht recht, Sammy, konnten wir's uns nicht auch mal schön machen, war dies nicht unser gutes Recht, frag ich dich. – Tztztztz; so ist's fein, mein Guter, fein! Siehst du, wie er sich abhetzt, Sammy? Ich mag deinen Stumpfsinn, Sammy, wirklich. Tztztz! Lauf! – Es ist doch mal so, daß wir dies kleine Haus haben, um es zu genießen. Nicht wahr. Also bitte. Wir haben es zu diesem Zweck und machen in diesem Sinn Gebrauch davon, nicht um uns was aufzuhalsen, gewiß nicht, es ist doch auch nicht geräumig genug, ich meine, für einen Dritten, und Betti Beckmann hat immer gesagt: bloß keinen Dritten ins Haus, Hilda, merk dir das, und schon gar keinen von der Verwandtschaft – ich sag dir: das hat mir Eindruck gemacht, wir hatten damals ja noch kein eignes Dach überm Kopf, und herrje hab ich Betti Beckmann beneidet um ihre hübsche Wohnung! Du hast sie nie so hübsch gefunden wie ich, du hast sie nie so richtig beneidet, Sammy. Ich aber. Ich schon. Ich hör sie noch sagen: Wenn ihr je zwischen euren eigenen vier Wänden sitzt, haltet euch die Verwandtschaft vom Leibe, ich rat's euch. Und schließlich: wir haben zwanzig Jahre lang auf eigene Nachkommen verzichtet, stimmt's? Weil wir allein sein wollten, schließlich – Oh Sammy! Oh laß es uns wenigstens versuchen! Sammy! Hörst du mich, Sam! Hörst du mich mit meiner Stimme von früher! Dies ist mein Gebettel von früher, ich erinner mich noch dran. Laß es uns rückgängig machen, bitte! Laß uns das Erkerzimmer opfern, es ist zu laut, sowieso, man kann nie drin sitzen, nie, wirklich, findest du nicht? Laß es uns probieren, er stört doch kaum, er hat doch ein ganz nettes Wesen. Na ja, schwierig, ja, das ist er, das war Bruder Steffen – ich verleugne's nicht, wir sind's alle gewesen in unserer Familie, alle, immer, und es ist kein Tadel. Komplizierte Leute sind eben schwierig. Einfach nicht das Übliche. Keine Sammies – In unserer Familie nicht, oh nein, kein Sammy weit und breit, kein Schlachtroß wie Sammy. Je oh je. Henry-Schatz! Tztztz! Lauf lauf, kleiner Henry! Ja! Ja! Oder irgendein Regen, wenn ich irgendeinen uralten Regen wieder rauskrame, Regenspaziergänge oder so, oder meine Affäre mit Mills, oder irgendso ein uraltes Gealber mit Schwester Rosie – zum Beispiel in den Damen-WCs vom Hotel Seelust, Sammy, wir waren dreizehn und elf und kamen kaum an den Strand damals bloß wegen dieser uralten Sache mit dem Fensterchen vom einen WC ins andere – ihh. Ich will jetzt gar nicht davon reden, wie wir's gemacht haben. Erinnerungen, oh ja. Wenn man welche hat. Wenn man drauf aufpaßt, daß nicht so ein Sammy-Stumpfsinn alles zuschüttet. He Sammy, ich merk's doch ganz genau, daß du nicht liest. Du starrst sie schon eine halbe Stunde an, diese Seite, und es sind bloß die Annoncen. Wie du willst. Wenn ich meinen Hamster nicht hätte, herrje, Tztztztztz! Süßer Goldjunge! He Sammy, sieh ihn dir doch an! Wie er sein Mühlrad dreht und dreht. Und wie leise er ist. Du kannst sagen was du willst, aber mir kommt's immer so vor, als hielte er uns am Leben mit seiner Lauferei im Rad – findest du nicht, Sammy? Mit seinem Gerassel im Rad. Samt-Schatz!

Du, ich vergesse nie, den Blick aus dem Fenster vom Nordzimmer meines Elternhauses, wir nannten es das Schrankzimmer, die Blicke, genauer gesagt; nachmittags, wenn ich sie zum Spaziergang fortschickte, meine Eltern, Sammy, erinner dich. Da gehen sie, Sammy wirklich, für mich gehen sie da immer noch, wenn ich das wieder rauskrame, wenn ich dies freibuddle, Sammy, diese Nachmittage, windige oder warme oder was für welche und meine Eltern immer wieder auf der Esplanade, die Esplanade runter Richtung Hertzstraße – oh, es war eine gute Gegend, wo mein Elternhaus stand, jawohl, das meine, ich rede jetzt nicht von dem Viertel aus dem du kommst, Sammy, wozu auch, es macht ja nichts, es kommt nicht darauf an, woher einer stammt, ich finde wenigstens. Wenn auch – nun ich denke, so einfach ist es nicht immer und in manchem Fall hat Herkunft schon so einigen Einfluß gehabt, sie hat schon so einiges entschieden, ich meine: ausgemacht – wie und wo ein Kind aufwächst, ich finde doch, daß dies eine Rolle spielt, bisweilen schon, doch Sammy. Meine Eltern von hinten, längs zugiger, kiesiger Esplanade, von den spielenden Kindern behelligt, ohne daß sie's wahrhatten, Kindernarren warn sie, Sammy, immer gewesen, versessen auf Kinder, und auch bei uns beiden, Sammy, auch bei uns haben sie gewartet und gewartet, daß wir – ich hatte wenigstens den Eindruck. Sie hätten gern Enkel gehabt, wenn schon. Ich sehe sie dort, weggeschickt von mir zu Spaziergängen, die ich ihnen aufzwang: Denk an dein Herz, Papi; du sollst dich bewegen, Mammchen. Wirklich, auch bei Regen. Warum auch nicht, man muß mal allein sein, man braucht das Haus mal für sich, jung verheiratet wie wir waren und dann älter wurden mitsamt unserer Ehe. Ja. Der Juni und der gesamte Juli mit meinem Neid auf Schwester Rosi. Neunzehnhundertwasweißich. Heiße schlimme Tage, an denen ich neidisch war, auch nachts, immer wenn mir's einfiel. Ja. Das ist mein Charakter, kein sehr guter, aber normal. Sammy! Was fällt dir wohl wieder ein, wenn ich sag: unsere Abende von früher. Hm? Tja. Ich stand also am Schrankzimmerfenster und sah den Eltern nach und du wühltest dich schon durch den Keller und kamst dann rauf mit Eingemachtem und Wein und Bier und all dem herrlichen Zeug für unsere Abende, für unsere spärlichen abgewetzten einförmigen herrlichen Abende, oh Sammy, war's nicht herrlich, beim Bier oder was sonst, und wir zwei in Stimmung und in Fahrt und die Kartenspiele, wie lang haben wir nicht mehr »Hallo Joker« gespielt oder Städteraten oder uns Silbenrätsel gemacht, alles schlief im Haus, es war so still als wär's leer – nein. Nebenan Bruder Steffen, der sich langweilte und Wildtaubenkanons nachmachte und zu uns rüber wollte – Sammy! Hörst du mich! Bohr nicht im Ohr, ich mag's nicht. Zu dir ist man immer zu freundlich. Wie oft hab ich das gedacht in all den Jahren, mit all dem verflossenen Zauber, oh ja. Wie oft stand ich da, nach unseren schäbigen Schlachten, auf meinem öden, ausgebrannten Schlachtfeld, stand da mit hängendem Kopf und hängenden Schultern und hängenden Armen, wirklich alles hing an mir runter und ich konnt mich nicht aufrichten, nicht mehr, nicht um alles in der Welt und stand so da und hab mir gesagt: zu ihm ist man immer zu freundlich, immer noch. Hilda, nimm dich in acht, Hilda, paß auf, nimm dich zusammen, Hilda, Hildchen. Zu dir ist man immer zu freundlich. Sammy. Man verstand sich, man trank sich in Stimmung und kam in Fahrt, man spielte und ich sang, ich sang ja gern, doch wirklich, die Daisy-Lieder, auch Kirchenlieder, oder Arien, aber ohne Text, also warn wir glücklich – das ist nicht wahr. Ich meine: ich weiß nicht. Entweder warn wir's, und was soll es dann jetzt sein? Dies jetzt, mit Erinnerungen, dies Leere? Dicke Hamsterbacken voll damit. Mit Erinnerungen. Was wären wir jetzt. Sammy? Sammy! Ich mach mir Vorwürfe, Sammy! – Also gut, schweig dich aus. Ich mach weiter, jemand muß das alles in Gang halten. Und wir warn in Fahrt und dann ein Wort, irgendwas, etwas von mir oder von dir, Sammy, und dann war was anders, war was eingerissen, war nun los und kam zum Vorschein und war nicht mehr so, es war nicht mehr so. Und ich sagte mir: zu ihm ist man immer zu freundlich, zu Sammy. Sammy! Warum haben wir uns so oft gezankt, wie zwei – nun ja. Halt den Mund, wenn du Lust hast. Ich buddle mich da raus, allerdings, ich – ich will damit leben, ja. Waldspaziergänge, jahrzehntealt. Durch kahles Geäst erkenne ich überall in diesem dürren Wald von früher meine Eltern, jetzt noch, und wie von jeher. War ja immer beides, was wir auch anfingen, Sam, Trübsal und Vergnügen, diese zwei, immer. Da tapp ich immer noch, immer noch, unsere Wege schnitten ihre, wohin wir auch gingen, oder folgten ihrer Spur, kam aufs gleiche raus. Hier seh ich sie, hier gehen sie und sie hatten auch das, was sie »ihre Bank« und »ihre Lichtung« nannten. Stammplätze, auf denen ich sie finde. Stammwege, auf denen sie gehen, mit ihren kräftigen kurzen Schritten, weißt du noch, Sammy, was für kleine Schritte, die ganz kurzen Schritte meiner Eltern, es sah wie ein Getrippel aus, es sah aus wie bei Vögeln, und man fragte sich wie beim Getrippel von Vögeln, warum sie sich's nicht leichter machten und sich aufschwangen, Sammy, warum sie sich nicht zum Fliegen emporhoben, denn es sah so aus, ja.

Tztztztz – tacktacktack, Goldjunge, Goldhamster! Oh Sammy, wie er sich abrackert, um das hier in Gang zu halten. Er läuft jetzt schon länger als eine Stunde, und das hier geht weiter. Es geht weiter, Sammy. Ich sagte mir jedesmal, wenn ich die Eltern längs Esplanade in Richtung Wald gehen sah: jetzt leben sie noch. Jetzt leben sie noch. Ich habe jeden Tag an ihren Tod gedacht, Sammy. Ich brauch's mir nicht vorzuwerfen. Oh, das waren Zeiten, damals bei uns zu Haus. Sie haben uns lang ernährt dort, während du schon ganz nett verdientest. Alles dem Nachkömmling zuliebe, Bruder Steffen. Hörst du, hörst du dies Gebettel? Ich finde doch, wir könnten ihn einladen, Sammy, sie wollen's so gern, es wär so gut für ihn, wir sind die einzigen Verwandten, die im Alter zu ihm passen, wer will schon im Erkerzimmer sitzen, es ist viel zu laut, jetzt, zu laut geworden, früher gings's noch, man konnt vor drei Jahren noch gut da sitzen und wir haben's getan, womit auch dieser Vorwurf entfiele, vor drei Jahren, als Bruder Steffen noch lebte und wir ihn hätten einladen sollen, ich meine: können. Denn da brauchten wir schließlich und endlich das Erkerzimmer selber noch, stimmt's, Sammy? Findest du nicht? Oh ich weiß, du findest es, denn du warst dagegen, du hast gesagt: dazu haben wir nicht geheiratet, Hilda, so hast du gesagt, wir haben nicht zu dem Zweck geheiratet, daß wir einen von der Verwandtschaft mitdurchfüttern – nein nein, es war nicht so gemeint, versteh mich nicht falsch, Sammy, und ich gab dir recht, nichts war uns wichtiger als unsere Freiheit. Und immerhin, damals tranken wir noch Tee mit ihnen, bitte sehr. Und besuchten sie, wochenlang, wodurch wir ja wieder wochenlang – ich meine: Zeit vergeudeten, wir zwei. Wir liebten uns doch, etwa nicht? Herrje, liebten wir uns! War das nett, oh je. Nett war's, wirklich, sehr nett, äußerst nett. Herbst, wiedermal Herbst, als wär immer und ewig Herbst, wenn ich jemand nett finde, wenn mir jemand nachstellt und ich jemand nachstelle – ich glaube: Oktober. Zwei Oktober hintereinander. Im zweiten Oktober hatte er zugenommen, meine Herbstliebe Mills, Speck angesetzt, oder es kam mir so vor, es kam mir komisch vor, ich meine, daß er demnach gegessen hatte und zugenommen hatte, ich meine, daß es einem geschmeckt hatte, der seines Lebens nicht froh war einer Liebe wegen, meinetwegen. Er hat mir ja geschrieben, wie leid es ihm tat. Es tut mir leid. Es tut mir sehr leid. Hilda, es tut mir so sehr leid. Es fällt mir so schwer – und so. Natürlich, das ist albern. Da standen wir uns gegenüber, zwei Überlebende. Es war so nett, daß wir uns wieder getroffen hatten, daß wir's wieder hatten arrangieren können – wir zwei Überlebende vom letzten Oktober, er und ich, und wir waren wieder albern, und mein ewig verdorbener Magen lenkte mich ab, und er hatte zugenommen, warum auch nicht. Jaja, es war schon nett, das schon. Es regt mich nicht mehr auf. Es hat mich damals sehr aufgeregt. Mehr als das mit Bruder Steffen. Ist es nicht ein gutes Zeichen, Sammy? Ich meine, daß es mich heute kalt läßt, die ganze Affäre mit – was sag ich da, dir, ausgerechnet dir. Mach dir darüber bloß keine falschen Vorstellungen. Das war's nicht, was du denkst, nie gewesen. Es war nie was Richtiges zwischen Mills und mir. Der mit seinen vorstehenden Zähnen. Mit seinen etwas vorstehenden Zähnen. Nie, nie was du denkst, nie was du dachtest, Sammy, aber dir reichte ja *das* schon, das, was nichts war, nur ein Anfang, nur ein Eigensinn, bloß ein paar zusammengekehrte Wünsche, keine besonderen, nichts, aber es hat dir schon gereicht und war dir zu viel. *Du* hast's mir nie geben wollen, Nettigkeit, bißchen nett sein, nie, Sam, und daher ist's deine Schuld, daß ich – daß Mills und ich – Denn wann wärst *du* wohl nett zu mir gewesen, ich meine: sanft, oder so –

Tztztztz! Hamster-Schatz, Hamster! Lauf lauf, halt es in Gang, du machst uns warm, Golden-Boy! Sag selber, Sammy, ist er nicht herrlich, Hamster Henry? Weißt du, er denkt wohl, eines Tages werd ich doch noch nach Haus kommen, nach Haus in die scheckige gelbe Steppe oder was weiß ich wohin, Nordamerika oder was, er meint, die Lauferei bringt ihn doch noch mal hin zu seinen ganzen Ahnen – lauf, Schatz! Du wärmst uns unser Häuschen, unser liebes Häuschen, für das wir gespart haben, heimlich gespart vierzehn Jahr! Gehamstert für unser liebes nettes Häuschen, Hamster Henry, wir verstehn uns auf dein Geschäft. Dicke Backentaschen voll Erspartem, vierzehn Jahre bei den Eltern, oh Sammy! Aber sie fanden es ganz richtig und überhaupt schön wegen Bruder Steffen, er war ja ein Nachkömmling, so waren sie dafür, wegen des Altersunterschieds zu sämtlichen Tanten und so. Er hatte ja jemand, so waren wenigstens wir im Haus, denk an die netten Fernsehabende, wir waren uns immer einig, immer.

Oh Sammy, es war doch schön, war's das nicht, ich meine, manchmal. Manchmal denk ich: alles war schön. Ich hab's doch genossen, und nie gemerkt. Du wirst platt hinfallen vor Staunen wenn ich dir nun auch noch gesteh, daß ich mich sogar zurücksehne nach den Tagen, wo mir's nicht wohl war, du weißt ja, wie schwer ich's immer hatte. Bestimmt. Tztztz! Mesocricetus, du alter – du. Renn du nur, renn du ruhig. Und jetzt? Hier sitz ich, und im Grunde nimmt niemand Notiz von mir, und wenn ich rede und rede, ist das genauso, wie wenn Henry-Schatz rennt und rennt, es geht so weiter, ohne uns, aber wir sind noch da.
»Als Liebe mich noch plagte / Als Herzleid mich beschwert« – Als sie noch hinter mir her waren, mir nachstellten. Immer hatte ich mehr zu leiden, mehr als andere, von Anfang an, was du auch nimmst. »Hättest du Kinder«, ja, auf die Tour hat sie's auch versucht, meine Mutter. Deine Schwiegermutter, Sam! Wie sie immer mit den alten Babysachen rumfuhrwerkte, mit dem zerwetzten Zeug von Schwester Rosie und mir und von Bruder Steffen, um uns dran zu erinnern, was ihrer Meinung nach unsere Pflicht war und gut für meine Gesundheit. Ja, Sammy. Find ich auch, hab ich immer gefunden, wir hamm immer gefunden, man kann nicht bloß um seinen Eltern Spaß zu machen Kinder haben – hach, das dicke Kind, du, der dicke kleine Lewis, wie der kochte auf meinem Schoß, herrje! Weißt du noch, Kusine Gretas dicker Lewis. Na schön. – Du Sammy, ich sehn mich richtig danach zurück, schwach sein von all den Aspros und anderm Zeug und dann Pausen im Schmerz, wie ich's früher hatte. Du, das hast du nie sonst. Meine Mutter mit ihrem alten Windelkram. Und daß sie nie lernen konnte, die Küchentür zuzuhalten, was fürn Ärger, oh Sammy! Und immer die Backerei. Es kommt mir wirklich und wahrhaftig so vor, als wär jetzt hier in unserm stickigen kleinen ledrigen Kaminzimmer wieder der Geruch aus unserer Küche zuhaus, nach dem Zeug, das mit zu viel Zucker im Backofen anschwillt, jetzt jetzt Sam, seit der Apparat weg ist besonders, Zimtlocken, auf die du scharf

warst, Buttersterne, Ringelanis, das Teezeug, das meine Mutter nicht backen würde, wenn sie nicht fände, daß alles in Ordnung ist – oh Sammy, es ist vorbei und liegt hinter uns, und Bruder Steffen ist tot. Sammy, und meine Eltern haben ihn demütig und eine Weile, sozusagen um einen Höflichkeitsabstand, überlebt, lange genug um zu trauern, aber nicht aufsässig, nie. Und ohne Vorwurf für uns, verzeih Sammy, für mich, *du* konntest nichts dazu, wirklich. Du hast dich in der ganzen Sache ruhig verhalten. Es ist vorbei, ja es passiert nichts mehr, ich wüßte nicht mit wem, aus und vorbei, während nach wie vor dies Teezeug etwas anbrennt, immer kurz bevor meine Mutter, sag mir ruhig sie ist tot, meine Mutter, kurz bevor sie sich mit ihren bestürzten, immer wieder fassungslosen Ausrufen über die Bleche beugt – ich finde wenigstens.
Interessant, das Zeug, was du liest? – Und ich finde auch, daß mein Vater immer noch an seinen Bittschriften rumverbessert, Bruder Steffen betreffend. Weißt du, meine Eltern sagten immer: *ein* Sorgenkind muß man haben. Es gelang ja nichts mit ihm von Anfang an. Aber sie sagten: das muß so sein, es ist in Ordnung. Der Herr will nicht, daß wir es leicht haben, wir Menschen. Tut Buße, das Himmelreich ist nahe. Mit Rosie und Hilda ging alles glatt, nun haben wir Steffen, um Buße zu tun. Da gehn sie, Esplanade runter, zwischen Steinwürfen der Kinder, zu denen sie nett sind, mein Vater beugt sich und streichelt einen roten Haarschopf, während er Bälle ins Kreuz kriegt, mit ihrem bunten Halstuch trocknet meine Mutter die Tränen dieses garstigen Mädchens, das auch jetzt wieder nach ihr tritt – hier gehn sie bei jedem Wetter, weil es gesund ist, weil ich dafür bin, man muß auch mal allein sein in einem Haus, wenn man verheiratet ist, und wir hatten damals noch kein eigenes, vierzehn Jahre lang, ich seh ihre kräftigen kurzen Vogelschritte, noch am Leben. Interessant, Sammy? Wer ist gestorben? Oh, du brauchst es mir nicht zu sagen, ich finde auch, man soll nicht so viel über Trauriges reden. Tztztz! Fleißiger Junge! Daß er nicht schwitzt, Sammy, was

meinst du. Er fühlt sich immer so kühl an. Ob ich ihn mal rausnehme, was meinst du. Lieber nicht, ich denke, er will lieber weiterversuchen, nach Haus zu rennen und dies hier in Gang zu halten. Er hält gern was durch, der. Tz! Und wie sauber seine rosigen Händchen bleiben. Eigentlich erinnert er mich wirklich an meinen Vater, ich meine: seine Emsigkeit. Was schrieb er so gern Gesuche! Er sah vergnügt dabei aus, doch, trotz der Sorge um Bruder Steffen. Vergnügt wie immer, wenn etwas ihn beschäftigt, wobei er an seinem Schreibtisch bleiben kann. So tun, als würde er was verändern, was bewirken. Über zahllose engbeschriebene Zettel gebeugt, Entwürfe, Entwürfe! Seine hellblauen altmodischen Zeilen, dies demütige Schriftbild, diese Demut rings um ihn, und sein erhitzter Kopf, zum Nachdenken schräg gehoben, hier hab ich ihn wieder, rausgemümmelt aus meiner Hamsterbacke, seine schuppige Stirn, immer juckend – alles an ihm chronisch und unveränderlich wie die Wochen und Monate und Jahre zu Haus, vierzehn Jahre, zerstückelt von Mahlzeiten und kleinen triftigen Zankereien – und immer hätten wir besser sein können, immer hätten wir was besser machen können, jeweils. Sammy! So sitzt man nicht. Ich kann's nicht ausstehen. Einen feinen Mann erkennst du daran, daß er auch in seinen eigenen vier Wänden fein ist. – Jetzt sitz ich hier, in meinen eigenen vier Wänden, ein Wrack in diesem Zimmer, mein Schiff ist hin, und im Grunde sind dies alles Trümmer, Schrank und Kamin, Sack und Pack, die zwei Ledersessel, alles Trümmer, und es ist gespenstisch, daß sie unversehrt aussehen.

Singen mag ich immer wieder gern. »Jerusalem, du hochgebaute Stadt / Wollt Gott ich wär in dir! / Mein sehnlich Herz so groß Verlangen hat / Und ist nicht mehr bei mir.« Nett, nicht? Ich mag's. »Weit über Berg und Taaaale, weit über blaches Feld / Schwingt es sich über aaaallle / Und eilt aus dieser Welt.« Ja. Ich mag's. Die Erinnerungen an Waldwege. Die vierzehn Tage mit Waldwegen. Mills Arm um mich und Herbst, wiedermal Herbst, wie eh und je wenn ich auf was scharf war. Blaches Feld. Mills vorstehende Schneidezähne, auch er war ein Hamster mit diesen Zähnen, mit diesem Belgienblick, Stella Artois bei Regenwetter, die schmutzigen Fensterscheiben des Grenzkneipchens von Los-sowieso. Oh Sammy, hörst du, ich rede von uns, von dir und mir, Sammy, wenn auch unter Decknamen, unter dem Namen Mills zum Beispiel, Mills und ich im zweiten Jahr: zwei Überlebende, sogar mit vergrößertem Gewicht. Wen dies erstaunt, der verlangt zu viel von Liebenden. Finde ich wenigstens. Sammy, ich frag dich nicht um deine Meinung, diesmal nicht. Mit dir bin ich lieber im Wald gewesen, ob du's glaubst oder nicht, lieber mit dir, meinem rechtmäßig angetrauten Mann, Sammy, oh Sammy, mit dir viel lieber, hast du das gewußt, viel lieber. Ich kann die Melodie nicht mehr richtig, ungefähr so: »Im Stande da dein Segen ist / Im Stande heilger Ehe« – viel lieber als mit Mills, weil ich mich nicht gern aufrege. Ich meine, ich mag es schon, das Legitime, doch. Im Grunde, Sammy, im Grunde bin ich ein Mensch des Gesetzes. Ordnung, du weißt ja, ich brauche sie. Ordnung muß sein, du weißt ja, wie ich hier im Haus bin, hab dich manchmal damit geplagt. Alles muß an seinem Platz sein, das ist mal so, ich denke es wohnt mir inne, falls du so was verstehst. Bei dir ist das was anderes. »Propheten groß und Patriarchen hoch« diese Stelle hatte ich immer so gern, Sammy. »Prooopheeeten grooooß und Patriarchen hoch«. Ach je. Es befreit mich, ich weiß auch nicht. Oder erheben, es erhebt mich wohl. Ich hatte mal eine gute Stimme, wenn du dich auch nie dafür interessiert hast. Als ich auf die Welt kam, sagte die Hebamme zu meiner Mutter: die kleine Schönheit, sie wird Sängerin. Wörtlich, Sammy, dies wörtlich. Irgendwie muß meine Stimme wohl so geklungen haben, diese Leute haben ja Erfahrung, hören in der Woche zwanzig, dreißig Kinder schreien, ihren ersten Schrei – daß man mit einem Schrei anfängt, Sammy. Mit einem Schrei hat Bruder Steffens Leben geendet, wenn auch nicht aus seiner eigenen Kehle. Mit dem Schrei meiner Mutter. Sam, deine Schwiegermutter hat ge-

schrieen, als sie deinen Schwager Steffen fand, sie kommt harmlos und mit ihrem ewigen Ischias die Treppe rauf, den Bauch, diesen vom unkundigen Kinderkriegen vorgewölbten Bauch gegen den Waschkorb, und macht die Speichertür auf und geht rein auf den Speicher, um den Schornstein rum und dann sieht sie ihn, wie er hängt, wie er vielleicht baumelt und blau ist und nicht mehr zu erkennen, Bruder Steffen, Sorgensohn Steffen, er hat nie was davon gehalten, mit beiden Beinen auf dem Boden zu stehen, er hat als kleines Kind schon immer gesagt: Fliegen, Fliegen! Es war eins seiner ersten Worte. Die ganze Verwandtschaft riß sich drum, ihn zu führen, das war so: wir griffen ihn unter der Achsel und hielten ihn einen Zentimeter überm Boden und seine dicken runden Beine, diese rilligen Engerlinge mit ihrem bekleckerten Fleisch, zappelten Schritte nachahmend und wollten weiter weg vom Boden. Später hat er immer Rabe gespielt, oder Milan. Versager, verdammter. Ach ja, Sammy. Erinnerungen. Manchmal mein ich, es wäre besser, so zu sein wie du, den Kopf leer und stumpfsinnig, die Backentaschen leer.
Ist das eine schwierige Woche ohne den Apparat, herrje. Ich meine bloß! Ich käme blendend aus ohne die Fernseherei, wenn man mit dir *reden* könnte. Aber so – oh nein, ich möcht nicht mit dir tauschen. Ich bin froh und dankbar für den Grips, den ich hab. Für meine Gefühle, ja. – Hamster-Schatz, ja! Laugt ihn die Rennerei nicht doch aus, du Sammy, ich hab den Eindruck er war am Anfang etwas rundlicher, oder? Ich weiß, du findest mich geschwätzig, ich weiß, Sammy. Aber ich weiß nicht, was ohne mein Gerede mit uns wäre, hörst du mich, ohne meinen Gesang um alles, ohne meine Worte über uns – was wäre mit uns, Sam, was? Ich glaube nicht, daß wir überhaupt noch lebten ohne meine Stimme, ohne meine Nachreden. Und natürlich ohne Hamster Henry, der das Rad dreht. Tztztz! Fein gelaufen, fein! Wie er sich abhetzt, der liebe Kerl. Im Rennen geb ich ihm eine Eins.
Sammy, was hast du gesagt? Wie bitte? Na gut. Dann eben nicht. Ich könnte mir nicht vorstellen, daß es zwischen Mills

und mir so geworden wäre, so wie jetzt zwischen uns. Es war nett, immer, und unangenehm, wir haben es überlebt, wir haben es gut überlebt, dies da, das was ich meinen Kummer nenne, dies unförmige mißgebürtige Ding, dies Gebilde namens Kummer – Hildas Kummer, oh je. Schickt Hilda weg, denkt an Hildas Kummer, schickt Hilda ans Meer. Wir standen da, Mills und ich, in unserm zweiten Oktober, bahnhofsmäßig, waldmäßig, blaches Feld. »Weit über Berg und Tale, weit über blaches Feld.« Lange Gerade durch kahlen Wald, und ich traf auf Schritt und Tritt Eltern, Sammy, Bruder Steffen, Tanten, die ganze Verwandtschaft, oh Sammy, ja dich auch, und du hattest gedacht, ich würde dich hintergehen, mit Mills. Wald und gutes Gewissen, das ist für mich zweierlei, immer gewesen. Wann hatt ich je im Wald ein gutes Gewissen, egal ob mit dir oder – nie hatte ich ein so gutes Gewissen im Wald oder – egal, ob im Wald oder sonstwo. Schließlich: ich sah sie ja überall. Es sah so nett aus, es sah so leicht und so komisch aus, ihr Gehen, ich meine die Gangart meiner Eltern, wie von Strandläufern oder so. Ja, der Sommer am Meer mit Schwester Rosie, um meinen Kummer zu hüten, mein Geschwür, dies Leid – glaub mir, das war kein Spaß dort, kein Spaß für deine Hilda, und du hast es nie einsehen wollen. Das war unsere Ehekrise, Sammy, die Krise, wirklich. Findest du nicht? Ich finde, es ist nicht übel, eine Krise zu haben. Oh war ich übel dran jenen Sommer, schlecht gelaunt, alles ging schief, das lag nicht an meiner Schwester, Rosie und ich, wir haben uns immer vertragen, wir sind als Kinder schon den Leuten komisch vorgekommen, weil wir so nett waren zueinander, abgesehen von meinen Petzereien, ich petzte sie gern in ihr rundes liebes Gesicht wenn es anschwoll vor Angst. Sie war immer sanft, sie war nett, *nett* – weißt du, Sammy, wenige Leute verstehen es, nett zu sein, ich aber halte viel davon. War das ein Sommer! Zum Beispiel mein Ausschlag auf beiden Fußrücken, Sammy – Junge, ich kann dir sagen. Es war die Hölle nachts im Bett und ich brauchte keinen Mann, keinen Mills, um mir einzuheizen, höllisch heiß, und ich kriegte ja keinen Schuh mehr über meine Füße. Und ich war dreimal beim Badearzt deswegen und immer neue Salben, du weißt ja, und Puder, und dann hab ich mich geniert wegen meiner Füße, du weißt ja, sie riechen etwas, ich kann machen was ich will, das war immer schon so, du weißt ja, auch unmittelbar nach dem Waschen, es ist so, sie riechen einfach. Einmal nachmittags hab ich vor lauter Zorn und Juckreiz einen Hund gequält – babababababa! Keinen Hamster-Schatz, oh nein, keinen lieben scheckigen samtweichen lehmgelben Mesocricetus! Ich mag Hunde nicht, nicht sehr. Das heißt, wenn du einen möchtest? Sammy! Du, ich wär nicht abgeneigt, wirklich. Aber er müßte wohl goldgelb sein, doch. Ich meine, wenn er sich mit Henry vertrüge. – Also schön, stell dir vor: ich sitze an der Rückwand unserer Badehütte, im Schatten, meiner Füße wegen. Gegenüber die Stacheldrahtabgrenzung gegen die Dünen. War ja verboten dort in die Dünen zu gehen. Ich sitze also da, Rosie ist bei der Teebude oder wo, und ich bin traurig, Sammy. Wieder machte mir alles zu schaffen, wirklich, unsere Krise und mein blödes Haar und die Sache mit Mills und natürlich meine Füße und was du von uns dachtest und was nicht der Fall war, bloß daß er nett gewesen ist, mit seiner sehr leisen Stimme nett, das mußt du einsehen, Sammy, wo mir so viel dran liegt, daß Leute nett sind, einfach nett, einfach so. Also da siehst du mich, deine Hilda, Füße in den Sand gebuddelt, aber sie juckten, wo ich sie auch hintat, ich dort im Badeanzug mit meiner damals schon nicht mehr ganz einwandfreien Figur, aber trotzdem, ich meine, ich sah nicht übel aus, frag Rosie. Und jetzt kommt der Hund, den ich quälen werde. Hellbraun wie Henry der Hamster, aber das Fell längst nicht mehr so seidig, bestimmt. Ich weiß nicht, warum ich es nicht – Da schnüffelte er sich längs des Zauns ran, das ist's auch, was ich an Hunden so wenig mag, das Schnüffeln, es ist so schade, immer auf Unrat aus mit ihren Nasen, nicht wahr. Wie säuberlich ist doch Henry, he Henry, lauf heimwärts, lauf in die Steppe und halt uns am Leben! Was für ein weiter Weg für uns alle. – Na ja und dann drückt der Hund seinen Kopf unterm Stacheldrahtzaun durch, weil er was Wichtiges gerochen hat, und als er zurück will, kann er nicht zurück. Und ich sitze da, an der Hüttenwand, und seh zu, wie der Hund nicht vorwärts und nicht rückwärts kann und eingeklemmt ist, was weiß ich, stundenlang oder viel kürzer. Ja Sammy deine Hilda, ich leugne's nicht. Und eigentlich war's nicht Quälen, denn ich hab nichts getan und bloß was mitangesehen. Ich hab nichts getan. Ich leugne's nicht.

Rosie und ich, wir haben damals ziemlich gebechert, am Strand und im »Prinz Albert«, Stella, der einzige Trost, Stella Artois, wenn ich das nicht verwechsle. Wirklich, Sammy, der einzige regelrechte Spaß, den wir beide diesen blöden Sommer wirklich regelrecht hatten, das war außer Bier In-die-Hose-machen beim Baden im Meer, wirklich, wie wir's als Kinder gemacht hatten und bei der Ebbe schöner als bei der Flut, bei Ebbe hast du mehr davon, und wir haben's uns zuerst nicht gegenseitig eingestanden, aber wir erkannten's an unsern feierlichen Gesichtern und daran, wie wir durchs Wasser schlichen – jedenfalls: wir haben immer den Ton von früher miteinander gefunden, wir zwei. Und auch wieder die Sanitätseimer in den Damen-WCs aufgemacht, du weißt schon – wie findest du das? Na ja. Das war natürlich früher interessanter. Warum soll ich so was nicht sagen, Sammy, ich mein, wozu nicht – wie soll ich das verstehen, bitte? Ach laß nur, laß nur, wenn es das ist, woran dir liegt, den Mund halten und zusehen, wenn andere sich bloßstellen. Laß ruhig.

»Prooopheeeten grooooß und Patriarchen hoch« – was meinst du, wann kriegen wir den Apparat wieder? – Oh mein Hamster-Schatz! Tztztz!

»Meine Mutter erschlagen / Mein Vater ohn Zahn / Mein Bruder ein Rabe oder roter Milan.« – Hallo, Henry! – Ischias erschlug sie wie ein Blitz, ja. Sie lag im Bett und konnte wie der Hund nicht vorwärts und nicht rückwärts. Derzeit fehlten meinem Vater fast alle Zähne, aber das brachte die Ärzte immer noch nicht drauf, was eigentlich mit ihm los war,

denn es hielt an, es ging weiter es ging so weiter, es blieb in Gang, als würde Schatz Henry dazu sein Rad drehen.
Mein Bruder fälschte Unterschriften und versteckte Zeugnisse, wie immer. Meine Tanten schleiften Mopbesen und Staubtücher durch dunkle Treppengehäuse und über schattige Flure, und ich habe es ihnen erzählt, an meiner Mutter Bett, meinem vom Schmerz verbogenen Vater gegenüber – ich hör mich's wieder und wieder sagen: »Wir haben ein Häuschen, Sammy und ich, wir ziehen um, nett nicht?« »Schade für Steffen, schade für uns alle, aber deine Zukunft geht vor«, hat mein Vater fast zahnlos und betrübt mehr zu Mutter, Bruder Steffen und Tanten gesagt. »Rosie ist auch aus dem Haus«, hat meine Mutter gesagt, und beim Versuch, sich auf die andere Seite zu drehen, weil sie weinte, weil sie – sie hat gejammert, aber nur wegen Ischias. Mondsichelgesicht meiner Mutter und ihre El-Greco-Augen, weißt du noch. Und wir zogen aus mit Sack und Pack und fuhren die lange Strecke hierher, weit genug fort, und mir war's doch so, als kämen wir nicht vom Fleck. Und ich hatte nichts davon, von der Fahrt, die Strecke war auch langweilig, aber seit wann fand ich Strecken langweilig, ich hab mir doch immer viel aus Landschaften gemacht, aus Wegstrecken samt und sonders, ich hab immer was übrig gehabt für jede Art von Gegend, ich meine, wenn ich wußte: hier mußt du nicht bleiben, ich fahr gern durch, Sammy – o früher, unsere Fahrten, als wir noch fuhren, unsere kleine Kutsche, Sammy, als dies noch bestand, ich meine – Etwas ist schiefgegangen, mit allem, mit uns, mit uns allen.
»Daisy, Daisy, give me your answer do / I'm half crazy, all of the love for you / It wouldn't be a stylish marriage / I can't afford a carriage / But you would look sweet / Upon the seat / Of a bicycle built for two.« Was meinst du wohl, Sam, warum mag ich Hamster Henry so, warum wohl, Sammy. – Tztztz! – »Oh Ehrenburg, sei nun gegrüßet mir« – Schön, was? He Sammy, hübsch, nicht? Oh Ehrenburg! Hübsch, was?
Solche Sachen kommen vor, Mills Sache und meine, es ist

nichts dabei, kaum was, wir haben nie viel Leidenschaft aufgebracht, ich nannte ihn nie Richard, ich sagte nie du, ich redete ihn nie an, Leidenschaft ohne ihn, das ja, wenn ich an ihn dachte, manchmal, aber auch nicht viel, nicht besonders, eher kam's mir komisch vor, daß ich – Und es wurde nie fertig mit uns, wir haben's nie abgeschlossen, so daß es also noch in Gang ist. Ja, kleiner Henry, in Gang. Er hatte zugenommen, Mills, na und? Schließlich schrieb er mir nie Übertreibungen von der Sorte: Ich verzehre mich nach dir. Klingt hübsch, was Sammy? Ich verzehre mich nach dir. Hmmmh. Oder: Ich schlafe nicht vor Sehnsucht. Nie, und wozu auch, und ich habe ebenfalls seinetwegen nie auf Schlaf verzichten müssen, weshalb also nicht erwarten, daß er, der dazu neigt, zugenommen hätte –

Singen! Wenn's nach mir ginge, würd ich viel öfter singen. »There is a flower within my heart / Daisy, Daisy / Planted one day on a glancing day« – Ich weiß nicht recht, zweimal »day«, ich weiß nicht. »I and my Daisy-Belle / Whether she loves or she loves me not / Sometimes it's hard to tell / Yet I am going to shear a lot / Of beautiful Daisy-Belle« – Wie nett, daß ich euch beide habe, den Hamster und dich, Sam. Ach je. Warum muß ich dich bloß immer anstarren, Sam. Ich muß immer zu dir hinstarren und warten drauf, daß du – und hinstarren. Dabei bietest du wahrhaftig keinen besonders reizvollen Anblick, wahrlich nicht. Einmal, Samuel, einmal hast du mich an Mills erinnert, oder *warst* Mills, oben im Grenzkneipchen bei beschlagenen Fenstern und Regen in Los-wasweißich, Stella Artois gelb, heftig, bitter und alles in unsern Gläsern und der Schlagbaum, ich mag Grenzen, du, Grenzgegenden, und du oder Mills, einer von euch war nett zu mir, wer's auch war, ein großer etwas erschöpfter etwas schwerfälliger Mann im weinroten Pullover, der war's, der war's, den ich liebte.

Tztztz! – Du, Sammy, merkst du was? Merkst du was? Es riecht danach, doch doch, es riecht nach dem Teezeug meiner Mutter, doch. Wir werden uns nicht einfinden zu ihrem Tee.

Sie werden mit Bruder Steffen wieder stumm dasitzen und warten, daß wir kommen, Tee für Tote, bah! Nach Bruder Steffens Tod und nach ihrem eigenen Tod und immer weiter Tee und die Warterei auf uns. Du kannst mir hundertmal sagen: dort trinkt keiner mehr Tee. Sag mir's ruhig, kannst du gern. Aber wenn auch wir's nicht aßen, das Teezeug, umsonst wurde's nie gebacken, die Tanten verschlangen es in der Küche, ich seh sie da am Herd mit ihrem Gezänk, und seh, wie sie sich raufen um dieses Zeug, mit dem sie ihre greisenhaften willenlosen Darmtrakte vergiften; das bedeutet Wäsche Wäsche Wäsche für meine Mutter – Weißt du, Sam, wenn ich mich mal in meinen Singsang eingefunden hab – es geht mir um nichts weiter, um gar nichts, es ist ein Singsang wie Hamster Henrys Rennerei im Rad, ich drehe es weiter und weiter, ich rede es weiter und weiter, begreifst du das. Ich lege Wert darauf, daß du dies begreifst, Sam.
Oh ich mach mir Vorwürfe, Sammy, doch, immer noch. Sprich mich frei, ich fleh dich an. – Kaum waren wir weg, aus dem Haus mit Sack und Pack, saßen im Zug, unser Ziel weit genug weg, kaum war dies so weit und ging zu weit, da sah's übel aus bei ihnen: mein Vater bekommt verkochtes Essen, das meine Mutter, an ihr Bett im ersten Stock geschmiedet, kalt zu sich nehmen muß, das vergeudete Fett verfrostet, und die Tanten haben Streit. Ja Sammy, wir hätten bleiben sollen damals, oder – Doch, ich finde doch. Denn ich finde doch, die Sache mit Bruder Steffen war auch nicht lang genug her, ich meine, überwunden oder so. Oh Sam, man ist immer zu freundlich zu dir. Es ist schade, daß du so wenig Grips hast. Und auch Gemüt. Es fehlt einfach. Läßt mich hier sitzen damit. Ich werd's nicht los, sag, was du willst. Das war, als wir noch Tee miteinander tranken. An diesem Nachmittag regnet es. Es regnet und regnet, damals schon mein gefürchtetes Lieblingswetter. Es ist mitten in der Affäre mit Mills außerdem – eine zusätzliche Belastung für mich. Eine Zeit, in der du nie nett zu mir gewesen bist, Sam. Wir trinken Tee mit den Eltern und Bruder Steffen, es ist zwischen vier und fünf, wie

immer, wenn mein Gedächtnis uns hierbei erwischt. Sammy, oh Sammy, treib mir's aus! Hast du verstanden? – Wir machen an diesem Tag, von dem ich rede, unsern Spaziergang wie immer, wir zwei, und ich hoffe wie jedesmal, daß wir nicht rechtzeitig zurückkommen zum Tee. Aber wir kommen rechtzeitig zurück zum Tee, klar. Mir machten meine Pumps zu schaffen, weil die Absätze einsackten, es war ja feucht vom Regen, und ich hatte die Pumps an, weil wir ins Waldesruh wollten auf ein verfrühtes Bier – wie ich's damals übertrieb, mitten in der Mills-Affäre, herrje. Ich geh hinter dir her, Sam. Ich rede und rede. Ich bin nett. Ich bin freundlich. Ich bin wie immer zu freundlich zu dir. Sam! Sam! Samuel, ich rede mit dir! Nanjanjanjan! Njaaa! Hamster Hamster! –
Dieser Tee, je oh je! Ich kann so viel Sand drüber schütten wie ich will, dies Loch bleibt. Also, wir kommen rechtzeitig zurück. Wir waschen die Schuhe. Wir nehmen unten am Teetisch Platz, im Rondell, wie wir als Kinder den Erker nannten. Jetzt sage ich es, ich ertapp mich dabei, jetzt, mein Vater krümmt sich erschrocken, meine Mutter versucht zu lachen, »Bruder Steffen –« Ich hör's mich sagen, ich sag es: »Na dann bring dich doch um, Bruder Steffen! Tu's doch! Wär's nicht das Einfachste, du machtest dir selber den Garaus« – ich hör mich lachen, ich lache. »Tu's doch, tu's! Dann bist du alles los und die Eltern auch, du Sorgenkind!« Ich lache. – So. Ich hab mich jetzt, erst jetzt wieder gehört. Und ich habe auch ihn gehört, Bruder Steffen lacht ebenfalls, Sam. Die andern lachen nicht, Sammy, und du? Ich starr es an, dein unwandelbares Gesicht, dein Gesicht wie das Zifferblatt einer alten Uhr, die stehengeblieben ist und nie mehr gehen wird, dein Gesicht wie für immer. Verfrostet, wie die unpünktlichen Mahlzeiten für meine Mutter, unterm kalten Fett erstarrt, vereist, du hast nicht gelacht. Altes Denkmal, he! Na und Bruder Steffen fragt mich doch tatsächlich: »Aber wie, Hilda, he Schwester Hilda, wie soll ich's machen!« Wir kauen und schlucken das viel zu süße und leicht verbrannte Teezeug. »Hör auf«, sagt mein Vater vielleicht, ich versteh ihn

nicht gut, dies Genuschel ohne Zähne, eklig, so schaumig und schüchtern – es ist nicht angenehm. Ja. Ich habe mich seiner Sprechweise auch damals geschämt, ja. Wirklich wahr. Na und ich sage: »Furchtbar einfach, erhängen! Es kostet nichts. Schwester Rosie und ich, wir leihen dir unser Hüpfseil von früher« – Herrje, Sammy, du hättest uns sehen sollen, Schwester Rosie und mich, als Kinder, ein Herz und eine Seele, bestimmt, wir waren irgendwo zusammengewachsen, nur: man sah es nicht. »Ruhe!« hat wahrscheinlich meine Mutter gerufen. »Ruhe!«
Oh Mills, Mills – blaches Feld und unser albernes Herzklopfen, Mills! Unsere Songs, Mills, auf blachem Feld. »Schoolday, schoolday / Dear old golden rule-day« – Babababababa. »My dear old laughing sweetheart, I love you« – Ach wo: Laughing Water. Ein Indianerlied, Sam. »I love you.« Und das: »In the shade of the old appletree / Where the love in your eyes I could see« – Mmmmhh. Ist das nicht komisch? Jetzt bin ich dazu da, mein Leben lang diesen Mann zu besingen, diesen Anfang von etwas. Und ich weiß *nichts* darüber. »Seems a wondersweet music to me« – Warst du's oder war er's, der eine von euch mit etwas vorstehenden Zähnen und weinrotem Pullover, der nett zu mir war? Blaches Feld mit Mills allzu geradem Rückgrat und steifem Hals, Mills mit erhobenem Kopf tanzend, diesem Mann gilt mein Singsang, diesem netten ziemlich schweren etwas erschrockenen Mann mein lebenslänglicher Singsang, he Sammy, diesem Mann auf unserer Lichtung nahe unserer Bank bei unserem Weg – Gelogen. Nicht wahr. Dies sind die Stammplätze meiner Eltern, und sie: nicht zu vertreiben. – He Sammy, weißt du, was ich sehr mag? Strandpromenaden. Meerdämme. Marine Parade. Herrje, hamm wir viel Nettes miteinander gehabt. Sachen, um die ich mich noch kümmern muß. Ich mit dem Mann, der nett war, mit dem ich alles mögliche anfing und wegließ, Mills oh Mills oh Sammy, was wir wegließen und noch weglassen, was wir nicht tun, was wir doch weitermachen, was wir wiederholen, stockend ja, und

mit verschluckten Noten, ganzen Zeilen, ganzen Kapiteln, weitermachen, in Gang halten, das Rad drehen, dies alles wiederholen und fortsetzen – Sammy, ja! Wir Steppentiere, du und ich unermüdlich, und so ist's recht. Sammy, weißt du: Mills, wenn ich an den denke! Er war auch so, wie alles, bestimmt und unbestimmt, ich weiß nicht, wie eine Waldgegend, irgendeine, geometrisch und dann verzettelt, immer beides. Es ist immer beides, schön und nicht schön.
Und auch nach ihrer aller Tod, doch. Bestimmt. Es geht weiter damit und beschäftigt mich. Es sind noch meine Angelegenheiten. Teezeugbacken, Ischias, nasse El-Greco-Augen, Bittschriften und sämtliche Spaziergänge, all dies Chronische rings um mich, belehr *du* mich nicht über ewiges Leben. Gefälschte Unterschriften und was man dagegen unternehmen kann, es geht weiter damit, was kann man dagegen unternehmen, ich frag dich, fragt Hilda, was kann man dagegen tun, daß Bruder Steffen versagt hat und nicht aus noch ein weiß, *noch immer!* Fragt Hilda! Häng dich doch auf! Rabe Steffen, roter Milan! Sammy, auch das Erhängen, auch das, es geht weiter, es währt – findest du nicht? Ich meine, mindestens so lang Hamster Henry in seinem Rad läuft und ich darüber rede, das mein ich. Hör auf, he Henry! Hör auf, Hamster! Willst du wohl, du! Schluß! Hör auf mit der Rennerei und bleib stehn, bleib endlich stehn! – Hamster Hamster! Oh nein, Henry Hamster-Schatz, verzeih! Verzeiht mir, Henry, Sammy, und alle. Lauft weiter und verzeiht mir. Sammy! Ich finde nun doch, es macht nichts. He Sammy, ich finde nun doch, das schadet nichts. Auch zum Beispiel, daß man zu freundlich ist, zum Beispiel. Zu dir, Sammy. Es macht nichts. Wirklich, Ich meine, es ist *nett.* Findest du nicht?

Habgier

Gestern ist es passiert. Wir können es noch nicht glauben, Vater und ich. Vater: das ist mein Mann. Wir nennen einander Vater und Mutter, und wir finden, es schließt uns noch enger zur Familie zusammen und zahlt sich aus. Vaterautorität und Mutterschaft – sie sollten nicht durch irgendwelche privaten Vornamen behelligt werden. Wenn man einem Kind rechtzeitig zu verstehen gibt: dies ist eine Mutter und nur eine Mutter und keine Susi Margot Elsbeth, was weiß ich – so muß das einfach auf den Instinkt und so weiter einwirken, denken wir uns wenigstens. Wir sind ja nicht Leute, die in den Tag hineinleben. Wie viele Familien gibt es ringsum, wo alte Eltern auf die gerechtfertigte Dankbarkeit ihrer Kinder verzichten müssen, anders ausgedrückt: auf fremde Hilfe in Heimen und sonstwo angewiesen sind. Vater und ich, wir finden allerdings, diese dann zwar Bedauernswerten sind im Grunde selbst schuld an ihrem Los. Zur Dankbarkeit muß man sein Kind vom ersten Tag an, ich möchte fast sagen: vom Mutterleib an erziehen.

Immerhin: man schenkt ihnen ja das Leben, eine Gabe gewissermaßen aufs Geratewohl. Die Liebe zu Vater und Mutter kommt nun mal der Rückerstattung einer Schuld gleich, aber einer schönen Schuld, in der Tat. Der schönsten, würde ich sagen.

Gestern ist es passiert. Ich faß es nicht.

Vater, zu dem ich übrigens aufblicke, kommt offenbar eher drüber weg – doch dies mutmaße ich lediglich, denn daß er jetzt schon wieder sich mit Großmutters Testamentsentwürfen befaßt, tief drüber gebeugt und kritzelnd und auf Änderungen aus, daß er das tut und somit unser Familienleben weitertreibt in Richtung Erbe, das hat wohl nichts mit seinem Schmerz als Vater Kurts zu tun, Schmerz nicht nur, wir sind auch sehr aufgebracht, sehr.

Schrecklich. Alles ging so glatt, seither. Vor allem nach Töchterchen Gittis Geburt, dieser Belohnung für vier Söhne.

Gittilein, wirklich noch süßer, als wir's zu träumen wagten. Und ideale Paten. Natürlich spielt es eine Rolle, daß Gitti so reizend aussieht: die ohnehin großzügige Tante Bertel kann sich gar nicht oft genug mit immer geschmackvollen, immer brauchbaren und immer außerdem noch kostspieligen Geschenken zeigen. Gitti: das war und ist wirklich ein Treffer. Auch im Hinblick auf Irenes Patenschaft: sie kriegt keine Kinder, diese Arme, und sieht dies nun auch ein, hat sich damit abgefunden und ganz und gar auf Gittilein eingestellt; reich ist sie nicht, gewiß, aber Liebe vermag viel, gerade so eine Abart, gemischt mit Verzicht na und all dem, Traurigkeit, was weiß ich. Übrigens: Paten! Ein Kapitel für sich, weiß Gott. Bei Manfred, unserm Zweiten, hatten wir Pech. Onkel Max brachte sich ja sogar um! Heut lacht man drüber, aber damals war's ein rechter Schock für Vater und mich, immerhin war Manfred erst drei und mehr als zehn Jahre Patenschaft fielen buchstäblich und um so mehr ins Wasser, als es das Wasser war, die graue belgische See, wo Onkel Leichtfuß seinen Tod suchte und fand. So blieben bei Manfred damals nur Onkel Herbst, dessen Geschäft von Jahr zu Jahr schlechter ging, und mein Bruder Theo, ein regelrechter Reinfall und alles andere als kinderlieb. Man weiß eben nie, ich meine, man ist kein Prophet, obschon – in den andern Fällen waren wir's eigentlich, Propheten, meine ich. Eberhard, unser Ältester, na, der hat doch großes Glück gehabt, und weit über die Konfirmation hinaus verlor Onkel Willmann nicht das Interesse an ihm; es hat sich auch außerordentlich bewährt, daß wir Eberhard von vorneherein auf Musikliebhaber abgerichtet haben, erstens: weil schließlich doch eine wahre Liebhaberei daraus wurde, und wie herrlich ist's, Musik zu lieben, nichts gegen ideelle Werte; zweitens weil durch diese Orientierung in seine Geschenke ein gewisses System kam, er hat ja schon eine richtige kleine, wie sagt man, Diskothek, sagt er. Klavier war bis zum heutigen Tag doch immer noch zu teuer, dafür bläst er Flöte und besitzt, ohne sie zu blasen, eine Klarinette, außerdem Gitarre und fürs Schulorchester ein

Triangel. Es ist schon nett, dieser ordentlichen, vernünftig kontrollierten Entwicklung zuzusehen. Vater und ich, wir fanden auch von jeher, daß es gut ist, einen kleinen Künstler in der Familie zu haben, der ist dann zuständig für kleine Darbietungen im größeren Kreis an Weihnachten etwa, Eberhard hat in jedem Jahr unterm Baum was Hübsches vorzuspielen, es macht sich gut, ja, abgesehen vom Gewinn, besonders Onkel Rehbein gibt immer reichlich.
Und Eberhard hat auch gestern gespielt. Gestern war Konfirmation unseres Dritten. Kurt. Ich red jetzt gar nicht von all dem Kummer, den er, gerade er, seinen Eltern bereitet hat. Jetzt erst wieder, zum Muttertag kürzlich, stand doch er als einziger mit leeren Händen vorm Gabentisch. Allerdings, woher dies Versäumnis stammt, das wissen wir: aus der Quelle Theo und Frau; mein Bruder Theo hat für vierzehn dringende Ruhetage, die Vater mir verordnete, Kurt aufgenommen – Eberhard war bei Rehbeins, Manfred bei den Großeltern, wo er übrigens sehr hübsch und gegen fast großzügige Bezahlung den Garten betreut hat – Kurt wie gesagt bei Theo und Schwägerin Karla, Mopi bei – na ja, es ist nicht so wichtig und hat wenig mit gestern zu tun, nur noch dies: Gittilein blieb bei uns und schadete meiner Erholung keineswegs. Süß ist die, o je! Bei Bruder Theo und Frau hat Kurt zersetzende Äußerungen vor allem auch über den Muttertag zu hören bekommen, das ist uns völlig klar, und deshalb stand er neulich an jenem sonnigen Morgen fast patzig und ohne Geschenk mir gegenüber, immerhin mit Schwierigkeiten beim Aufblicken. Nun ist zwar Kurt unbemittelter als seine Brüder, da er ja leider, leider für gute Noten nichts einheimsen kann: seine Schuld. Und spart für ein Rad. Schön. Das hat aber nichts damit zu tun, daß er seiner Mutter an diesem Tag – nun, es stammt von diesen beiden, die ihm was erzählt haben von Politik, ich frag mich, was sollen Kinder mit solchen Erörterungen und Aufschlüssen, was sollen sie damit, was geht es sie an, inwiefern rüttelt an ihrer eigenen Mutterverehrung der Vorwurf gegen eine politische

Vergangenheit, von deren Schlechtigkeit ich allerdings, was soll ich's verschweigen, den ganzen Komplex rings um die Frau, um das Bild der Mutter, durchaus ausklammern möchte – eine Mutter muß verehrt werden, basta. Die Würde der Mutter, ja. Des Mütterlichen. Wert und Notwendigkeit, die Mutter zu feiern – dies tilgt kein politisches Schönheitsfehlerchen, bestimmt nicht. Auf Grund einer reizenden Idee unseres Vaters servierte die ganze Familie mir diesmal meine Geschenke auf einem entzückenden neuen Teewagen, direkt ans Bett, ich hab aber doch erst später am Frühstückstisch ausgepackt. Blumen, Blumen, selbstverständlich. Von Vater ein Schmuckstück, das ich hier nicht weiter erwähne und auch nur Eberhard als dem Ältesten gezeigt habe, von Eberhard selber süße Servietten mit Etui, von Manfred eine kleine niedliche Maus aus Holz, sehr niedlich, wenn ich auch mit dem Gedanken spiele, sie entweder schon in diesem Jahr oder im nächsten am 4. 8. an Erika weiterzuverschenken, ihr Geburtstag ist immer so prekär, mitten in der Ferienzeit, man hat einfach so wenig übrig dann. Mopi war weniger großzügig und hat sich mit einer Pralinenmarke begnügt, deren Preis ich kenne – aber immerhin, ich will nichts sagen und habe nichts gesagt, er ist unser kleiner Geizkragen und, offen gestanden, Vater und ich lassen ihn dabei, warum nicht, vielleicht ist's sogar mal er, der Großvaters Geschäft übernimmt, und wir haben nichts gegen Sparsamkeit, gewiß nicht. Und Gittilein, der weißblonde Schatz, hielt zwischen den zuckrigen Speckfingerchen eine Orchidee – natürlich von Vater gekauft, aber war das ein Bild, zum Malen! Ja. Soviel über den Muttertag. Zusammenfassend: eine Mutter, ich sage das in aller Bescheidenheit, ist doch nun mal ganz was anderes als ein Vater, ich meine: mehr. Sie ist mehr, doch. Bei allem Respekt für Väter, bestimmt. Mutter sein heißt – na ja. Es ist schon wahr. Sie vermehrt ja auch die Familie. Sie schafft ihr den Besitz an Kindern.

Gestern gestern gestern. Ich bin sonst gar nicht so. Ich bin sonst beherrscht, wirklich. Kurts Konfirmation. Kurt, der

Sorgensohn. Sorgen, in der Schule und wo nicht. Bockig und halsstarrig, wie er sich aufführt, trotz Jugendgruppe, sie formt ihn längst nicht so wie die Brüder, Manfred zum Beispiel hat so unglaublich profitiert in seiner Gruppe, Sektion »Schwert und Siegel«. Dennoch haben Vater und ich beschlossen: seine Konfirmationsfeier soll er haben, natürlich etwas knapper als bei Eberhard und Manfred, aber immerhin, Sekt mindestens, schon im Hinblick auf die Verwandten und so, Kurts Paten haben schließlich ein Anrecht auf etwas Stimmung. Ich mag Konfirmationen. Ich mag sie lieber als Geburtstage, von Weihnachten ganz zu schweigen, das rentiert sich ja kaum noch, wenn die Verwandtschaft groß ist wie bei uns, ich meine, die noch so generöse und auch wohlhabende Tante Bertel zum Beispiel kann ganz einfach nicht pro Kind mehr als einen Zwanziger veranschlagen, allerdings macht neuerdings unser Gittilein eine Ausnahme, sie ist halt zu süß, bei ihr hört man auf zu rechnen, vollends Irene, die ihr kürzlich ohne jeden festlichen Kalenderanlaß ein goldenes Medaillon schenkte mit eingravierten Initialen und Adresse, damit sie niemals verloren gehen kann, entzückend und sicher hübsch teuer. Es gibt Paten, die sich kaum rühren anläßlich eines Geburtstags, gibt's! Aber an einer Konfirmation kommt keiner vorbei. Man kann zur Kirche stehen, wie man will, und wir, Vater und ich, wir stehen ihr gar nicht mal so nah, ich meine: nicht übertrieben – aber ich finde, für Feierlichkeiten sorgt sie, das ja. Und so ein Konfirmationswunschzettel sieht denn auch viel stattlicher aus als irgendein anderer. Nun sagte ich also, genau wie zu den andern Söhnen seinerzeit, vor einigen Wochen zum diesjährigen Konfirmanden Kurt: denk dir Wünsche aus, sie dürfen kostspielig sein, wertbeständig, Dinge fürs Leben wie Werkausgaben, Uhr und Ring, Barometer; und dann haben wir Eltern die Preise gestaffelt, Paten und übriger Verwandtschaft zugedacht, was sie übernehmen sollten. Wir geben uns Mühe mit unsern Kindern, wahrhaftig. Es kostet uns nebenbei bemerkt auch ein ganz nettes Sümmchen allein fürs Telefonieren. Bis man alles richtig organisiert

hat, herrje! Da will Onkel Becker den Globus nicht übernehmen, weil er sich goldene Manschettenknöpfe in den Kopf gesetzt hat, und die hat längst Tante Schneider in petto. Es sind also gar nicht mal immer die Preise, die uns bei der ganzen Koordinierung zu schaffen machen. Einfach so. Und dann haben wir Leute in der Verwandtschaft, ich nenne keine Namen, ein Ehepaar insbesondere, kinderlos selbstverständlich, Leute blutsverwandt leider, die sich um unsere Wunschzettel nicht kümmern. Ich ruf sie also an, sagen wir, vor Eberhards Geburtstag: Eberhard braucht dringend neue Socken, sag ich, er wünscht sich allerdings einen Dynamo. Von jemand Nettem bekäme er daraufhin beides. Von jemand Geizigem bloß die Socken. Die Leute aber, auf die ich anspiele, schenken ein Buch, statt dessen. Nur als Beispiel. Gestern, o gestern. Sein Tisch war gut bestückt, Kurts Tisch. Undank ist der Welt Lohn, schön, aber ich dachte immer, das gilt nicht für unsere Familie. In unserer Familie wird das Wort Dankbarkeit groß geschrieben. Es rentiert sich. Doch gibt es ja Außenseiter, es gibt ja Kuckuckseier, die in ordentliche, nette, vernünftig gepflegte Nester gelegt werden von wem und wozu? Womit haben wir das verdient, Vater und ich? Oder beispielsweise auch jemand so Unschuldiges wie Gittilein? So einen Bruder, womit? Der gute Vater, da sitzt er und überlegt, wie er die Großmutter zu unseren Gunsten, das heißt: zu der Kinder und also auch zu Kurts Gunsten, wie er sie – reinlegen ist nicht das richtige Wort, und es will mir nicht auf die Zunge. Wie er ihr Testament etwas korrigieren kann, ich meine, sie muß ja bedenken, daß Theo sowohl als auch Irene ohne Nachkommen sind, daß man dies einrechnen muß, und wir haben schließlich fünf Kinder, fünf, und nicht ohne Grund, Familien rentieren sich erst von einer gewissen Größe an, wenn man sie organisiert und alles schön plant wie wir, nur dann freilich. Von den Opfern einer Mutter red ich jetzt gar nicht: Ich red nicht von all dem Verzicht und so.
Na, also Kurt, der gute Paten hat dank der Umsicht seiner Eltern, Kurt, für den wir gesorgt haben wie für die andern

auch, in jeder Hinsicht, Kurt, den wir haben erziehen wollen zu einem, der es so weit wie möglich bringen soll – denn das wünschen wir uns für unsere Kinder: Erfolg im Leben, ich meine, mit allem Drum und Dran, Besitz, Wohlstand und so, gar nicht, daß wir dächten: Geld allein mache glücklich, das nicht, aber – aber zum Beispiel freut nichts uns mehr, als zu entdecken, wie eins der Kinder an sich selber denkt und emsig spart für irgendeine Anschaffung, und wenn's hierbei auch reichlich oft zu Streit kommt meinetwegen aus Mißgunst: schadet nichts, das Leben später ist auch nicht anders. Jeder muß sehen, wie er das Beste für sich herausholt. Kurt, den wir wohl Unzufriedenheit, nicht aber die gewisse Kühle unserer elterlichen Empfindungen fühlen lassen, Kurt, der uns fremder ist als die andern, nicht geheuer, aber lieb und wert, wie es sich gehört – Überschwang mögen wir sowieso nicht – Kurt hat gestern seine Eltern und Geschwister, ja seine gesamte Verwandtschaft beleidigt und enttäuscht. Sein Gabentisch, dies erwähnte ich bereits, war standesgemäß bestückt. Globus, Barometer, Lexikon, Manschettenknöpfe – übrigens: der Pfarrer hat auch schuld, viel sogar. Ich werde mit Vater drüber reden. Jesaja, wie kann man nur, da gibt es doch auch andere Stellen, und dann: Apostelsprüche sind doch viel passender für einen Jungen von knapp fünfzehn. Auch Geldgeschenke, Scheine! Leider Scheine, muß ich jetzt sagen. Und zunächst haben gerade sie mit ihrem höheren Wert uns so viel Freude gemacht! Zugegeben: manches Unnütze, das bleibt nicht aus und macht nichts; für alles gibt es Verwendung, so oder so. Er hätte den zweiten Brieföffner schließlich gut zu Onkel Rudolfs Geburtstag – anstatt – liebergottnein. Wirklich: so was von einem Pfarrer. Was soll denn das, frag ich mich, die Auswahl eines solchen Konfirmationsspruchs, ohne jede Feierlichkeit. Ich selber hatte seinerzeit – im Moment entfallen, komisch.

Gestern, gestern! Wir sind mit unsern Sektgläsern – Kelchen! Mit den Kelchen raus in den Garten gezogen, und Onkel Rehbein übernahm's, die Gruppenaufnahmen zu machen, wie bei Eberhards Konfirmation, selbstlos, wie Onkel Rehbein ist und durch seine Hasenscharte wohl auch etwas photoscheu. Erst beim dritten Bild, Gott waren wir lustig, fiel einem von uns auf, daß die sogenannte Hauptperson fehlte, also Kurt, Kurt war nicht zu sehen. Aber zu hören! Lärm, häßlicher als sonstwann – und ich als Mutter von fünfen hab weiß Gott viel Lärm gehört in meinem Leben – scheußlicher Krach trieb uns zum Wohnzimmerfenster. Auf Marweller-Edelfliesen zerschellte, als ich hinzukam, das Barometer. Globus, goldene Uhr unterm zerrupften Nachschlagewerk begraben, und Taschentücher mit Monogramm – K. L., das Monogramm von Großvater Lehmann, bloß für unsern Kurt passend – und die Geldscheine, die schönen Scheine, zerrissen, in Fetzen – Ich rede jetzt lediglich von den Haupteindrücken. Und Kurt am Fenster, Kurt, der fortfuhr, seine Geschenke zu zerschmettern, alles bis zur letzten freundlichen Kleinigkeit. Oh, frag ich mich, womit haben Vater und ich, womit hat unsere rechtschaffene Familie das verdient? Solch ein Mißverständnis, denn das war's, ein Mißverständnis. Was soll aus Kurt werden, was? Entsetzt rannten wir alle ins Zimmer, wo doch nichts mehr zu verhindern war. Verloren alles, zu Schanden, nichts zu retten außer dem versilberten Korkenzieher von unserem Eberhard: er hat ihn heut morgen von Vater zurückbekommen, feierlich überreicht, anläßlich eines kurzen, aber ernsten und auch stimmungsvollen Strafappells für Kurt. Und Sekt wurde vergeudet! Bei diesem Hin und Her auf der Terrasse kein Wunder, und ein Sektkelch, meines Bruders Theo Sektkelch übrigens, zerschellte, schlimmes Geräusch, diese Kelche sind mir teuer, stammen sie doch von – ich glaube von Großtante Betti, aber von wem auch immer, sie sind wertvoll, ich sah neulich ganz ähnliche bei Scheltz im Schaufenster, für ungelogen vierundzwanzigneunzig das Stück. Ein Mißverständnis, ja. Kurts Konfirmationsspruch, genagelt gegen eine Querleiste der Tür – nebenbei bemerkt frisch gestrichen, unser Manfred hat erst vor drei Wochen sämtliche Rahmen und Leisten frisch gestrichen, einsfünfzig pro Rahmen, fünfundsiebzig pro Leiste, und wenn ich jetzt sage: zu Ehren Kurts, klingt das wie Hohn – dieser Spruch von Jesaja sollte uns allen das Zerstörungswerk, die Schandtat erklären. Jemand las ihn laut vor, jemand hat leise gelacht, vielleicht vor Schreck, mich hat's trotzdem gekränkt, denn ich habe, in den Trümmern von Globus, Barometer, Uhr und was weiß ich geweint. WER UNRECHT HASST SAMT DER HABGIER UND SEINE HÄNDE ABZIEHT, DASS ER NICHT GESCHENKE NEHME, DER WIRD IN DER HÖHE WOHNEN UND FELSEN WERDEN SEINE FESTE UND SCHUTZ SEIN. Den Pfarrer müßte man verklagen, bestimmt. Das Ärgste ist ja gar nicht der Verlust der schönen, nützlichen und auch unnützen, bloß netten Dinge. Das Ärgste ist, daß wir Kurt in eine Anstalt geben müssen. Fragt eine Mutter, wie schwer so was fällt. Vorübergehend, aber immerhin. Man muß das ja behandeln, finden wir. Keine Kleinigkeit für Privatkassenleute wie Vater und mich.

Wozu leiden

Ich habe natürlich zugesagt. Da wollt ich wieder hin, ja, und mit keinem andern als Flesch. Es war vier Jahre her und als Flesch mich jetzt fragte, ob ich wieder mit ihm hinwollte, ob wirs wiederholen könnten, habe ich natürlich zugesagt, klar, vier Jahre ohne Flesch und dann sein Anruf! Strand, Pier und Badekarren, genau dahin wollt ich wieder, die »Irish Rose«, das Casino, Reusenpier auch, immer wieder entlang der Marinestraße, die hinterm Casino zur Marine-Parade wird und beim Schwimmbad Richtung Grenze, an der Kreuzung Esplanade zur Marine-Promenade: von da an mit besseren, meistens einstöckigen Häusern, wir haben uns immer welche ausgesucht, beinah nie den gleichen Geschmack gehabt, ich aber, nach einer komisch hartnäckigen und wortarmen Verstimmung, tat dann so, als wünschte ich dieselben Häuser wie Flesch. Immer und immer wieder dies Grau auf und ab, längs hoher, oft häßlicher Fassaden auf der Ostseite, im Westen Meer, Belgische See, sieben Kilometer längs des Meers und fleckigem Strand, dort wollt ich hin, dort wieder müde werden, häufig genug grimmig gehen, hoffentlich auch bei Schwüle wie wir sie damals zwei Abende hatten, hoffentlich nie bei Windstärke 6, wir hatten nie Windstärke 6.

Weg mit andern Erinnerungen, ruhig weg damit, seit Fleschs Telefonat. Auch mit der an unser Wochenende in Losheim und Losheimer Graben, noch älter, mit unsern Kammspaziergängen neben dem Grenzverlauf samt Blicken ins Ausland, mit unserm Schmugglerspiel, unsern Albernheiten im Gehölz, dem Unterschlupf bei Regen und acht Grad, wir in Sommersachen. Und es tat mir leid um alles was je sonstwo im Wald war, ja, der Wald, grün, verdammt grün – es hätte sich schon drum gelohnt, aber es schwand jetzt und was sich behauptete, klotzig, vielfach abweisend, was sich grau vor andere Bilder schob, war immer wieder die Marinestraße und ich konzentrierte mich auf sie. Gut, daß Fleschs Vorschlag dies entschieden hatte. Gut das Marina-Hotel in der unteren Hälfte der Marinestraße, kurz vor dem Abschnitt Marine-Parade. Unser zweistimmiger Song »Retour de la mari-mariiina ...« mit dem immer mißratenen Schlußakt: jetzt wiederholen.

Nie zufrieden mit dem Hotel, keinen einzigen Tag und keine Nacht in diesen beiden Septemberwochen – aber natürlich wollten wir genau da wieder hin, und sogar mit der Hoffnung, wir wären wieder nicht zufrieden. Fleschs Vorschlag, auch das Hotel betreffend, hat mich überrascht: er war mir ähnlich, genauso anhänglich demnach und so verschroben. Kurz nach diesem denkwürdigen Telefonat mit unserer Verabredung für die Marinestraße beugte ich mich aus meinem Fenster und betrachtete, nun wohlwollend, meine Familie, die im Robinienschatten auf der Terrasse saß, zu satt um den Teetisch. Weiter weg jaulte die Schaukel. Ich hatte sie alle auf einmal übertrieben gern, jeden einzelnen. Die Marinestraße im Sinn, machte ich meine Absage rückgängig und versprach, runterzukommen, doch der Tee war getrunken. Wie gern ich sie jetzt hatte. Tante Bettis gipserne Kopfhaut schimmerte durchs Unkraut ihrer Löckchen, auch sie, auch sie, und auch jemand so Aufreizendes wie Tante Schlemm hatte ich gern, selbstverständlich meine Eltern, aber es war mir jetzt klar. Auch den schwedischen Besuch und die Steckkontaktreformen meines Onkels, von hier oben runter und mit der grauen Straße im Kopf, mit den grauen angepeitschten salzigen Fassaden auf der Ostseite und mit der See gegenüber, der grauen belgischen, Flesch neben mir, Fleschs etwas zu große Schritte, Fleschs leider etwas einwärts gekehrter rechter Fuß, Fleschs Arm um mich auf dieser einmaligen Straße, der Häßlichkeit gut stand. Ich beugte mich weit über die Brüstung, meine Hände betasteten das heiße Gemäuer – schon atmete ich die kahle aalige Zugluft der Marinestraße, schon kostete ich den immerwährenden Ärger über sie aus; unser Gerede über Windstille, unsere beiden schwülen Abende, Flesch.

Pierpavillon, Aquavivarium, aber auch, Richtung Südwesten, die paar Dünen, Schuttplatz, farbige Badekarren von Heist, weniger fein als unsere weißen, der Schlager »Don't let your hand ...«, dessen Mittelteil mir eines Morgens im Bett eingefallen war, so daß ich mich zwang, nicht wieder einzuschlafen, um ihn später Flesch vorzusingen, die Kneipe »Irish Rose«, alles das längs der Marinestraße und ihrer Abschnitte Marine-Parade und Marine-Promenade, dort oben unsere Häusersuche. Wir sind ja nie baden gegangen, obschon es warm war in diesem erstaunlich warmen September – wieder badeten wir kaum. Wir verließen, wie vor vier Jahren, selten die Marinestraße, er hat sie Kommandobrücke genannt, mehrmals und es war mir wieder nicht recht und ich wußte wieder nicht warum, UNSERE KOMMANDOBRÜCKE ODER MEINE KOMMANDOBRÜCKE, vielleicht weil ich nicht fand, daß es paßte. Dann die Heiratsantragsbank. Wir haben da auch wieder sehr gelacht. Flesch hat wiederholt, lachend natürlich und sein Arm um mich: Eine Bank für Heiratsanträge findest du nicht?

Sein Arm fester um meine Schulter, seine rechte Hand fest drum, und unser Gealber, hinter uns die Aussichtsgenießer, es gab aber nichts zu sehen, höchstens für die Leute mit Ferngläsern: Schiffe. Viele aber nahmen an unserm Unsinn teil, wenn man sich umdrehte und sie ertappte, blickten sie glasig und erhitzt über uns weg. Es hat uns immer viel Spaß gemacht, diesmal wieder. Und die zwei, drei Zeilen, ich glaube, eines Gedichts, ungefähr zwanzig Wörter, die ich in mir hütete, während langer Wanderungen zwischen Wellenbrecher im Norden und farbigen Badekarren als südlicher Begrenzung des Marinestraßengebiets. Dieser Anfang von etwas, diese hochgeschätzte Geringfügigkeit, die ich damals in mir aufhob, zusammen mit dem Schlager.
Flesch hat eine leise Stimme. Schwer zu verstehen am Telefon, auf der Marinestraße diesmal aber noch schwerer, auch weil das Meer laut war. Immer die Angst, daß er wieder zu leise sprechen würde und daß mir etwas entginge – obschon mirs häufig nicht ganz wohl war bei Sachen, die er sagte, in der Art des Kommandobrückenvergleichs oder beim Lob für eine Fälschung aus dem Antiquitätenladen. Dazu sein ebenfalls leises, vorschnelles Lachen, es gefiel mir, ich habe die Ohren gespitzt nach ihm, so nah ich ihm war – eigentlich auf sämtlichen Bänken der ganzen Marinestraße – immer mit der Angst, etwas könnte mir entgehen.
Es machte keine Schwierigkeiten, im Marina-Hotel wieder dasselbe Zimmer zu bekommen. Damals hat uns seine Straßenlage gestört, jetzt bestand ich – wir bestanden jetzt auf jedem kleinen triftigen Makel. Ja: das Zimmer mit der hellhörigen Tapetentür. Gegenüber die lästigen gurgelnden WC's, genau das. Die Balkontür schwer zu öffnen, der unbrauchbare Balkon. Ja: auch die Misere des von der Gangtür eingeklemmten Waschbeckens. Jemand am Telefon fand meine Bestellung komisch – das fast verrufene Doppelzimmer – ich selber habe die Bestellung erledigt, nicht Flesch. Von Anfang an war ich jemand mit beschämtem Gestammel von alten Erinnerungen. Dann meine beiden blöden Koffer,

die immer noch zu neu aussehen; sie nutzen sich einfach nicht ab.

Das RIO an der Ecke Marinestraße/Seestraße. Billard, fand ich nach wie vor, paßte zu Flesch. Da traf ich ihn wieder, seine träge Genauigkeit beim Billard, seine langsamen Entschlüsse. Auch seine Vorliebe für Weinrot: er hatte wieder Hemd und Pullover in seiner Lieblingsfarbe an. Natürlich war er einsilbig wie vor vier Jahren, seine Sätze vorsichtig nach der Unvorsichtigkeit, dies hier zu arrangieren. Das Gesicht, sanft und störrisch, vorschnell runzlig bei abseitigem Lächeln: kein Fehler in meinem Gedächtnis. Auch habe ich mit Flesch getanzt, am ersten Abend, auf der Seeadler-Terrasse.

Dies unveränderte Zimmer zur Straße hin. Dieselben braunen Möbel, nicht mal anders gestellt, keine neue Tapete, die rostige Nachttischlampe, ich fand – wir fanden jeden Nachteil wieder, die Balkontür ging nicht auf, aber am Waschbecken stand ich nie eingeklemmt, weil ich allein im Zimmer war und niemand raus oder rein wollte – ich meine: meistens, vielfach hielt Flesch sich auf der Marinestraße auf, genau wie vor vier Jahren, beim Billard oder bei der Strandradrennbahn, während ich in diesen Augenblicken natürlich allein war, klar. Allein und sofort vermißte ich was, es fehlte mir, und ich räumte um, ich sperrte die Nachttischlampe in den Schrank, auch den Teppich; dann, zwischen umgruppierten Möbeln, konnte ich anfangen, nebensächlichere Unstimmigkeiten zu vermissen als beispielsweise einen Satz von Flesch, der jetzt nicht im Zimmer war oder bloß zu leise war, so daß er mir entging, einen Satz über den unveränderten Anstrich der Wetterstation: immer noch ocker. Ocker, wenn Flesch ocker sagt. Wenn er es sagte. Unser veraltetes Gealber über Ocker. Wie er es gesagt hat, die Oberlippe aufgeworfen. Im umgeräumten Zimmer vermißte ich es doch noch, es entging mir, auch ein Satz über den kinnbärtigen Meteorologen, der gegen Abend die Geräte der Wetterstation abliest. Aber wozu, wozu unter irgendwas leiden. Die Wetterstation stand unverändert auf der ovalen Ausbuchtung namens Rondeel im

Abschnitt Marine-Parade hinter einer Ansammlung der für die Marinestraße bezeichnenden weißen Lattenbänke. Da waren wir damals immer abends, den Blick Richtung Meer, ich ging wieder hin – wir sind wieder hingegangen, kurz nach unserer Ankunft, jetzt Sätze übers Meer, auch mit dem Wort Kommandobrücke, warum nicht, dann zurück in Richtung Casino und Blödsinn auf der Heiratsantragsbank, von mir aus, Fleschs Arm hochzeitlich fest auf meiner Schulter, Fleschs rechte Hand mit Nachdruck und sein Gesicht nah, dann der gespielte Antrag, mein Ja. Stammkneipe »Irish Rose« und ihr schwarzes Bier, das wir unserer größeren Leidenschaft für helles belgisches zum Trotz und der Kneipe zuliebe tranken – Fleschs Mund bei der Aussprache des Wortes »Atmosphäre« – im ganzen Satz: Sie hat so eine nette Atmosphäre, die Kneipe – Ich bin aber nicht eingetreten, wir sind nicht eingetreten, bereuten es in der Gegend um die beiden Geschäfte mit gefälschten Antiquitäten, ihm gefiel wieder das meiste, sogar eine falsche Kerze mit Tropfen; wir sind umgekehrt und nun traten wir in die »Irish Rose« ein, nun kopierten wir unsere Aufenthalte dort und Flesch zerrte an den Hebeln des Spielautomaten rum, warf Münzen ein für Schlager, sie hatten sogar auch noch »Don't let your hand . . .« – woraufhin es so laut war, daß ich wieder Angst hatte, Fleschs leise Stimme nicht zu hören. Aber wozu, wozu Angst haben, wozu leiden. Dies Grau, längs des zänkischen Meers, dies Grau einprägsam, dies Grau in mir, mit der einmaligen Genauigkeit meiner Erinnerung, auch an Nr. 14 der Marinestraße: ein Emailleschild mit dem Namen des Zahnarztes Doktor Lewicnicz. Flesch und ich, wir haben vor vier Jahren beim Vorbeigehen immer wieder den Namen ausgesprochen, einer von uns hat dann festgestellt, der Zahnarzt werde wohl ein Pole sein, Flesch hat nun wieder, diesen September erneut, den Namen langsam vor sich hin artikuliert, hat wieder Schwierigkeiten gehabt, dazu sein voreiliges Lachen, schnell weglöschend, aber alles sehr leise, oder das Meer sehr laut; Lewicnicz, LE – WIC – NICZ, dies weiche, bloß allzu leise CZ, ich habe es nicht gehört, nicht hören können: ohne Flesch.

Ich war, vier Jahre später, allein auf der unveränderten Marinestraße. Schluß mit Erinnerungen, auch mit dieser, Schluß. Ich höre die Rufe meiner Familie, sie haben neuen Tee gekocht, ich kann kommen. Mein schwedischer Onkel hat eine neue Idee zur Vereinfachung von Steckkontakten. In Tante Bettis grießiger Frisur sitzt ein Blumenkränzchen, die Kinder bewerfen sich mit Kies, meine Eltern überreden Tante Schlemm zu einer Mieterhöhung, um die Schaukel wird sich gezankt. Ich höre und sehe alles deutlich, ohne Fleschs Angebot. Kein kaltblütiger fischrückiger Windzug mehr über die Reling der Marinestraße, Fleschs Kommandobrücke. Ruhig. Mir fällt niemand ein, den ich übertrieben gern hätte, das heißt, ich werde sie wohl gern haben, spüre es aber nicht. Auch nicht gegenüber Flesch, der vor vier Jahren an der Kreuzung Marinestraße/Albert's Allee vom Linienbus nach Heist überfahren wurde, in der Nähe des Hauses Nr. 14, Flesch bei irgendeinem Gealber, Flesch, der dann in der Praxis des Zahnarztes Lewicnicz, Marinestraße 14, ausblutete und starb, nicht in meinen Armen; wozu Erinnerungen, wozu leiden, das ist unwahrscheinlich nach vier Jahren.

Kompakt

»Das Meer ist fast grün«, sagte die amerikanische Kusine Susan. »Wie gestern«, sagte Lore. »Langweilig langweilig«, sagte Meline. Es war gegen zwei und zu heiß. Die drei Frauen lagen im Schattenparallelogramm, das die Badehütte nach Norden warf. »Mir fällt kein so heißer Sommer ein«, sagte Meline. »Bloß gut für die Kinder.« »Sie spielen nett«, sagte Susan. Wieder ärgerten sich die beiden andern über ihren Singsang. Lore machte die Augen zu. Meline starrte über ihr Buch weg in Richtung Meer. Winzig vor dessen Blaugrün die Kinder. Mickey, Fredchen, Babette – sie zählte nur drei, oder nur bis drei, kam nicht weiter, döste vielleicht ein, und fuhr dann fort zu lesen. »Es sind aber nur drei«, sagte Susan laut. »Ich seh nur drei Kinder.« Lore seufzte. Sie war nie mehr richtig wach, seit sie hier waren. Seit Alfreds Abschiedskuß am Hafen. Oder schon früher. Diese Hitze, die sich gleich blieb. Sie wälzte sich auf den Bauch. Meline legte das Buch weg und nutzte die Gelegenheit, unbehelligt Lores Krampfader zu beäugen, befriedigt gewann sie den häßlichen Eindruck. »Sie schaufeln und schaufeln«, sagte Susan. »Ich seh nur drei von ihnen.« »Gäb's nur Regen«, sagte Lore, sie machte ihren Unterarm naß dabei, schmeckte Schweiß auf der sandigen Zunge. »He, steh nicht rum, Fred, die Stelle muß noch dichter werden.« Mickey schnaubte vor Anstrengung und Stolz. Mickey war ein Angeber, fand Fred. Er merkte auf einmal, daß das hier nicht gut für ihn war. Seit dem Scharlach wurde ihm jetzt manchmal schlecht, wenn er sich anstrengte. Er hatte auf einmal Angst, wovor? Mickey gab ihm einen leichten Stoß. Er hieb wieder sein Schaufelblatt in den Sand. Aber er sah gar nicht mehr richtig.

»Du, Lore«, rief Susan, »Meline! Ich seh das Evchen überhaupt nicht.« Susan stand auf. Ihr erschrockenes und kühles Gesicht reizte die beiden andern.

»Letzter Schliff, so!« sagte Mickey. Der Berg war plattgeklopft, er war kompakt, sein Fundament zuverlässig. Auf dem Gipfel eine Mütze aus Tang. Fredchen fühlte sich wieder wohler und stellte sich eifrig neben den tüchtigen Mickey. Jetzt war Babette niedergeschlagen. Bloß diese zwei Bösewichter zum Spielen. Sie spielte viel lieber mit Evchen. Liebes weiches zusammengekauertes Evchen tief unten im Sandberg. Wie lange war's noch bis zur Flut?

Flitterwochen, dritter Tag

Reinhard am dritten Tag gegen fünf, auf der Bierkneipenterrasse: du wirst deine Arbeit aufgeben. Du wirst einfach kündigen. Es war fast windstill, die Luft feucht. Ich kam aber nicht ganz dahinter, ob es mir richtig behagte. Ich starrte immer weiter den Mann mit der Warze an. Reinhard hob sein Glas, trank mir zu, mit irgendeinem Trinkspruch auf unsere Zukunft. Die Warze sah wie ein Polyp aus. Reinhard schlug vor, so wie jetzt an der See auch später regelmäßig abends spazierenzugehen. Ja. Warum nicht? Schließlich: die Wohnung mit ihrer günstigen Lage. Unterm Hemd würde die Warze sich auch bemerkbar machen. Sie war mehr als einen Zentimeter lang. Seitlich vom Schlüsselbein stand sie senkrecht ab. Prost, Schatz, cheerio! Vielleicht, bei diesem Unmaß, hieß das nicht mehr Warze, was ich immer noch anstarrte. Liebling, he! Wir sind getraut! Du und ich, wir zwei – was man sich so zunuschelt kurz nach der Hochzeit. Reinhards Lieblingsgerichte, dann meine. Durch die Fangarme sah die Warze einer Narrenkappe ähnlich. Die Wohnung werden wir nach deinem Geschmack einrichten; der Garten – bloß Wildnis. Tee von Reinhards Teegroßhändler. Nett, so einig zu sein. Abwegiges Grau der See, und mein zweites Glas leer. Die Oberfläche der Warze war körnig, wie die Haut auf Hühnerbeinen. Reinhard hat noch zwei Stella Artois bestellt, ich fühlte nun doch ziemlich genau, daß es mir zusagte, das Ganze, Bier, diese Witterung, dies bemerkenswerte Meer und unser Gerede über alles, zum Beispiel: Hauptsache, du bist dein blödes Büro los. Das schrundige Ding auf der Schulter, erstarrtes Feuerwerk, stand nicht zur Debatte. Reinhard schützte wiedermal ein Schiff vor und starrte durchs Fernglas runter auf den Strand. Gewitter stand unmittelbar bevor, unser Zusammenleben auch, auch Abendspaziergänge, Teebestellungen, Leibgerichte, die Warze war immer noch sichtbar nun unterm Hemd, das der Mann anzog. Antonio Gaudi hätte sie geträumt haben können. Reinhard redete, und ich

habe eine Zeitlang nicht zugehört, weil ich – ich hätte schon ganz gern gewußt, ob das nicht wehtat, wenn mehr als nur ein Hemd auf die Warze Druck ausübte. Organisation, Schatz, sagte Reinhard, und er ist nicht nur billiger bei diesem Großhändler, es ist einfach besserer Tee. Weitere Stella Artois, die Schwüle war mir recht, das Meer lieb und wert, egal Reinhards Seitensprünge durchs Fernglas. Die leicht bekleidete Krake, der vertrauliche Vielfuß, Verruca die Warze. Freust du dich, Schatz? Reinhard war mir jetzt näher. Auf alles, Schatz? Und was man so sagt. Er war nett.
Der Mann mit der neukatalanischen Warze bezahlte. Dann verstaute er sein Fernglas in einem etwas abgeschabten Lederetui. Er stand auf. Da stand auch ich auf. Der Mann mit der Warze bahnte sich den besten Weg zwischen den Korbsesseln. Ich hinterher. Er brauchte nicht weiter auf mich zu warten, ich habe kaum gezögert, er wartete, wieder mir zugekehrt, die Warze, das Wappen, er wartete, Reinhard wartete, mein Mann mit der Warze.

Die Wahrheit über uns

Sie kommt mir jetzt recht ruhig vor, doch. Als ich vor ein paar Stunden meine kleine List gebrauchte, hätte ich das nie prophezeit, das ruhige Gesicht Lennys. Allerdings immer noch mit etwas Rot gesprenkelt, ihre Haut ist empfindlich, meine auch, wir haben das beide von unserer Mutter. Ich hätte eher angenommen, sie wäre mir böse, mindestens bis zum Einschlafen, denn wir können nicht einschlafen, bevor wir einen Streit beigelegt haben, auch das stammt von unserer Mutter. Es ist ganz nützlich. Obwohl man trotzdem seinen Groll noch mit in schlechte Träume schleppt. Aber man redet miteinander, redet drüber weg, bis er zermalmt ist von all dem Gerede. Am Morgen im Geschäft war ich nicht mehr drauf gekommen, weshalb ich schlecht gelaunt sein wollte. Komisch, eine Sache wie Funcks Besuch zu vergessen. Es fiel und fiel mir nicht mehr ein. Natürlich lenkt auch der ganze Betrieb in der Bücherstube mich ab. Früher ist es mir leichter gefallen, gewissermaßen nebenher mein Privatleben durchzuhalten. Ich bin doch nervöser geworden, vielleicht durch die Sache mit Rupert vor zwei Jahren, Lennys Krise. Es war ja auch meine, es war die Bewährung meiner ganzen verzwickten und schönen Verantwortung für Lenny, denn ich habe mich auch damals keinen Augenblick davor gedrückt, Lenny zu unbequemen Entscheidungen zu zwingen, unsere Mutter hat gewiß keinem Leichtfuß dies Schwesterchen anvertraut, nein. Den ganzen Tag war immer jemand im Laden, als wollte ausgerechnet heute sich jedermann mit Lesestoff eindecken, und ich wußte nicht mehr, weswegen ich mich nicht übers Wetter freuen sollte, besser nicht – Wetter nach unserem Geschmack, wir mögen das von Kind an, wir waren immer Gewitternarren und haben Mexiko gespielt in unserem verdunkelten Spielzimmer, grüne Vorhänge vor die Fenster, schwül, Regen in der Luft. Gewitter am Abend lieben Lenny und ich heiß und innig, vor allem abends, weil wir uns abends immer richtig drauf einstellen können, daß heißt: Sessel ans Fenster rücken, den kleinen Tisch dazwischen und eine Flasche Sekt, das ist so ein Ritus. Genau im Moment, als ich dieses Bild vor mir sah, während ich meine längst klebrigen Fingerkuppen an Katalogseiten abwetzte und die Anstarrerei des Kunden leid war, für den ich es tat, als ich uns sah, dort am Fenster, fiel mir ein, warum ich den Sekt nicht kaufen würde: Funcks Besuch bei Lenny. Genauer: bei Lenny und mir, da wir ja zusammen wohnen. Unsinn, nicht »Lenny«. Funck ist der einzige, der sie »Leonore« nennt.

Ich stellte mir Lenny vor, wie sie nun keine Ruhe fand, immer wieder zum Spiegel rannte, sich mehrmals umzog, bis sie raushatte, was am günstigsten für sie war – das heißt, sie wählte nie das richtige, ziemlich instinktlos. Ein Kunde mit Funcks neuestem Buch in der Hand fragte nach Funcks Erstling. Ich riet von dem ganzen Funck ab. Obwohl wir auch den Erstling noch am Lager hatten, sagte ich, nein, ich glaube, das ist verramscht worden. Ich erinnere mich an eine angenehme Betäubung. Der Kunde legte merkwürdig sanft das Buch aus der Hand, als geniere er sich vor meiner Chefin, die nicht zugehört hatte, aber rübersah. Ich dachte, dies bliebe mein angenehmstes Gefühl des heutigen Tages. Ich folgte dem Kunden bis an die Ladentür und hielt ihn da noch auf mit törichten Bissigkeiten über Funck. Schließlich würde ich ein Gewitter verpassen. Ich bin im allgemeinen nicht kleinlich. Aber es gibt alltägliche Winzigkeiten, hochprozentige Miniaturgewohnheiten im Dickicht der groben Gewohnheiten, und an ihnen muß man festhalten. Meinem Kollegen Herrn Franz gegenüber habe ich allerdings wiedermal ein bißchen angegeben mit Funcks Besuch. Herr Franz sah mich mit der bekannten Mischung an: etwas Neid, etwas Mißbilligung. »Er interessiert sich doch wohl ziemlich für die Arbeiten Ihrer Schwester, oder?« Die Arbeiten! Lennys komische traurige kleine Sachen. Ich lese sie ungern. Ich komme nie drin vor, ich finde mich nirgends wieder. Nicht daß ich das verlangte, aber – Wovon redet sie eigentlich, wenn sie schreibt. Ich kenne Lenny inundauswendig, ihre Kindheit, ihre Reaktion auf Alkohol, was sie mag und was sie fürchtet – es kommt nichts davon drin vor. »Na ja, es interessiert ihn schon ziemlich,« sagte ich zu Herrn Franz. Ich habe mich im Laufe der Jahre dran gewöhnt, daß Herr Franz schielt und so weiter. Es ist Lenny, die mich manchmal dran erinnert. Ich verwarf den Gedanken, Herrn Franz für den Funck-Abend einzuladen, denn erstens gönne ich ihm die Bekanntschaft mit Funck nicht und zweitens lag mir wirklich nichts daran, daß mein Kollege mitbekäme, wie ich lediglich zum Einschenken gut war an diesen Abenden. Obwohl er nett ist, nicht gehässig. Gerade das stört mich. Er nähme gütig für mich Partei, er würde Funcks und Lennys kleines Vergehen entdecken. Sein mögliches Mitleid liegt wie Schmutz über mir. Als ich nach Haus kam, den Qualm roch, Lennys Parfum roch, dann Lennys verflecktes Gesichtchen sah, albern zu

Funck rübergeneigt, auch Funck saß mit einem von Lennys Manuskripten in der Hand, als ich das bekannte Bild vor Augen hatte, war ich erleichtert drüber, daß ich es meinem Kollegen vorenthalten konnte. Funck las oder tat so, vor und nach unserer Begrüßung. Er sagte immer etwas wie »Sie werden jünger und jünger« oder »Noch hübscher als das letzte Mal« zu mir, allerdings mit einem Ausdruck, der mich auch dann nicht überzeugen würde, wenn ich blind genug wäre, offenkundiges Altern und unbestreitbare Abnahme von Hübschsein zu ignorieren. Zwischen Lenny und Funck auf dem Tisch standen Gläser und Flaschen, Lenny hatte wieder alles, was wir besitzen, nervös vorgeführt, angeboten, aufgedrängt, mich ärgerte, daß eine Flasche nicht wieder verstöpselt worden war, ich tat es, und mich ärgerten zwei Bierdeckeltürme. Henri Funck-Bierdeckel. Lenny hatte sie wie verrückt gesammelt, letzten Sommer, und jetzt zeigte sie diesen Schatz, der für Funck nichts wert war. Ich wies absolut nicht auf diese Unordnung hin. So leicht mache ich es den beiden nicht, sich über mich zu mokieren. Ich sage: den beiden, denn obgleich Lenny normalerweise auf meiner Seite steht, wird sie jedesmal abtrünnig, wenn ein Gast wie Funck oder wenn Alkohol sie dazu verleitet. Ich habe lediglich etwas Durchzug veranstaltet, Tabaksqualm macht mich krank, aber nur bei uns in der Wohnung, anderswo merke ich ihn oft überhaupt nicht. Lenny hockte da und starrte Funck an, der ruhig las, ruhig las. Manchmal fragte ich mich: hat sie keine Augen im Kopf, deine kleine Schwester? Beispielsweise um Funcks Genuß zu durchschauen. Wie sehr Funck sich an ihrer nutzlosen Schreiberei delektiert. Und an ihrer verheerenden Trinkerei. Und daran, daß er der einzige ist, der diesem Wirrwarr von Angst, Hoffnung, Vortäuschung einen Sinn geben kann, einmal im Jahr.

Ich erinnere mich an ihre Stimme. Unsicherheit verschuldet diese unschöne Lautstärke, und jetzt ruft sie mir nochmal den ganzen Bierdeckelquatsch zu, das ganze blöde Bierdeckeltheater. In ihrem Gealber um Henri Funck-Filze vereinsamte

Lenny. »He Meta, ich gebe vier Funck-Bierdeckel her, findest du das nicht wahnsinnig generös?« Und so weiter. Funck sah gnädig vom Manuskript auf. Ich selber habe mich über mein störrisches Gesicht geärgert. Ich bringe nie einen richtigen Ausgleich zustande. Bockigkeit oder Dienerei, entweder oder, mehr fällt demjenigen Gehirnzellchen nicht ein, das mein Benehmen Funck gegenüber reguliert. Ich höre jetzt auch mich selber wieder. »Hast du vergessen, daß die Bierdeckel uns beiden gehören?« Lenny stieß einen kleinen Schrei aus. Mein Satz war wie eine Stimme, die losspricht vor dem Räuspern. Mein unbehauener Satz. Lenny lachte zwar, ich sah ihr aber an, daß sie sich fürchtete. Der Satz hatte ihr schnell eine Wahrheit über mich, über sie, über Funck offenbart. Aber leider – es geht rasch vorüber, dies Erkennen, dies auf-der-Hut-sein, Lenny trinkt wieder einen Schluck, noch beunruhigt, bald erneut leichtsinnig, und ich? Ich räuspere mich hinfort meistens, bevor ich spreche.
Funck blieb lang vertieft in Lennys säuberlich betippte Blätter. Ich selber stand übrigens immer noch so da, wie ich vom Geschäft gekommen war, unfrisiert, ungewaschen, in diesem verdammt unordentlichen Zimmer. Es ist sonst ordentlich bei uns, wenn auch nie pedantisch. Übrigens hält Lenny selber sehr auf Ordnung. Sie, die unsern Haushalt führt, regt mich manchmal auf mit strengen Haushaltsgesetzen. Doch noch mehr regt es mich auf, daß sie immer alles aus den Fugen geraten läßt, sobald ein Dritter bei uns eintritt. Kaum ist jemand da, schon umgibt ein Schlachtfeld Lenny und ihre wacklige übereifrige Gastlichkeit.
»Haben Sie gehört, Dichter«, krisch Lenny, »haben Sie das gehört!« »Sie hängt am Besitz, die große Schwester«, sagte Funck, seine in diesem Moment besonders gelassene, immer etwas schnupfige Stimme war kühl, auch nicht amüsiert. Es kam mir zum ersten Mal so vor, als mache Funck das Theater hier bei uns gar nicht so viel Spaß, wie ich mir immer eingebildet habe. Wenn es ihm womöglich überhaupt keinen überlegenen Spaß machte, nie, und keinen Spaß machen wird,

dann ist es noch weniger anständig von ihm, uns zu behelligen.
In diesem Aufzug empfängt Lenny keinen andern Besuch außer Funck. Sie richtet sich sonst doch etwas mehr nach Brauch und Sitte. Bitter finde ich immer wieder jeden winzigen schwerwiegenden Anteil am Verrat. Auch seinerzeit für Rupert hat Lenny sich schlampig angezogen. Für mich ist es wirklich eine Art Warnsignal, wenn Lenny anfängt, sich jemandem in schlampigem Pullover mit viel zu weitem Halsausschnitt und ausgeleiertem Bund zu präsentieren. Den Bund vom Pullover zerrte sie dauernd runter, so weit er sich zerren ließ, sie fingerte am Halsausschnitt rum und zog ihn ab und zu hoch bis über Kinn und Nase. Wenn sie dazu den Kopf senkte, konnte sie sich bis über die Nasenwurzel mit dem Pullover bedecken. Wozu? Nun, sie sah so aus, wie sie wollte: etwas zu dünn, etwas zu ungepflegt, und indem sie das Risiko auf sich nahm, nicht zu gefallen, verhalf sie sich zu einem persönlichen Stil. Denn etwas ist an ihr, was über alle Schlamperei triumphiert, ist sie hübsch? Das ist nicht das Wort. Etwas an ihr ist ergreifend, mitunter.
Dieser Pullover hat sogar Löcher, und sie zerrte weiter an ihm rum und gab Funck idiotische Anworten. Wenn er nun schon da war, wenn er sich nun schon mit ihren Schreibübungen abgab, warum hörte sie ihm dann nicht besser zu, warum paßte sie nicht richtig auf, aber das kann sie nicht, nie, es ärgert mich oft. Sie verpatzt allzu leicht Gelegenheiten, sie schätzt Möglichkeiten gering ein. Hinterher, o ja, da kann sie bereuen und wehklagen und wird es nicht los, wird es nicht los. So kenne ich vom heutigen Abend eine ganze Liste der Mißlichkeiten, unter denen Lenny wochenlang und länger wird zu leiden haben. Ich stand noch da rum, bei den beiden im Zimmer, lehnte an der Fensterbank und sah jetzt Lenny Schnaps verschwappen, zu voll eingießen, aufkreischen deswegen, nochmals Schnaps verschwappen, jetzt beim Anheben des Glases, hörte sie irgendwas murmeln und wußte, wie es sie hinterher grämen würde. Zu dem Zeitpunkt kannte ich

allerdings noch nicht Lennys Hauptkummer der kommenden Wochen, denn den Anlaß lieferte sie erst bei Funcks Abschied. Es wird furchtbar lang auf ihr lasten. Ich werde ihr Mut machen. Schließlich, so schlimm war es nicht. Peinlich, das schon, und das werde ich nicht wegreden. Die Lehre wird Lenny nicht schaden, jeder Mißgriff, jede Unbesonnenheit Lennys ist eine Lehre, die allerdings nur zu selten über Reue und Selbstanklage hinaus wirksam wird. Schön wärs, wenn Lenny eines Morgens, meinetwegen nach so einem Funck-Besuch, munter und sachlich feststellen könnte: dies und jenes habe ich falsch gemacht, ich werds nicht wieder tun. Und wenn sie beim nächsten Mal wirklich keinen Schluck zu viel trinken würde. Oder nicht, beim Essen, unterm Tisch ihr Bein Funcks Bein ließe, nicht wieder, ein sicher behaartes und unterm Haar weißhäutiges, wahrscheinlich auch säbelförmiges Bein, nach dem es sie wohl nicht im Ernst gelüsten wird. Es ist jetzt Lenny, die mit so was anfängt. Aber ich rechne derartige Unbotmäßigkeiten doch weniger ihrer Zutraulichkeit als ihrem Schnapsverbrauch an. Ich denke es mir so: sie ging mit ihrer Schuhspitze gleich unter Funcks Hosenbein, kratzte da herum, ging wieder da heraus und dann mit der Wade, seitlich nehme ich an, auf Funcks Schienbein in die Höhe Richtung Knie – und so weiter. Er hat sich ruhig, ruhig mit mir weiter unterhalten und mischte sich unterm Tisch bei Lenny ein, nun zu zweit rieben sie herum über Stoff, vielleicht manchmal Haut, aber nicht Haut mit Haut – ziemlich nutzlos, meiner Meinung nach, diese anstrengende Pfuscherei unterm Tisch, während oben Lennys versalzener Salat und Nudeln verzehrt wurden.
Schlimmer wird die Sache mit dem Händeschütteln sein. Es wird unaufhörlich in ihrem Köpfchen herumhacken: ich gab in Trunkenheit Funck, der links die Hand gibt, links die Hand. Funck hat entweder eine Kriegsverletzung oder von Natur aus eine schlaffe zwecklose rechte Hand, die komisch guterhalten aussieht, wie das Musterbeispiel einer Hand ist diese Rechte Funcks, hinter dem die linke, der schlechte

Schüler, zurücksteht, mager und bräunlich. Die rechte Hand ist weiß und pastös, überaus gepflegt und verpäppelt, sie erinnert mich an das Firmenzeichen einer Maniküre, außerdem wirkt sie unerfahren, geradezu kindlich im Vergleich mit der linken, die alles gemacht hat, was Funck mit Fingern machen wollte. Die Linke hat für Funcks Bücher Arbeit geleistet, während die träge Rechte sich schonte, und die Linke ist es, die Funck andern Leuten reicht. Heute hat Lenny dieser Linken ihre eigene Linke hingehalten. Funck hat überrascht und im übrigen undeutbar ausgesehen, angetan? Gekränkt? Wer weiß. Ich jedenfalls muß diesen faux pas Lennys bald in eine Doktrin umwandeln.
Ich ging dann endlich raus. Den Durchzug hatte Funck beseitigt. Im Badezimmer betrachtete ich beim Händewaschen mein Gesicht, mein Haar. Lenny, die hellblond ist, teilt nicht meinen Verdruß übers Ergrauen. Dünn ist ihr Haar auch, das haben wir beide von unserer Mutter, wie die empfindliche Haut, sie aber bringt es fertig, daß dünnes Haar ihr steht. Es roch sogar im Badezimmer nach Qualm. Offenbar hatte Funck hier mit Zigarillo sich aufgehalten, ich fand Asche im Waschbecken. Ich schimpfte vor mich hin. Trotz zwei geschlossener Türen Lennys Gegacker. Händewaschen genügte natürlich nicht. Warum gehöre ich bloß nicht zu den Frauen, die den Elan aufbringen, sich dauernd zu duschen. Lenny duscht viel öfter. Nach dem Duschen sähe ich besser aus und ich würde mich besser fühlen, dachte ich. Ich wollte sie aber auch nicht so lang allein lassen. Und so war es dann: mit Ach und Krach die Hände sauber und das Haar gekämmt und sonst alles pappig wie vorher. Es roch überhaupt noch nicht nach Essen, nur nach Qualm. Ich ging wieder rüber zu den beiden. Funck blieb ruhig weiter vorgebeugt, starrte ruhig weiter Lenny an, doppeldeutig, mehr als eindeutig. Die richtige Funck-Leonore-Situation, ganz nach Funcks Geschmack und mir ein Greuel. Lenny bat mich, einen Apéritif anzunehmen, ich hasse es, wenn sie Schnäpse als Apéritifs ausgibt, um deren Alkoholgehalt zu verharmlosen; sie stand

mit dem Schnapsglas vor mir, sah mich bettelnd, aber auch wachsam an, ich wies das Schnapsglas zurück und erinnerte sie daran, wie wenig ich es leiden kann, wenn Leute Schnäpse in leere Mägen schütten. Meine Lieblingsschwüle dampfte durch mein Lieblingsabendgrau. Es war ja auch Lennys Lieblingsschwüle und ihr Lieblingsabendgrau. Vergessen, Lenny? Und das Abendessen? »Her mit dem Schnaps der Gesundheitsfanatikerin.« Etwas in der Art hat Funck gesagt. Gewitter war todsicher. Funck beriet Lenny. »Es enthält viel Emotion, sehr viel Emotion,« hörte ich ihn nuscheln. Emotion Emotion Emotion. Wozu krisch Lenny dermaßen. Emotion gegen mich, die blöde verschwitzte Buchhändlerinschwester, Emotion unter Ausschluß der langweiligen Abstinenzlerin – mir blieb nicht verborgen, wie die beiden das mit der Emotion meinten. »Trotzdem, liebe Leonore, ich wünsche es mir konkreter.« Um der Gerechtigkeit willen: ich glaube, daß er kein schlechter Lehrer wäre. Aber Lenny ist eine miserable Schülerin. »Es ist zu formlos, es geht nicht weiter, es quillt so vor sich hin.« Still vor sich hin, wie eine weit entfernte Gewitterwolke. Gewitter: näherte sich. Das Gewitter wurde konkreter. Aber Lenny entschied sich weiterhin fürs Vage, Planlose, kicherte, trank, ließ sich nicht retten, weder vom Gewitter, noch von Funcks Ratschlägen, noch von meinem Warten aufs Essen.

Übrigens komisch, daß Lenny nicht von Funcks Art, die Kiefer aufeinanderzuklacken, abgestoßen wird, empfindlich wie sie sonst ist. »Das Thema fehlt, ein Konzept, Straffheit« und Lenny nickte ihm ernsthaft zu, ohne etwas in sich aufzunehmen. Ich werde sie schon morgen abend dran erinnern, morgen bei meiner Rückkehr aus dem Geschäft, wenn ich sie wahrscheinlich vor der Schreibmaschine finde. »Schreib konkreter«, werde ich sagen, »wo ist dein Konzept? Wiederhole dich nicht.« Und so weiter. Und weiter mit Zähneknirschen und Zähneknacken und Genuschel und Lennys kopfloser Anhimmelei. Von Essen war bis dahin immer noch keine Rede. Wenn ich abends erledigt aus dem Geschäft komme, habe ich ein Recht auf dies bißchen Bedienung Lennys. Es handelt sich um eine Vereinbarung zwischen uns, daß ich mit Küchenkram nichts zu tun habe. Ich rühre für gewöhnlich nichts an, bloß in Ausnahmefällen, also Krankheit Lennys. Ich bin es immerhin, die das Geld für diesen Haushalt heranschafft. Die Zinsen aus einer kleinen Hinterlassenschaft unserer Eltern haben es uns stets als unnötig erscheinen lassen, Lenny auch noch raus ins Berufsleben zu hetzen. Für sie ist das nichts, zu ihr paßt die Heim-und-Herd-Abgeschiedenheit. Sie selbst hält allerdings ihre Schreiberei für ihren Beruf, mit Zukunft.

Ich trank nun mittlerweile Bier, immer noch am Fenster. Das dumpfe näßliche Grau draußen. Das unmittelbare Bevorstehen unseres Gewitters. Das Bier nahm mir auf angenehme Weise den Hunger, ich war ein bißchen benommen und nicht mehr so verärgert. Rechts in der Kurve Leonhardstraße/Waldring die übliche abendliche Quietscherei von Autoreifen, sie kamen nach Haus, die Anlieger. Ich hatte nun alles gern, die Anlieger, den Moment, in dem ich da so stand mit Geschmack, Benommenheit, Erfindung bloß dieses Moments, jetzt und nur jetzt, gemächlich zuverlässig – und so gehts mir immer, wenn mir wohl ist. Mir war wohl. Lieblingswetter mit den richtigen Zutaten, Bier half mir über Funck weg und verhalf mir zum Vorgeschmack meiner List, meines erkämpften Gewittergenusses.

Ja, ich bin in die Küche gegangen, als der Moment um war. In der Küche, wo ich mich schlecht zurechtfinde, habe ich mir zwei Brote gemacht, ich fand im Eisschrank viel eingewickeltes Zeug, das sonst nicht bei uns auf den Tisch kommt, alles für Funck bestimmt, viel zu viel, wie immer, wenn Lenny sich auf Gäste vorbereitet. Arme Lenny. Sie tat mir leid, sie tut mir ja immer leid. Bei Funcks letztem Besuch hatte sie Pilze so verkocht, daß nur eine trostlose braune Brühe mit unappetitlichen Bröckeln übriggeblieben war, und Funck, der berühmte Feinschmecker, schmatzte gönnerhaft. Das Erstaunliche ist, für uns zwei kocht Lenny gut, auch erfinderisch. Schade, daß sie so leicht außer sich gerät, die Fassung verliert. Was ist es nur, daß sie an andern, an Fremden, vorab an Männern so verwirrt? Dort in der Küche habe ich genau über Lennys augenblickliches Elend Bescheid gewußt. Aber konnte ich ihr helfen? Kann ich ihr helfen? Ist es nicht die beste Hilfe, sie durch dies Dschungel zu zwingen, bis sie es eines Tages selber zu roden vermag mit Widerstand, Widerstand, endlich, mit Selbständigkeit gegenüber Leuten wie Funck. Ich ging wieder rüber, mit meinen Broten ans Fenster zu meinem Bier und meinem anschleichenden Gewitter. Ich aß ihnen ganz deutlich etwas vor. Ich blätterte in der neuen »Parloir«. Über das Heft weg aber betrachtete ich Funck bei der Arbeit. Und Lenny zappelte rum, war alberner, ernster denn je, wechselte mit allem unaufhörlich ab, legte sich die flachen Handteller ins Gesicht, verschwand dann bis Augenhöhe im Pullover, kam wieder glühend hervor und fing von vorne an mit ihren Mätzchen und wäre am liebsten ganz und gar untergetaucht. Wo aber. Ich, ihre Schwester, ich wußte, daß sie schlimm dran war, daß sie eigentlich längst genug hatte und aufs WC mußte, daß sie sich davor genierte, daß sie keine Ahnung mehr hatte, wie ihr Plan fürs Abendessen gewesen war, daß sie fürchtete, irgendwas fallenzulassen, daß sie sich vor mir fürchtete, falls sie was fallen ließe oder schwankte beim Aufstehen oder rülpste und daß sie sich vor mir auch dann fürchtete, wenn ihr all dies gar nicht zustieße. Ich, ihre Schwester, wußte Bescheid. Morgen werde ich mit Hilfe Ruperts Funck herabsetzen. Der Name kam uns beiden seit Lennys Krise nicht mehr über die Lippen. Morgen werde ich ihn aussprechen. Ich hätte schon früher daran denken sollen. Erinner dich an Rupert, er hat gerade dieses Gedicht so geliebt, Lenny-Schatz. So ungefähr will ich einem von Funck schlecht beurteilten Machwerk mit Ruperts nichtssagendem Lob aufhelfen. Das heißt – nein. Doch nicht. Lennys poetische Verlautbarungen will ich aus der Rupert-Funck-Antithese klammern, denn ich bin allzu sehr dafür, daß sie Funcks Ratschläge befolgt, wenn sie schon weitermacht mit Schreiben, ich verstehe mit der Zeit doch

genug, um eine qualifizierte Meinung von einer privaten, bedeutungslosen zu unterscheiden. Ich werde mehr auf charakterliche Differenzen eingehen. Hier wird Rupert besser abschneiden, ich habe es vor.
Kaum zu fassen, aber es kam dann doch noch zu jenem bereits erwähnten und mißratenen Abendessen. Funck selber hat daran erinnert: »Ich verspüre Hunger, liebe Leonore –« so etwa. Sofort sprang Lenny auf, ohne abzuwarten rannte sie aus dem Zimmer, wahrscheinlich um draußen zur Vernunft zu kommen. Ich bin ihr nicht gefolgt, ich fand, sie solle allein mit ihren Vorbereitungen fertigwerden. Und falls sie nicht damit fertigwürde, wäre sie vielleicht, vielleicht, ein anderes Mal vorsichtiger. Große Hoffnung besteht allerdings nicht auf Lennys Einsicht nach einem Desaster dieser Art. Ich blieb mit Funck allein, habe den Tisch gedeckt. Während dieser langen Zeit – Lenny schien sich mit den abwegigsten Komplikationen herumzuschlagen – während also Lenny uns Zeit, Zeit ließ, gebrauchte ich meine List. Ich machte Funck diese Eröffnung, über Lennys Zustand. Ich beschrieb den frei erfundenen Zustand. Das war alles. Mein Erfolg, zunächst, sah nicht überwältigend aus. Beim Abendessen fand ich es ziemlich unverfroren von Funck, so kaltblütig fortzufahren wie vorher, als hätte ich ihm nichts gesagt – gesagt! Ich würde den Ausdruck »ans Herz legen« vorschlagen. Immerhin eine bestürzende Offenbarung, das wäre sie wenigstens für jemandem wie mich gewesen. Er aber tut unterm Tisch mit Lenny das, was ich schon erwähnte und mißbillige. Unsere Unterhaltung verlief annähernd so: Ich: »Warum hast du nichts von all dem Zeug aus dem Eisschrank auf dem Tisch?« Lennys Rausstürzen. Ich, zu Funck: »Denken Sie doch an meine Worte.« Lenny, wieder im Zimmer: »Ich hab leider gar nichts besonderes da, wirklich nicht.« Funck: »Was Ihnen immer in den Griff kommt, ist die Atmosphäre, liebe Leonore. Jetzt müssen Zügel dran.« Ich: »Ich begreife nicht, daß du überhaupt diese Nudeln gekocht hast.« Und so weiter. Es war nicht sehr ersprießlich. Mir kams so vor, als säßen wir

stundenlang an dieser ramponierten Tafel, wo nichts ordentlich angerichtet war, Asche von Funcks Zigarillos drauf. Sie quasselten weiter über Manuskripte und ich wußte, daß dies noch lange so ginge. Meine erste List hatte offenkundig nichts bewirkt, daher entschloß ich mich schnell und rief: »Verzeihung, Herr Funck, Verzeihung, Lenny, aber wir müssen jetzt weg, Lenny, wir zwei, höchste Zeit.« Dies war ein Trick, über den ich vorher überhaupt nicht nachgedacht hatte. Lenny schrie natürlich »Waaaaas« und »Wiesoooo« und tat aufgebracht, benutzte aber meine Störung, um Aufstehen und Geradestehen auszuprobieren und es gelang ihr recht und schlecht. Ich betrachtete sie. Sie sah wirklich so übel aus, als wollte sie meiner kleinen Abweichung von der Wahrheit rechtgeben. In diesem Augenblick übrigens kam der erste Blitz. Ich war jetzt eilig. Vorher hatte das Gewitter mir den Gefallen getan, sich zu verzetteln, abzuwarten. »Ja, wir müssen jetzt gehen, Lenny, du solltest nichts davon wissen, es ist eine Überraschung«, habe ich gesagt. Sie machte ein unglaubliches Theater. Um sie zu besänftigen, drückte ich ihr einfach ein paar Utensilien vom Abendessentisch in beide Hände und sie ging damit endlich raus. Funck blieb ruhig, ruhig, das paßte so genau zu ihm wie zu Lenny die Hysterie. Ich tat so, als vergliche ich die Zeit meiner Armbanduhr mit der Zeit auf unserer Pendule, ein Erbe unserer Mutter. Die Pendule ist unsere große Liebe. Ein besseres Erbe als empfindliche Haut und dünnes Haar, sozusagen unser Lieblingserbe, zusammen mit dem Gesetz der Versöhnung, bevor wir einschlafen. Lenny kam zurück und warf die Henri-Funck-Filze um. »He, wieso, Meta, wieso weg?« »Eine Überraschung«, erinnerte Funck, komisch sanft. Ich habe, das spüre ich jetzt noch bis in die Knochen, in diesem Augenblick Funck ganz gern gehabt. Seine Augen waren nicht unverschämt. Er wirkte erschöpft, etwas. Er betrachtete Lenny mit einer gewissen Milde. Ob er an meine Eröffnung dachte? Ich überlege jetzt, ob er es nicht überhaupt gut mit Lenny meinte, von jeher. Indem er herkommt, ihr Zeug liest – Aber falls was

dran wäre, müßte es sich ja doch wohl durchsetzen, auch ohne Funck, oder?
Das vergesse ich Lenny nicht, trotz allen gewohnheitsmäßigen Einklangs vorm Schlafengehen. Ich vergaß es ihr nicht beim schönsten Gewitter. Nie und nimmer, das nein. Ich ziehe wirklich Funcks Haltung vor. Funck, obschon mit vielen klangvollen »Leonore«, hat Lenny beruhigt und immer wieder auf meine Überraschung neugierig machen wollen. Wie sie darauf reagierte, das ist es, was ich ihr nicht leicht werde verzeihen können. Es beschädigt unser ganzes Zusammenleben. Eines Tages werde ich Lenny doch mal erklären müssen, wie schwer mir selber, ihrer älteren Schwester, dies Zusammenleben oft fällt, ich denke jetzt an die Verantwortung. Wem macht es schon großes Vergnügen, immer wieder den Aufpasser spielen zu müssen. Stets habe ich um Lennys willen jeden eigenen Übermut unterdrückt, vorsichtig gesagt.
Wir saßen am Fenster, und ich vergaß es ihr nicht. Ich verzieh ihr den Quatsch mit Funcks Bein unterm Tisch, ich verzieh ihr das Trauerspiel namens Abendessen, ich verzieh ihr die Unbesonnenheit beim Händedruck und was nicht alles, es lag hinter uns. Das Gewitter war wie es sein sollte, Sekt fehlte, aber der wäre Lenny auch nicht mehr gut bekommen, wir hatten Tee stattdessen. Sie saß richtig kümmerlich da, aber gut, auch das ließ ich gelten. Immer jedoch werde ich, wenn mein Gedächtnis mich damit wieder belästigt, diese läppische, übertriebene Keiferei hören, ich höre Lenny, meine Ohren behalten es wie Souvenirmuscheln mit Meeresrauschen: »Überraschung! Eine Überraschung von Meta! Was kann das schon sein. Vielleicht früh ins Bett gehen oder eine Verdauungspille oder sonst was Ödes!« Aber meine Liebe, auch das verzeihe ich dir ja. Ich sehe ein, daß ich in solchen Momenten als Langweiler gelten muß. Schlimmer ist es, daß du unsere Gewitterabende erledigt hast. »Nein, jetzt weiß ichs: Sekt wird sie gekauft haben, weils ein Gewitter gibt. Wahnsinnig aufregend!« Sie beschwor Funck, dazubleiben, aber Funck ging.

Meine »Überraschung«: sie vor einer noch schlechteren Nacht zu schützen. Ich weiß, wie sie jetzt trotzdem leidet. Der Puls geht rasch, sie kann links nicht liegen, aber auch nicht rechts, weil ich rechts liege, und sie möchte mir nicht so nah sein, heut nacht nicht. Sie schläft wieder ein paar Minuten, wacht auf, findet die unveränderte Angst, das Herzklopfen, die Übelkeit, alles wieder. Morgen wird es ihr den halben Tag über schlecht sein, physisch und moralisch. Sie wird versuchen, an Funck zu schreiben. Kein Brief wird gelingen. Meiner gelingt.
Regen, noch immer. Lenny wird nie schreiben: er rauscht. Sie wird was Gewollteres suchen. Aber er rauscht wirklich. Sie wird nie über die Platane vor unserem Fenster schreiben, trotz aller dämmrigen kühlen Nachmittage, die sie inspirieren könnten. Sie sucht etwas anderes, irgendwas, das sie für besser hält. Aber dank der Platane hören wir den Regen richtig. Regen muß auf Laub fallen. Natürlich haben wir uns versöhnt, das steht auf unserm Lebensprogramm. Sie hat sogar gesagt: »Wie gut, daß du ihn weggeekelt hast.« Hinter uns die wiederhergestellte Ordnung des Zimmers, ich habe diesmal geholfen. Gewiß fand Lenny es nicht gut, daß ich Funck weggeschafft hatte. Es stört mich etwas, daß sie so unbedenklich mit Halbwahrheiten auskommt. Meinem Kollegen Herrn Franz werde ich morgen von einem anregenden Abend mit Funck berichten. »Er ist eben doch derjenige welcher heutzutage, ich meine, in unserm literarischen Raritätenkabinett, die Koryphäe –« oder etwas in der Richtung.
Ich stand auf. Das Gewitter war um. Lenny sagte: »Wars nicht ein herrliches Gewitter?« Ihre Stimme war weich und zärtlich, ihr fast wieder blasses Gesicht sah sanft aus. Ich konnte nicht feststellen, wem das Lächeln Lennys galt, Funck oder mir. So enden oft unsere Schwierigkeiten. Für Lenny, abgesehen von Kater und Gewissensbissen, scheint alles leichter zu sein als für mich. Sie stimmt irgendeinen Singsang an und schon ist sie drüber weg – nein. Ich will es mir trotzdem vormachen. Ich will weiterhin behaupten, dies

Gesichtchen zu meiner Rechten sähe besänftigt aus. Ich will glauben, wir hätten uns vorhin in gutem Einvernehmen verabschiedet. Warum nicht? Ich muß daran glauben – oder mein aufreibendes Erziehungswerk verlorengeben. Finge ich erst mit Skrupeln an, finge ich erst an mit Reue, zum Beispiel über meine heutige Lüge – worin, in welchem Chaos, verkümmerte dann meiner Mutter Auftrag, die Vormundschaft über Lenny. Ich brauche nichts zu bereuen. Da liegt sie, meine kleine Schwester, sie leidet, gewiß, aber wir beide sprechen nicht davon. Sie wird Funck zu schreiben versuchen und ich werde schreiben. Ich werde wiederholen, nun schriftlich, so daß er es schwarz auf weiß hat: Meine Schwester ist Epileptikerin. Bitte lassen Sie sie in Ruhe. Diese Aufregungen, Ihre Besuche, sie schaden ihr natürlich.
Sie seufzt in ihrem unruhigen Schlaf, meine kerngesunde kleine Schwester. Sie schaden ihr natürlich nicht, natürlich ist sie nicht epileptisch. Das war ein Einfall zu ihrem Schutz. Doch ja, sie schaden ihr, Funcks Besuche, Funck schadet ihr. Denn ich weiß, daß auch ohne Epilepsie oder sonst irgendein Leiden Funcks Besuche Gift für sie sind. Ich weiß es. Ich weiß es nicht.

Treibjagd

Hinterher stand fest: das war der scheußlichste Sonntag ihres Lebens. Aber mußte sie nicht sich selber die Schuld geben? Hätte sie, die Vorsicht in Person, nicht besser planen können? Immerhin sah sie dem ersten Nachmittag mit Herbert Panter entgegen.
»Am Sonntag um drei ist es endlich so weit, meine liebe Eva Maria.« Die Zeile ging ihr nicht aus dem Kopf. Beinah noch eine ganze Woche – und sie wurde jeden Tag nervöser. Aufregungen setzten ihrem Teint zu, sie kannte das, obwohl sie sich an keine lohnende Aufregung erinnerte. Diese lohnte

sich wenigstens. Sein Foto gefiel ihr noch immer. Sie war auch immer noch froh darüber, daß er eine Brille brauchte. Sie lächelte, sie hörte wieder ihre Kollegin Helga Krüger leiern: Mein letzter Wille, ein Mann mit Brille. Helga Krüger war nach ihrem Geschmack die netteste im Büro. Fast konnten sie als befreundet gelten. Sie mochte auch Panters Frisur, den Scheitel, die kurze Stirnlocke. Doch seit dieses Rendezvous festgesetzt war, stimmte etwas nicht mehr mit ihrer Begeisterung für ihn. Sie betrachtete das Foto weniger oft. Wenn sie es jetzt im Büro herumreichen mußte, bestand sie nicht mehr so dringend darauf, daß es sofort wieder an ihren Platz zurückkehrte. Es blieb manchmal auf einem benachbarten Schreibfilz, auf einem Poststapel, auf irgendeinem Schreibmaschinendeckel liegen. Ihr war wohler, wenn Herbert Panters überbelichtetes Chamois-Konterfei sich nicht in ihrer Handtasche, sondern in fremder Obhut befand. War das in Ordnung?
Also kann man es doch durchaus riskieren, rief Fräulein Gortschow den andern zu. Sie saß während der Mittagspause gern auf ihrem Schreibtisch am Kopfende der Fensterreihe, den Blick auf die andern Schreibtische. Man kann also durchaus auf Heiratsannoncen antworten. Eva Maria hat es bewiesen. Jetzt bist du dran, Tante Kätchen.
Gelächter und Beifall. Tante Kätchen, mit siebenundfünfzig die älteste im Büro, klatschte ebenfalls. Eva Maria fand die Bemerkung etwas geschmacklos. Das lag aber vielleicht an ihrer Nervosität, fand sie.
Wer war es denn nun eigentlich wirklich, der inseriert hat, Eva Maria? Du oder der Herr Panter? fragte Helga Krüger. Sie hatte es doch schon xmal erzählt, oder nicht? Er war es, sagte Eva Maria. Es verwirrte sie, daß sie alle auf sie starrten.
Jeden Abend vor dem Schlafengehen nahm Eva Maria eine Abführpille. Aber diesmal spürte sie überhaupt nichts. Diese verdammte ungesunde Sitzerei, die der Büroberuf mit sich brachte. Ihr fehlte Bewegung. Es war nur so schwierig, vor allem im Winter, nach Büroschluß war es viel zu dunkel für

eine Frau allein, sie konnte unmöglich dann noch in den Wald, nicht einmal in die Stadtrandgegend. Sie ängstigte sich so leicht, sogar vor Kindern. Dabei taten Kinder ihr längst nichts mehr. Jedoch wunderte sie sich immer noch, wenn sie an Kindergruppen unbehelligt vorbeikam. Ein Vorteil des Altwerdens, wenigstens einer. Mit Hunden war es anders. Offenbar war denen das Alter der Leute, die sie belästigten, egal. Also blieb es bei dem Stückchen Fußweg von der Straßenbahnhaltestelle ins Büro, von der Endhaltestelle nach Haus. Entschieden zu wenig. Warum waren diese Pillen so unwirksam? Am Freitag erstand sie kurz vor Ladenschluß in einer Apotheke, wo man sie nicht kannte – kannte man sie in ihrer Apotheke, war sie irgendwo aufgefallen – ein Mittel, für das in letzter Zeit viel Reklame gemacht wurde. Sie bemühte sich um eine kühle Stimme, als sie danach verlangte. Ihr Gesicht dachte sie sich gleichgültig. Ist es auch zuverlässig? Sie bereute, daß sie nicht gesagt hatte: Taugt es auch was, das Zeug. Beim Bezahlen erzählte sie der Apothekerin, die wohl nicht hinhörte, das Zeug sei für eine Bekannte. Sie geniere sich, es selber zu kaufen.

Abends nahm sie es ein, übellaunig von der Erinnerung an die törichte kleine Szene in der Apotheke. Vor dem Schlafengehen aß sie noch einen ungeschälten Apfel, trank ein halbes Glas lauwarmes Wasser. Doch erstens schlief sie daraufhin schlecht, zweitens nützte es absolut nichts.

Vieles war zu bedenken bis zum Sonntag; zum Beispiel: wann wasche ich mein Haar? Sieht es nicht am zweiten Tag weniger gut aus als am dritten? Doch das war Glücksache und hing auch vom Wetter ab. Bei feuchtem Wetter saß es am zweiten Tag nach der Wäsche am besten. Sonntag! Sofort bekam sie Herzklopfen. Runder-Turm-Platz, Endstation der Sieben. Herbert Panter war fremd in der Stadt, deshalb hatte sie einen Treffpunkt vorgeschlagen, den er leicht finden konnte. »Sie brauchen am Bahnhof nur in die Sieben einzusteigen und sagen zum Schaffner Endstation.«

Manchmal bereute sie die ganze Unternehmung, von A bis Z.

Die Bürozeit schien in dieser Woche bald länger, bald kürzer. Gegen Büroschluß überfiel sie am Samstag eine Art Panik. Sie wollte nicht weg vom Schreibtisch. Sie fummelte an ihren Sachen herum. Sie tippte eine Reinschrift einer Reinschrift.
Was machst du da?
Kommst du nicht mit?
Willst du einen Fleißorden?
Im Büro fiel es ihr leichter, beispielsweise über das Garderobeproblem nachzudenken. Zwar kamen ihr abends im Bett die besseren Einfälle, doch wurde sie dann so kribblig, daß sie nicht einschlafen konnte. Sie schlich sich ins Badezimmer und suchte im Medikamentenschrank der Eltern nach irgendwas zum Beruhigen. Ein Röhrchen fiel auf den Fliesenboden, zerschellte aber nicht. Trotzdem erschrak Eva Maria. Die Eltern schliefen ihren empfindlichen Schlaf nebenan. Im Erwachen fänden sie sofort wieder die Sorge um ihre Tochter. Wie wird es ihr ergehen, kommenden Sonntag? Wie wird er sein, dieser Herr Panter? Sieht er nicht etwas zugeknöpft aus? Ein Bauingenieur, immerhin, aber wird er nett sein? Sie ist so zart, sie braucht jemanden, der richtig nett zu ihr ist.
Eva Maria fand Baldrian in Tropfen und in Dragées. Kurz bevor sie sich für die Dragées entschieden hatte, sah sie ein Medikament gegen Husten wieder. Im vergangenen Winter hatte sie es gegen Bronchitis gebraucht. Sie erinnerte sich an wohltuende Schläfrigkeit, eine Nebenwirkung, die ihr zuerst einfiel: sie zählte fünfundzwanzig Tropfen ab, die Höchstdosis. Mit der zweiten Nebenwirkung, Verstopfung, überraschte ihr Gedächtnis sie erst etwas später, unangenehm. Also verabreichte sie sich auch noch eine Höchstdosis des neuen Abführmittels. Sollten die Medikamente sehen, was sie in ihrem Innern anrichteten.
Das Haar war sonntags ganz in Ordnung. Sie lächelte ihrem Spiegelbild zu. Es überraschte sie, daß etwas Erfreuliches eintraf. Sie hatte einen guten Tag. Es war auch nicht übertrieben windig, sie konnte mit der kleinen Wollmütze auskommen. Sogar die Entscheidung für das, was sie anziehen sollte,

fiel ihr plötzlich leicht, nach bloß zwei Anproben. Die Eltern ließen sie ganz und gar in Ruhe. Eva Maria hörte nur ihre leisen zögernden Schritte stets in der Nähe ihrer Zimmertür. Zum Mittagessen brauchte sie nicht zu erscheinen, das war verabredet. Einmal klopfte ihre Mutter an die äußere der beiden Türen zu ihrem Zimmer. Daraufhin stand ein kleines Tablett mit Tee und Zwieback am Boden neben der Tür. Eva Maria nahm das Tablett mit in ihr Zimmer. Während sie etwas Tee trank, aber nichts aß, kam sie sich wirklich vor wie ein Patient. Sie lief auf Strümpfen, um den Eltern nicht ihre Unruhe zu verraten. Schließlich mußte sie oft hin und her zwischen Spiegel und Kleiderschrank. Erst eine halbe Stunde vor ihrem Aufbruch hörten die Eltern das Klackern hoher Absätze: Eva Maria probierte ihre Pumps aus. Gingen sie nicht in den Wald? Herbert Panter fände es vielleicht albern, wenn sie mit Pumps in den Wald wollte. Doch in flachen Schuhen sahen ihre Beine, die überhaupt nicht krumm waren, etwas krumm aus. Hohe Absätze streckten den Unterkörper, und nicht nur ihrer konnte das gebrauchen, es ging allen Frauen so, sie las das immer wieder.

Obwohl Eva Maria die innere Zimmertür anhob, knarrte sie. Als sie bei der äußeren Tür war, hatten die Eltern längst im Badezimmer Zuflucht gefunden. Wir stören sie nicht, wir starren sie nicht an. Der Vater brauchte sich nicht zu strecken, die Mutter aber mußte auf den Zehenspitzen stehen, um durch die Milchglasscheibe in der oberen Türhälfte wenigstens den Umriß von Eva Maria zu sehen. Sie trägt den dunklen Mantel, den dünneren, hoffentlich erkältet sie sich nicht. Vom Fenster aus sahen sie auch nicht viel mehr. Schade, daß wir nicht ins Vorderzimmer ausgewichen sind, dann könnten wir sie bis zur Kreuzung Ballonstraße beobachten. Viel Glück, Töchterchen.

Erst kurz vor dem Runden-Turm-Platz steckte Eva Maria das Erkennungszeichen ans Revers: die Plakette der HORTENSIA FREUNDSCHAFTS LIGA. Sie war noch nicht daran gewöhnt, so etwas zu tragen. Auf Herbert Panters zweite briefliche

Anregung hin hatte sie sich entschlossen, einzutreten, einer Versammlung würde sie erst in seiner Gesellschaft beiwohnen, denn es gab an ihrem Wohnort keine Filiale – falls man so sagte. Die Plakette paßte aber ganz gut auf den Mantel, war auch dezent. Sie fing wieder an, sich auf das neue Leben zu freuen, zum Beispiel auf Club-Abende. Darf ich vorstellen: unser neues Mitglied, Hortensie Eva Maria, ganz nebenbei meine Verlobte. Verlobte man sich überhaupt in diesem Fall? Alles mögliche, womit sie früher einmal gerechnet hatte, fiele weg: das ganze Geflüster, Hinhalten, jegliche Ziererei und alles Rätselraten. Sie liebt mich, liebt mich von Herzen, mit Schmerzen, kanns gar nicht lassen, über alle Maßen – Ja-nein–ja–nein – Verliebt, verlobt, verheirat', geschieden – Ihr gemeinsames Bedürfnis war aktenkundig. Es konnte nur noch passieren, daß sie sich nicht sympathisch waren. Konnte das noch passieren? Plötzlich lag ihr daran, ihn vielleicht gräßlich zu finden. Lieber Herr Panter, es tut mir so leid, aber ich muß Ihnen mitteilen ... An so Sachen wie Mundgeruch hatte sie während der ganzen Briefschreiberei mit Panter nie gedacht. Sie lernten sich zu spät kennen. Vielleicht war sein Foto ebenfalls fünf Jahre alt.

Wurde es windiger? Zumindest fror sie jetzt und hatte kalte Füße in den Abendschuhen. Trotzdem wünschte sie sich eine Verspätung der Sieben. Doch da kam sie schon, quietschend in der letzten Kurve, die so eng war, daß der gelbe Wagenkasten schräg über dem Fahrgestell schwankte.

Sie wußte sofort, wer er war. Ihr Herz schien sie mit einem einzigen kräftigen Schlag zu warnen. Sie ging auf den Mann im braungrauen Fischgrätmantel zu, er ging ihr im ungefähr gleichen Tempo entgegen. Sie hatte gedacht, er wäre erheblich größer, aber warum eigentlich. Ihr war klar, daß er seinen braunen Hut in der Hand hielt, um dem Foto ohne Hut ähnlicher zu sein. Auf einmal sah es so aus, als wären die Ferien zuende und etwas Ernstes, Langweiliges, Strenges dringe darauf anzufangen.

Er begrüßte sie nicht als Briefpartnerin und nicht als zukünf-

tige Ehefrau; willkommen in der HORTENSIA FREUNDSCHAFTS LIGA, sagte er und schüttelte ihre Hand clubmäßig.
Danke, sagte sie. Haben Sie den Weg leicht gefunden?
Vielen Dank, spielend, sagte er. Jetzt darf ich wohl meinen Schappel wieder auf die werte Haarespracht drücken, wie?
Er lachte, nicht zu ihr herunter. Komischerweise waren in allen Zukunftsträumen immer Blick, Lächeln, Kuß und dergleichen von oben herunter gekommen.
Schappel? fragte sie.
Mein Hut, sagte er.
Hatte er plötzlich keine Lust mehr, mit ihr zu scherzen? Er sah jetzt mißmutig aus. Das war aber vielleicht eine Täuschung. Ohne Absprache gingen sie auf den Wald zu. Wie leicht kam sie in Panters Begleitung an den Lattenzäunen des Schrotthändlers vorbei, fast ohne Angst vor den beiden Schäferhunden. Er war also doch eine gute neue Errungenschaft. Sie wurde fröhlich und unterbrach ihn, der ihr von der LIGA erzählte.
Wald, endlich wieder Wald, rief sie. Sie bewegte den kleinen Kopf schnell rundum. Sie kümmerte sich nicht um die Pumps, schnickte mit den schwarzen Lackspitzen altes verbackenes Laub hoch. Sie kümmerte sich in diesem Moment auch nicht um Herbert Panter, deshalb merkte sie nicht, daß ihre Verfassung ihm mißfiel.
Kommen Sie, kommen Sie, drängte er. Soviel ich weiß, existiert hier oben irgendwo ein Kneipchen, oder nicht? Erinnere ich mich recht – an einen gewissen Brief?
Offenbar empfand er wieder den Wunsch, nett zu ihr zu sein.
O ja, sagte sie. Aber wir müssen doch nicht sofort da hin?
Mit solchen Ballettschuhen kann man aber keine großen Wanderungen unternehmen, sagte Panter.
O, das macht nichts, rief Eva Maria. Sie war erhitzt, weil sie eine Art Gymnastik betrieb: sie atmete ein, breitete dabei die Arme aus, stand ein paar Sekunden so da wie ein Vogel, der lang krank war und seine schwächlichen Flügel ausprobieren will, dann atmete sie in einem kurzen hastigen Stoß aus, wobei

gleichzeitig die Arme schlapp herunterfielen. Es war noch zu früh zum Fliegen.
Meine Schuhe sollten kein Hinderungsgrund sein, sagte sie. Ich möchte möchte möchte spazierengehen. Sie lachte ihn an, es fiel ihr jetzt ganz leicht, der Wald war doch das Beste. Sie kamen sich schon näher, wirklich, morgen im Büro könnte sie Positives über ihn berichten, und auch über sich selber, über ihre Beweglichkeit, sie hatte doch damit gerechnet, gerade nur das Notwendigste stammeln zu können.
Tut mir leid, sagte Panter, mit großen Spaziergängen ist bei mir vorläufig nichts zu wollen. Krampfaderbeine.
Eva Maria erschrak, erstens über das Wort, zweitens über seinen mürrischen Ton, drittens über seine Ungeniertheit. Wollte sie etwa jetzt schon an seine Beine denken?
Ehrlich währt am längsten, sagte er und war wieder gut gelaunt. So. Zurück zur LIGA. Wir haben zum Beispiel auch Präsenzlisten. Es soll ja nicht so sein, daß einige nur ein paarmal im Jahr erscheinen. Wir wollen zueinandergehören.
Meine Mutter hat auch damit zu tun, sagte Eva Maria.
Womit?
Mit dem, was Sie eben erwähnten. Und sie beispielsweise – ihr hat man Laufen verordnet, gerade umgekehrt.
Krampfadern? sagte Panter.
Wieder dieses grobe Wort. Sie sah ein Bein mit verknotetem Gedärm von Adern, Panters Bein.
Ärzte sind auch keine Weisen, sagte Panter.
Das Kneipchen schimmerte beige zwischen den Stämmen. Panter schwitzte anscheinend beim Bergsteigen, er setzte den Hut ab und wischte mit seinem Taschentuch über Futter und Schweißband.
Aber vielleicht wäre das auch für Sie das bessere Rezept, sagte Eva Maria, Laufen und so. Sie war furchtsam und gereizt.
Das lassen Sie ruhig mal meine Sorge sein, sagte Panter laut. Lassen Sie das ruhig mal meine Sorge sein.
Sie blieb stumm bis zum Kneipchen. Er redete über die LIGA.

Nächstes Jahr stand seine Präsidentschaft in Aussicht. Darauf könne sie dann stolz sein, falls sie bis dahin so weit wären. Vor der Schwelle des Lokals faßte er sie an den Oberarmen und trat nah an sie heran. So zwang er sie, ihn anzusehen. Wieder nicht: hinaufsehen. Sah sie sogar ein bißchen hinunter? Doch wohl nicht. Jetzt lächelte er und wirkte freundlich. Die Zähne waren so gleichmäßig und blank, vielleicht Jacketkronen oder eine zusammenhängende Gebißreihe. Jedenfalls war sein Lächeln nicht übel.

Also rein in die gute Stube, sagte er. Über irgendwas triumphierte er, sie irrte sich nicht.

Gewonnen fürs erste, sagte er.

Aber wieso? fragte sie.

Sie mußten Leuten Platz machen. Panter lachte mit den Leuten, schob Eva Maria von der Schwelle und tat so, als habe sie allein den Zutritt versperrt.

Wieso? wiederholte sie. Ich wollte doch genauso wie Sie hierhin. Bloß nach einem längeren Spaziergang.

Er hörte nicht mehr zu. Er drückte sie hinter den Leuten ins Lokal.

Es war ein Mißverständnis, sagte Eva Maria, während Panter ihr beim Mantelausziehen half.

Ach je, ach je, sagte er. Olle Kamellen, längst verjährt. Legen wir eine andere Platte auf.

Er legte die HORTENSIA FREUNDSCHAFTS LIGA-Platte auf. Sie hätte ihm gern verraten, daß Fräulein Gortschow, Helga Krüger, Irene Lotz und vielleicht noch die eine oder die andere aus dem Büro zwischen vier und fünf hier aufkreuzen würden: um ihn, Herbert Panter, in Augenschein zu nehmen und mitzubekommen, wie die Sache lief. Das hätte ihm bewiesen, wie wenig er jetzt einen Sieg errungen hatte.

Sie fanden einen Fenstertisch. Der Blick ging durch einiges Gesträuch und kahle Äste bergab, er schloß auch den Weg ein, den sie heraufgestiegen waren. Das runde Tischchen mit kühler Marmorplatte reichte bis in Taillenhöhe: Eva Maria hörte auf, den Bauch einzuziehen. Und bei jedem Treffen

wird ein Vortrag gehalten, einer nach dem andern kommt dran, sagte Panter.
O, das werd ich nie können, sagte Eva Maria. Sie überlegte, was sie bestellen sollte. So oft sie es im Verlauf der letzten Wochen überlegt hatte, so oft hatte sie ihre Meinung geändert. Kuchen? Essen war zu strapaziös in schwieriger Gesellschaft. Sie empfand nie Genuß beim Essen mit fremden Leuten. Kaffee regte sie vielleicht zu sehr auf.
Das haben wir von den Rotariern gelernt, das mit den Vorträgen, erzählte Herbert Panter.
Ich werds nicht können, sagte Eva Maria.
Keine Sorge, Damen sind von der Vortragspflicht befreit. Sie dürfen, aber sie müssen nicht.
Er lachte. Ihr fiel auf, daß er aussah wie einer, der sich aus Frauen nichts macht. Was für eine Idee! Als hätte sie irgendwelche Erfahrung mit so was. Und doch: er sah aus wie einer, der Frauen ein bißchen verachtet. Möglicherweise eine Einbildung. Inzwischen war sie so weit, sie wollte Tee. Als sie zu der Kellnerin »Für mich Tee, bitte« sagte, zog Panter die Augenbrauen hoch. Tee? Piekfein. Wieso? Das wußte er auch nicht. Sie schüttelte den Kopf: nein tausend Dank, keinen Kuchen. Wie bitte? Richtig gehört? Gibts ja gar nicht, kommt nicht in Frage. Er beugte sich vor über das Tischchen: Waldluft macht Hunger, verstanden? Sie brauchen sich doch um die schlanke Linie nicht zu sorgen. Er lachte, bevor er wegstolzierte, um an der Theke etwas für sie auszusuchen. Ihm war also ihre Figur schon bekannt. Gut, daß sie daran gedacht hatte, den Bauch einzuziehen. Geschützt durch den Tisch trainierte sie mit der Bauchmuskulatur. Später bereute sie diese Übungen. Sie waren so gut wie die Sahne, wie der gedeckte Apfelkuchen, wie die Bewegung im Wald an dem Fiasko schuld. Ganz zu schweigen von der medikamentösen Behandlung der vorangegangenen Woche.
Sie haben sicher von unserer Aktion Guter Wille gehört, sagte Panter, noch ehe er ganz mit Kauen fertig war.
Sie nickte, sie hatte nichts davon gehört.

Nun, was haben Sie im einzelnen –
Schnell schob sie einen neuen Bissen in den Mund, so konnte sie nicht antworten. Er aber war zu ungeduldig, er konnte nicht warten.
Die letzte Sonderaktion war ein Erfolg. Aktion Großmütterchen. Sie galt für dies eine Mal ausschließlich den alten Frauen. Er nahm einen Schluck Kaffee in den Mund, so lang sich noch Kuchen darin befand. Eva Maria spürte eine Regung im Bauch rechts.
Wir helfen, wo wir können, sagte Panter mit nasser Stimme. Essen und Trinken waren bei ihm keine einfachen Vorgänge. Mit Blick und unentwegt ordnendem Löffel, der bald zuteilte, bald wegschob und zwischen Sahne, Teig und Apfelfüllung eifrig herumorganisierte, war er voll beschäftigt. Seine Sätze hatte Eva Maria als Opfer aufzufassen. Wirklich, sie war ihm wirklich dankbar dafür, daß er die Unterhaltung zu seiner Sache machte. Erstens: was wußte sie schon zu erzählen. Etwa von den Eltern? Kurz und betrübt dachte sie an die Eltern, die jetzt mit einiger Hoffnung zu Haus ihren Tee tranken. Gut, daß er sie nach nichts fragte. Oder vom Büro? Wann kamen die Kolleginnen? Dies hier mußte doch ganz gut aussehen, sie beide hier am Tisch, der lebhafte Panter, der außerdem eine Sitzgröße war.
Mit der Aktion Brüderchen und Schwesterchen haben wir beim Nachwuchs unserer Brüder und Schwestern Gutes angerichtet, Sie wissen, was ich meine.
Er kam ans Ende seines Kuchenstücks, hatte alle Obstmasse vom Teigrand getrennt, mit Sahne vermengt und daraufhin den Teller ringsum säuberlich und systematisch abgelöffelt. Jetzt nahm er den Teigrand zwischen die Finger seiner linken Hand, an der Eva Maria einen Siegelring entdeckte, hob mit der rechten Hand die Kaffeetasse, stupste den Teigrand in den Kaffee, senkte das vollbeteiligte Gesicht und schob den aufgedunsenen triefenden Teig zwischen die dicht über der Tasse auseinanderfallenden Lippen. Eva Maria sah eine ziemlich helle Zunge. Waren alle Zungen so dick? Sie wußte

mittlerweile, wo sich die Toilette befand. Die Kolleginnen trafen ein. Zu viert, zwei in Herrenbegleitung. Eva Maria war ganz stolz. Sie fühlte sich nun wesentlich unbefangener. Jetzt war sie es, die sich über den Tisch weg vorbeugte. Sie lächelte mit Panter.
Und wie gehts nun weiter? fragte sie.
Mit unserer nächsten Aktion sind wir schon ganz schön weit, Aktion Liebesgabe –
Nein, nein, ich meine: mit uns. Eva Maria lachte ungeduldig. Wie es mit uns beiden weitergeht.
Er betrachtete sie tadelnd, und das war ihr, im Hinblick auf die Kolleginnen, durchaus nicht recht.
Langsam langsam, wie Krähwinkels Landsturm, sagte er. Ich bin einer, der die Dinge an sich herankommen läßt. Über die Aussprache führt der Weg zueinander. Und deshalb rede ich von der HORTENSIA FREUNDSCHAFTS LIGA.
O ja.
Das schönste Thema, das zwei Menschen sich wünschen können. Wie sollte sie es bloß formulieren: Entschuldigen Sie mich bitte einen Moment. Ich möchte mir bloß schnell die Hände waschen. Peinlich, peinlich.
Mit der Aktion Fort von der Straße haben wir viele junge Leute für uns gewonnen. Gefährdete Jugendliche. Ein trauriges Kapitel. Stimmts?
Traurig auszusehen, fiel ihr gar nicht schwer. Vom Kolleginnentisch her prosteten sie ihr zu. Die tranken Schnaps oder so etwas. Sollte sie darauf reagieren? Erstaunen spielen, dann die Vorstellerei, lästig und doch vielleicht gerade der beste Beistand beim Entkommen? Gerade malte sie es sich aus – da hatte Panter sie etwas gefragt. Er stand schon.
Wir gehen? fragte sie.
Sag ich doch die ganze Zeit, murrte er.
Sie schämte sich wegen ihrer Unaufmerksamkeit, schämte sich auf dem Weg zum Garderobeständer; jetzt ärgerte sie auch die Anwesenheit der Kolleginnen. Panter, genauso groß wie er im Stehen nun einmal war, half ihr in den Mantel.

Haben wir denn bezahlt? fragte sie.
Wir ist gut, sagte Panter.
O, Sie sollten aber nicht –
Er drückte an seinem Hut herum, den er schon auf dem Kopf hatte. Seinen Schal legte er sehr akkurat schräg übereinander.
Ich bezahle immer gleich, das erspart die Warterei.
Zwischen zwei Fischgrätmänteln hing seiner. Er fand nicht gleich den Ärmel; als Eva Maria ihm helfen wollte, schnalzte er unzufrieden. Im Mantel hob er ein paarmal kurz hintereinander die Schultern und ließ sie mit schnellem Ruck wieder fallen, um einen besseren Sitz des Kleidungsstücks zu erzielen.
Bergabgehen gab ihr den Rest. Dergleichen war ihr noch nie zugestoßen. So ähnlich mußten Geburtswehen sein, auch nicht viel schmerzhafter und längst nicht so beschämend. Sie konnte Panter nicht mehr zuhören. Wie schrecklich sie bereute. Was jetzt bald passierte, wäre das Ungeheuerlichste zwischen einem Mann und einer Frau, die etwas ganz anderes miteinander vorhatten.
So, der Klügere gibt nach, sagte er an einer Weggabelung und umfaßte sie in Ellenbogenhöhe. Wir machen einen Umweg, Eva Maria. Wie die Dame belieben.
Seine Umklammerung, seine nahe leise Stimme, das erste »Eva Maria« – die Summe davon ergab, addiert zu dem Schicksalsschlag, daß sie sich unterdessen tatsächlich auf einem Umweg befanden, eine fürchterliche Verzagtheit. Der Weg verengte sich und wurde ein Pfad. Unterholz links und rechts drängte sie nah nebeneinander. Eva Maria waren die Phasen der Übelkeit noch lieber als die spastischen. Alle Phasen waren kurz. Doch die wundervollen Pausen ohne jeden Befund kamen immer seltener.
Herbert Panter wies nun mit dem Arm, der frei war, auf eine Bank.
Es ist zu kalt, sagte Eva Maria. Sie strengte sich nicht mehr an, ihre Stimme zu beherrschen.
O nein, meine kleine Eva. Panter zog sie auf die Bank. Wir

halten uns schon warm, nicht wahr?
Sitzen war nur für einen erbärmlich kurzen Moment besser. Panters Mund hielt nichts von Verzögerungen, schon preßte er ihren zusammen, das Gewicht von Panters Kopf als Druckmittel. Sie riß sich weg und stand auf. Viel angenehmer: zu stehen. Er tat ihr fast leid; mit dem vollbeschäftigten Ausdruck, den sie an ihm beobachtet hatte, während er den Kuchen operierte, starrte er zu ihr auf, die Lippen etwas geöffnet, das Lippeninnere rosig vorgestülpt – als wäre ihm gerade ein Schnuller abgezogen worden.
Es ist so dumm, sagte Eva Maria, aber ich küsse nicht gern im Sitzen.
Vergnügt stand Panter auf.
Wenns weiter nichts ist. Er lachte. Beim jetzt folgenden zweiten Kuß hatte er mehr vor.
Warum gab sie nicht einfach zu, was los war? Wollte sie ihn denn überhaupt? Wenn ja, sollte sie endlich bekennen, womit sie zu kämpfen hatte; das wäre längst nicht so blamabel wie das Malheur, das ihr bevorstand. Der Überfall einer entsetzlichen Krampfphase, einer der letzten, wenn ihre Intensität dafür ein Beweis war; Eva Maria konnte keinen Entschluß fassen. Falls nein, falls sie ihn überhaupt nicht mehr wollte, brauchte sie sich ja erst recht nicht mehr vor ihm zu genieren. Mir ist schlecht. Das konnte doch jeder sagen. Übergeben war doch etwas absolut Manierliches, war es nicht fast romantisch und ein bißchen Fin de siècle?
Aus Versehen hätte sie beinah diese dicke Zunge mit Kaffeegeschmack in ihren Mund gelassen. Sie befreite sich mit der Kraft, die sie der Verzweiflung des Augenblicks verdankte.
Ein ganz Scheues, ein ganz Prüdes, meine kleine Eva, hm?
Panters Gesicht verriet, daß er sich ärgerte. Taugten denn seine Eroberungsmaßnahmen gar nichts?
Mir ist schlecht, mir ist leider –
Aber überhaupt nichts brachte sie heraus. Jetzt, danach, war es ihr unangenehm, dieses Bild sich wieder vorzustellen: den schönen kahlen Wald, in dem sie Haken schlug wie ein Hase.

Ja, sie rannte einfach weg. Panter rief hinter ihr her, immerhin aber schien er zu verdutzt zu sein, um sofort die Verfolgung aufzunehmen, Glück im Unglück, sagte sie sich später. Im Rennen erkannte sie die vier Kolleginnen und die beiden fremden Männer, sie hüpften den Weg vom Kneipchen herunter: auf sie zu. Sie kehrte in die Gegenrichtung zurück, doch von der Bank her hatte sich nun auch Panter in Bewegung gesetzt. Was war denn mit seinen Krampfadern, der lief ja wie ein Sprinter! Sie schlug einen neuen Haken, jetzt bergab.

Eva Maria, Eva Maria! Vier Stimmen, viele Male.

Eva Maria! rief auch Herbert Panter.

O, wie peinlich. Diese Treibjagd! Jetzt kam sie zu ihrer Bewegung. Nach Haus, nach Haus wollte sie.

Helga Krüger, die netteste im Büro, war auch die schnellste. Vom Hügel herunter raste sie Eva Maria entgegen. Ihr Gesicht glühte, das Haar stand struppig um sie herum. Sie schwenkte einen Zweig. Hauptsächlich dies Gefuchtel brachte Eva Maria darauf, daß Helga Krüger und die andern glaubten, sie machten bei einem Spiel mit. Also gut. Sie hörte auf zu rennen. Langsam gehen war genauso unangenehm, unangenehm wie alles in ihrer Verfassung. Sie standen voreinander, Helga und sie, sie schnauften sich an.

Der scheint ja ein lustiger Bursche zu sein, stell ihn uns vor, sagte Helga, als sie wieder genug Atem hatte.

Auch die andern trafen ein, Herbert Panter desgleichen. Gelächter, Glückwünsche, Japsen.

Sie ist eine tüchtige Läuferin, sagte Panter, kaum hatten wir uns kennengelernt, da schlug sie schon einen Gewaltmarsch vor.

War das Fangen oder Hetzjagd, fragte Irene Lotz.

Sie ist mir einfach davongerannt, sagte Panter. Ihre Rennerei war jetzt etwas, worauf er sich einiges einbildete.

Sie hat sich ihren Auslauf erzwungen, rief Fräulein Grohmann.

Evachen, du rennst doch nicht vor der Ehe davon?

Wieder lachte und schrie alles durcheinander. Ach, mir ist so schlecht, sagte sie diesmal endlich.
Wer so laufen kann!
Aber vielleicht kommts vom Rennen?
War nicht womöglich Fräulein Spitz die netteste Kollegin? Sie sah etwas weniger belustigt aus als die andern.
Macht was ihr wollt, ich geh nach Haus, sagte Eva Maria.
Sie erinnerte sich jetzt immer ganz deutlich daran, daß Panter ihr in diesem Augenblick völlig egal war. Die monatelange Briefschreiberei umsonst – egal.
Herbert Panter informierte in der Reihe vor ihr drei Kolleginnen auf einmal über die HORTENSIA FREUNDSCHAFTS LIGA. Dahinter Fräulein Grohmann mit den beiden Männern. Eva Maria ging am Ende der Gruppe und Herr Katzbach rief:
Eva Maria, das Schlußlicht.
Herbert Panter, in einer Woge von Gejammer, beharrte darauf, er müsse den achtzehn Uhr zwölf-Zug nehmen. Sie umringten ihn an der Endstation der Sieben.
O nein nein nein, es kommt nicht in Frage. Wir müssen unbedingt in Rieser's Stube darauf anstoßen.
Panter drehte sein jetzt viel freundlicheres Gesicht zu Eva Maria. Aus Damengesellschaft machte er sich offenbar viel.
Und wieviel neue Mitglieder für die HORTENSIA bringt mir das ein, hm? Wenn ich nachgebe? Na schön, ich bleibe. Was sagst du nun, Evchen?
Schweiß stand ihr auf der Stirn.
Ich muß mich leider verabschieden, sagte sie. Merkwürdigerweise erinnerte sie sich nicht mehr an die Wirkung ihres Satzes. Jedenfalls hatte sie sich ohne Zögern abgekehrt und war weggegangen, bald immer rascher, bald rannte sie wieder.
Das wußte sie noch.
Eine Woche lang ließ Panter sie im Ungewissen. Dann schrieb er: »Unser erster Sonntagnachmittag war doch ein voller Erfolg, liebe Eva Maria. Gern habe ich zur Kenntnis genommen, daß du dir noch so viel Jugendfrische bewahren durftest: das war eine muntere Treibjagd im Wald. Auch ich

gehöre noch nicht zum alten Eisen, trotz Krampfadern. Deine Freundinnen habe ich übrigens alle für unsere Sache, die LIGA gewinnen können. Schade, daß dich das erste Treffen über Gebühr angestrengt hat. So auch und nur so verstehe ich deine Reaktion auf meine diversen Zärtlichkeiten und deinen plötzlichen Abschied. Bleib nur scheu, meine Kleine, bis dein schlimmer alter Panter dich auftauen wird, warte!«

Eva Maria seufzte. Wozu all die Qual im Wald? Wozu? Sie war gewöhnt, Miseren aller Art auf ihren Zweck zu untersuchen und fand sonst immer einen.

Schreibt er nett? fragte die Mutter.

Hört zu, sagte Eva Maria, hier schreibt er: »Wir bereiten die Aktion Rotkäppchen vor. Es ist hierbei daran gedacht, Kinder und alte Leute einander wieder näherzubringen, und zwar, ohne daß der böse Wolf dazwischen kommt.«

Er schreibt sehr nett, sagte der Vater.

Ja sehr, sagte die Mutter, er scheint ein guter Mensch zu sein.

Gute Nacht, sagte Eva Maria.

Würden die Eltern von jetzt an besser schlafen? Sie selber schlief schlecht seit dem Sonntag mit der Katastrophe. Im Büro schienen die Kolleginnen nicht mehr so erbaut von Herbert Panter, obwohl sie doch in die LIGA eingetreten waren. Das Foto wollte keiner mehr sehen. Eva Maria aber verglich es mit der Erinnerung an das lebendige Modell. Sie stellte sich nichts mehr von oben herunter auf sie zu kommend vor. Sie wußte jetzt, daß seine Augen karamelfarben waren. Sie dachte immer auch an die dicke Zunge mit Kaffeegeschmack, so wenig die auf dem Foto zu sehen war. Die HORTENSIA FREUNDSCHAFTS LIGA beschäftigte sie bereits einigermaßen. Sie füllte Listen aus, schrieb Zahlen, Mahnungen, und bekam zum Dank für ihre Arbeit und für die Gewinnung eines neuen Mitglieds – ihre Tante Elisabeth – den HORTENSIA-Wimpel. Zehn Tage bis zu Herbert Panters nächstem Besuch. Diesmal käme er ins Haus. Er würde die Eltern kennenlernen und allen miteinander das Du anbieten. Also, da sie im Haus blieben, war nichts dabei: Eva Maria schluckte jeden Abend ein Abführmittel, etwas Neues in Pulverform. Um allerdings die Wirkung etwas abzuschwächen, könnte sie sich wieder einige Bronchitis-Tropfen verabreichen. Dieser Einfall glich einer Erleuchtung. Schlaf! Sie streckte sich wohlig im Bett aus und ringelte sich wieder zusammen. Bis zum Anfang ihres Traums war sie beinah vollkommen zufrieden. Dann kam, wenn auch unscharf, Panter vor.

Alles für die Galerie

Macht irgendjemand mir Vorwürfe? Kaum anzunehmen. Die paar Leute, die was von der Sache mitbekommen haben, frage ich nicht, neue weihe ich nicht ein. Wozu auch. Mit Verständnis darf ich schwerlich rechnen. Über dem, was ich angeblich angerichtet habe, würden die Klatschtanten glattweg vergessen, was ich erlitt, so daß ich selber die Leidtragende bin. Und sogar, wenn ich jemanden dahin bekäme, mich zu bedauern – semper idem, falls das hier paßt. Man würde trotzdem weiter auf mir rumhacken. Leidtragende hält man oft für die Schuldigen, einfach, weil es dann leichter fällt, ihre Misere mitanzusehen. Pech haftet ihnen an wie ein Makel. Dann heißt es: Die Arme, die ist aber schlimm dran, pfui! Das kennt man doch. Helene selber lieferte ja das beste Beispiel, ehe ich dran kam. Gewiß gewiß, Helene war zunächst mal das Opfer, falls man durchaus große Worte gebrauchen will. Ihr Unglück leuchtete jedem ein; meins ist komplizierter. Und ich gehe mit meinen diversen Ärgernissen nicht gern hausieren. Schließlich wäre da noch Leonhard, ich denke, der hat am meisten auf dem Gewissen. Ich an seiner Stelle käme mir reichlich widerlich vor – immer angenommen, dieses Spiel soll verurteilt werden. Spiel nenne ich es heute noch, was beweist, daß ich kein Mucker bin. Meine Klassen können das bestätigen, auch meine Volkshochschüler.
The idea was: mit einem Coup Leonhard aus seinen Schwie-

rigkeiten zu helfen. Der Coup war ein Scherz, jedenfalls fanden wir das, Leo und ich. Unser Leichtsinn war uns bewußt, doch gerade das Risiko an der Sache erwärmte uns für sie. Irgendwann müßte Leo dann die Notbremse ziehen, klar, bei einem Mädchen wie Helene; es gibt leider Mädchen, die uns andere mit in den Ruf bringen, wie die Kletten zu kleben. Der Scherz war gleichzeitig als Lehre gedacht. Wir schlugen also drei Fliegen mit einer Klappe: indem wir Leonhard eine billige Hilfskraft verschafften, unterhielten und belehrten wir Helene. Wenigstens war das der Plan, die Grundidee des Ganzen. Leonhard, damals mit mir so gut wie verlobt, wird von manchen für einen Bruder Leichtfuß gehalten. Einfach bloß, weil er bei Frauen erfolgreich ist. Darum lebt er auch nicht wie ein Mönch, sollte er etwa? Wenn ich Genörgel über Leo höre, wird mir immer geradezu übel. Selbst jetzt noch. Das liegt daran: ich denke eben großzügig, es ist meine Art. Ein Techtelmechtel ist keine Staatsaffäre, erstens. Und zweitens: I am a good sport. Ja. Der Fremdsprachenunterricht färbt dermaßen ab auf die Dauer, neulich mußte ich krampfhaft überlegen, wie das deutsche Wort für daffodil heißt, und ich sagte schließlich: die ganze Wiese voller daffodils – worauf ich sicher mal wieder als eingebildet galt. Man kann tun was man will. Eine gewisse Gruppe von Menschen wird immer im Kreuzfeuer der Kritik stehen, und zu denen gehöre anscheinend auch ich.

Jetzt muß ich doch raus mit der Sprache: ich wars, die Leonhard und Helene überhaupt zusammenbrachte. Das dürfte also der Punkt sein, auf den jemand ganz Spitzfindiges den Finger setzen könnte, um zu behaupten: du bist verantwortlich. Ziemlich albern, fände ich. Aus dem Zusammenhang gerissen, sehen die Dinge völlig anders aus, man kann sie dann nicht gerecht beurteilen. Sollen die Klatschmäuler mich zu Brei kauen – nitschewo.

Helene, für die Verwandten mit Herz ein Grund zum Heulen, den Materialisten und Pragmatikern unter ihnen ein Dorn im Auge, war bekannt als »armes Ding«, »Nervenbün-

del«, »nah ans Wasser gebaut«, »Mimose« und so weiter, ich mache ja hier kein Synonymen-Lexikon auf. Jedenfalls brauchte sie dringend Abwechslung, fand jeder, und zwar, was Arbeitsplatz und Bekanntenkreis betraf. Da! Stimmt schon nicht. Arbeitsplatz? Ohne. Hatte einen Job im Gaststättenfach zu anstrengend gefunden und war davongelaufen. Bekanntenkreis? Wer gehörte denn dazu? Mir fällt bloß eine einzige verflossene Schulfreundin ein und die zog weg aus der Stadt. Zweimal bereits war Helenchen bei Liebesgeschichten schwer verunglückt. Mit den beiden Burschen hatte sie nicht mal renommieren können, ich meine, sie waren nichts Hinreißendes. Sie nahm eben einfach, was sie bekam, fiel vielleicht auf die läppischste Verführung rein, falls sie überhaupt verführt wurde. Aber sie machte daraus große Leidenschaften, das brachte sie fertig. Tatsächlich, traurige Geschichten, beide Male, und beide Male erinnerte sie mich an jemand, der sich auf Konzerte für zwei Klaviere versteift, aber zum Vierhändigspielen ist keiner da. Sie sitzt allein vor ihrem großen Flügel und spielt ihren pathetischen Part mit all seinen unbeantworteten Fragen. Übrigens darf ich so über Helene reden, sie ist immerhin meine Cousine.
Sie versteht sich auf Buchhaltung und so was, Stenografie und all den Mist, sagte ich zu Leonhard. Kannst du sie nicht anstellen? Wäre doch für beide Teile die Rettung.
Leonhards Masche, seine Galerie-Damen irgendwie gänzlich tariflos aber auf jeden Fall unterzubezahlen, führt zu dauernden Kündigungen, trotz Leos These, arbeiten bei ihm sei im Grunde nicht honorierbar, sondern vielmehr ein geistiger, schöpferischer Prozeß oder Genuß – etwas in der Richtung. Kurzum, gerade war er wieder mal von so einer bloß ideell Entschädigten verlassen worden. Für einen allein macht die Galerie aber viel zu viel Arbeit. Ich persönlich habe nie daran gedacht, Leonhard in meinen knappen abendlichen Freistunden zu helfen, Leo hat auch nie etwas Derartiges gewünscht, er liebt nicht den Kuddelmuddel aus Liebe und Geschäft. Was selbstverständlich unser Helenchen nicht ahnte. Also, wie

stehts, engagierst du Helene, fragte ich Leonhard. Immerhin war die Familie längst verschnupft, weil Helene seit Wochen zu Haus herumsaß. Es war auch keine neue Liebesaffäre in Sicht, sie sperrte sich in ihre vier Wände ein und spielte höchstens mal mit dem Hund, ein Elend. Es erbarmt einen, wenn man Zeuge von so viel Willensschwäche wird.
Tante Clara, Helenes Mutter, antwortete für sie heimlich auf Heiratsannoncen, Onkel Jobst, ein Aufschneider, prahlte dann jeweils im Voraus mit den Männern, denen sie geschrieben hatte. Helene heiratet einen Architekten, Anfang vierzig, eigenes Auto, Liebe zur Musik – so redete er rum und schadete seiner Tochter, deren Fotos doch immer wieder alles vermasselten, obwohl sie meistens drei, vier Jahre alt und sorgfältig ausgesucht waren. Ihre Schwester, meine ältere Cousine Gerda, seit Jahren mit Mann und Kindern gesegnet, fing auch an, die benachteiligte Jüngste zu verurteilen. An wem bleibt die Sache schließlich hängen, fragte sie ihre Eltern, an Rolf und mir, weil wir, durch eigenen Fleiß und Schweiß gottlob, endlich wohlhabende Leute sind. Ich sehs schon kommen, wie wir eines Tages das arme Ding, dem niemand je richtig die Meinung gesagt hat, barmherzig bei uns aufnehmen müssen. Ihr zwei, ihr seid ja auch nicht unsterblich.
Damit meinte sie ihre Eltern. Ihr Mann, Rolf, werde so lang die gefürchtete Barmherzigkeit nicht üben, als Helene auf der faulen Haut liege. Dahocken und heulen, das ist leicht, fand sie. Erinnert euch, wie hart Rolf hat arbeiten müssen. Roh aus dem Glanz des Offiziersstandes gerissen, war er sich nicht zu gut dazu, den Lumpensammler zu machen, nur damit Tinochen damals aufs Gymnasium konnte, bitte! Säßen wir heut auf eigenem Grundstück im eigenen Haus ohne diese Unerschrockenheit? Nein.
Stell sie an und du tust ein gutes Werk, sagte ich zu Leonhard. Er tat es, Helene sagte zu, und alles hätte gut sein können. Zu einem Fiasko wäre es nie ohne die bösen Zungen meiner Verwandten gekommen: in Leos Galerie vergeude Helene bloß ihre Zeit, von diesem Taschengeld könne sie nie was

zurücklegen für später. Das Schreckgespenst namens Zukunft.

Indessen verrichtete Helene sehr gewissenhaft und mit offenkundigem Vergnügen ihre Arbeit in der Galerie. Sie jammerte keineswegs über die Finanzen. Taute sie nicht sogar auch merklich auf? Mit gewinnsüchtigen Leuten kann man ja in einer Galerie nichts anfangen. Leo selber opfert sich ebenfalls auf mit all dem Zeug, das nichts einbringt. Ausstellungen und dergleichen, und bloß seine Vasen und Deckchen machen Kasse, es ist aber alles geschmackvoll und in einem weiteren Sinne schließlich auch Kunst. Rede ich nicht von Leo wie von einem Freund?

Die Materialisten innerhalb der Familie setzten ihr Zerstörungswerk fort. Leo und ich beobachteten düster, was sich anbahnte. Mich hatte er zum Berichterstatten. Wir wohnen in einem Doppelhaus, die Verwandten nebenan, Helene Wand an Wand mit mir. Ich bin oft drüben, weil ich nebenbei ja auch als Helenes beste Freundin gelte. Ich würde das nicht erwähnen, wenn ich nicht die einzige wäre, mit der sie so intim ist – oder sage ich: war. Um mich zu rühmen, erwähne ich übrigens nie etwas. Wozu auch. Um Bewunderung muß ich ja nicht erst betteln gehen, mußte ich nie, damals zet Bee hatte ich Leonhard, by the way.

Leonhard und ich, wir beide wußten, daß die spezielle Galerie-Luft wie reines Ozon auf Helene wirkte. Was bedeutete im Vergleich zum seelischen Erfolg der materielle Notstand? Sie lebte ja bei den Eltern, denen allerdings Schwager Rolf mit seiner Gewinnsucht in den Ohren lag.

Buchhaltung war davon abgesehen etwas, das Helene beherrschte, sogar die doppelte. Eine regelrechte Premiere für die Galerie: saubere Abschlüsse. Sämtliche Vorgängerinnen hatten darin versagt. In den bangen Tagen von Helenes drohender Kündigung betrachteten Leonhard und ich nach Geschäftsschluß die Eintragungen, deren Zuverlässigkeit man schon optisch mitbekam. Über Fehlbeträgen rätselte sie nächtelang. Außenstände an Waren, Waren an Lieferanten,

Lohnkonto an Kasse, Zinsenkonto an Bank – ich muß schon sagen, sie imponierte mir beinah, die kleine traurige Cousine. Sie verwendete die italienische Methode. Sie führte die Lose-Blatt-Buchführung ein. Übertragungsfehler kamen bei ihr nicht vor. Sie gliederte die Konten auf, insbesondere die Aufwendungen und die Erträge. Bei all dem glückte es ihr, hübscher auszusehen denn je. Sie änderte ihre Frisur: Leonhard liebte glattes Haar, also wurde ihres glatt.

Interessierte er sich etwa für sie? Unsinn. Leonhard beeinflußt alle Menschen, mit denen er zu tun hat, denn sein stark ausgeprägtes ästhetisches Gefühl erlaubt ihm keine Hemmungen. Es muß einfach raus, was ihm mißfällt oder so, ihm wird physisch schlecht in Gesellschaft von Leuten, die seinen Stil noch nicht mitmachen. Kein Wunder, daß er auch Helene, seine Angestellte, nach seinem Geschmack haben wollte, jede Angestellte hat er so erzogen. Und weil sein Geschmack gut ist, profitierte jede und nun auch Helene, klarer Fall. Eine Rechnung, die gewissermaßen von selbst aufgeht, dazu braucht man kein mathematisches Genie.

Aber jetzt fängt unser Spiel an, jetzt erst. Denn Helene deutete Leonhards Veranlagung als persönliches Interesse. Mag er mich? Vermutlich ja, denn würde er mir sonst blaue Kleider empfehlen? Ist er verliebt? Sieht es nicht ganz so aus, denn wozu sonst verböte er mir diese braunen Schuhe?

Kaum mitanzusehen. Sie fing schon wieder mal an, allein vierhändig zu spielen. Die Noten standen bereit. Wirklich, ich litt darunter. Bis Leonhard mich auf die Idee des Jahres brachte.

Sie verliebt sich doch leicht, nicht wahr? fragte er mich.

Wir saßen in seinem winzigen Büro zwischen Galerie und Lager, hier war es seit Helenes Wirken beinah ordentlich.

Ja, tut sie.

Wir rauchten Zigaretten, die Helene ihrem Chef geschenkt hatte. Mit kleinen Aufmerksamkeiten fing sie ja fast sofort an.

Und sie will gern heiraten?

Partout. Instantly.

Für diese Aussicht wäre sie zu allem bereit?
Natürlich. Kinder will sie auch, zwei mindestens.
Leonhard klackte die Kiefer oft und laut aufeinander, wie immer in Erregungszuständen. Das ist eine Angewohnheit, über deren Vorzüge man streiten kann. Mich stört sie nicht. Außerdem: wer ist schon ganz ohne Schönheitsfehlerchen.
Vor uns lag der reinliche Kontenabschluß der doppelten Buchhaltung. Sehr wenige Zeilen unter Erfolgskonten. Leonhard brauchte Helene, aber sie mußte noch billiger werden. Jeder sah das. Für ihren Zukünftigen würde sie doch umsonst arbeiten, stimmt das?
Leonhard kritzelte einige Unterschriften unter akkurat getippte Briefe. Die neue Ausstellung bereitete niemand anderes als Helene vor.
Worauf Leonhard hinauswollte, wußte ich längst.
Also spiel ihr ruhig den Verliebten vor, sagte ich.
Den Heiratskandidaten, verbesserte mich Leonhard. Wir prosteten uns zu, Helene hatte die Flasche Gin mitgebracht.
Und du meinst, daß ich nicht abgewiesen werde?
Keiner wird bei ihr abgewiesen.
Das war Punkt eins. Punkt zwei: es geschähe selbstverständlich nicht zu Helenes Schaden. Je länger sie in der Galerie wirkte, desto besser für sie. Und wer unser Mittel, sie zu halten, unredlich findet, der sollte bedenken, daß es für ein Mädchen wie Helene kaum was schöneres gibt als Liebe, egal ob echt. Sie glaubte ja daran, zunächst mal. Und der Glaube versetzt bekanntlich Berge; falls Was ich nicht weiß, macht mich nicht heiß hier nicht besser paßt.
Die Hoffnung allerdings, Helene durch die Galerie ein bißchen unter die Menschen zu bringen, mußten wir bald aufstecken. Obwohl genau die richtigen Leutchen bei Leonhard ein- und ausgehen. Helene blieb immer steif und korrekt, so daß man kribbelig wurde, wenn man es mitansah. Der Umgang mit Kunst und Kunstgewerbe aber hatte ihr eine Welt aufgeschlossen. In der brauchte sie vielleicht keine Gesellschaft von Lebewesen mehr, wer weiß. Es gibt doch

solche Typen, die greifen sich ein tiefschürfendes Buch, starren ein Kunstwerk an, und schon kriegen sie einen Ausdruck ins Gesicht, als lebten sie auf einem andern Stern und wollten nie wieder den Mund aufmachen.
Zugegeben, der Typ war Helene nicht, noch nicht. Sie könnte es werden, mit zweiunddreißig kann man noch manches werden. Vorläufig klagte sie über Einsamkeit. Ihr kamen auch Zweifel an Leonhard, er konnte ihr noch so viele ästhetische Tips geben, sie wurde anspruchsvoller. Warum geht er nie mit mir aus? Wieso möchte er nicht in seiner Freizeit mit mir zusammensein? Wenn ich abends schnell noch mal rüberlief, um mich für ein Stündchen des armen schwarzen Schafs in der Familie anzunehmen, jammerte sie, es sei trostlos, Abend für Abend zu Haus zu sitzen, sie hätte Lust, was zu unternehmen, ob wir beide nicht – Stop! dachte ich mir. Wenn ich mirs mal gönnte zu verschnaufen, dann nur mit Leo, wen wunderte das, Helene hätte es gewundert, sie wußte ja nichts von unserer heimlichen Bindung. Ich rede jetzt hier nicht über meine Liebe, über Selbstverständliches, hier habe ich nur über Abarten von Liebe zu reden, bedauerlicherweise. On verra. Ich sage häufig on verra im Französischunterricht, sei es, ich kann eine Frage nicht unverzüglich beantworten, sei es als Erwiderung auf die Aushorcherei: Schreiben wir nun morgen eine Arbeit?
Punkt drei: wie würde man Helene zu gegebener Zeit los? Immerhin, das müßte ja eines Tages vonstatten gehen, schließlich war ich die Braut.
Lassen wir das offen, sagte Leonhard. Es wird sich schon eine Lösung finden.
Das war seine Meinung, mich hat sie nicht überzeugt. Ich bin nun mal kein solcher Optimist. Da liegt der Hase begraben, oder der Hund, im Pfeffer.
Eine neue Version meiner verwandtschaftlichen Wohltätigkeit: ich machte mit Helene französische Konversation. Tante Clara servierte immer Piccolo-Sektfläschchen, ganz angenehm. Il me semble qu'il soit très amoureux. Stand nach

»sembler« überhaupt der Konjunktiv? Egal, Helene kümmerte sich nicht um Grammatik, und mir hing alles sowieso schon zum Hals raus. Natürlich kündigte sie nicht, natürlich lehnte sie Bezahlung ab, Leonhard, den sie zu heiraten hoffte, hatte Kredit bei ihr. War es auch rührend, das verliebte Kind zu beobachten, ich fand doch allmählich, daß die beiden es übertrieben. Leonhard werfe ich die Küsse vor. Tätscheln hätte genügt, er macht es ohnehin, er hat seine weiblichen Kunden an diese seine Auslegung von Charme gewöhnt.
Er hat also wirklich ernste Absichten? fragte mich Gerda anläßlich einer Geburtstagsfeier innerhalb der Familie, zum Anrichten waren wir allein in der Küche.
Ernste Absichten? Ja, konnte ich mit gutem Gewissen und voller Berechtigung erwidern. Aber auf mich, seine heimliche Braut, dachte ich mir dazu.
Nur schweigt er sich immer noch aus, wie? Das ist doch ziemlich beunruhigend, sagte Gerda.
In seinem Alter heiratet man nicht Hals über Kopf, sagte ich.
Na, hoffen wir das Beste, sagte Gerda.
Macht euch bloß keine troubles, sagte ich. Mir fiel wirklich mal wieder das deutsche Wort nicht ein.
Diesen Tag habe ich so genau im Gedächtnis behalten, weil ich am Abend den Schock bekam. Helene versetzte ihn mir. Ich lag schon im Bett, Wand an Wand mit dem Cousinchen, wollte mein müdes Haupt in die richtige Haltung bringen, um endlich zu schlafen, da ertönten unsere neun rhythmischen Klopfzeichen, der Anfang von »I just don't know what to do with myself«: eindeutig Alarm. Jetzt noch mal raus, aufstehen, was anziehen, denn es gibt ja keine Innentür, die beide Hälften unseres Hauses verbindet. Es war schon ein Opfer, und ich brachte es nach dem dritten SOS. Ihr werdet mich fragen: warum war sie nicht rüber zu mir gekommen? Ganz einfach: mir ist das immer so herum lieber, ich lasse mich nicht gern in meinem Zimmer überraschen. Goodness, war sie aufgeregt. Sogar rosig angehaucht, ihr blasses Gesicht. Fragen mußte ich nicht lang, erstens erzählte sie freiwillig,

zweitens erriet ich alles sowieso.
Leonhard hatte einen neuen Kredit aufgenommen, für welche fremden Sachgüter brauche ich hier nicht mehr zu erwähnen. Völlig verrückt war sie, einfach hingerissen von Leo als Liebhaber. Aber wenn sie auch noch so glückselig tat, wer weiß, ob sie dazu überhaupt berechtigt war? Leo könnte es gewissermaßen mit der linken Hand erledigt haben, ihm wird nicht nach mehr zumute gewesen sein, schließlich handelte es sich mehr um einen Geschäftsabschluß als um irgendwas sonst. Helene habe gemeckert und mit Kündigung gedroht, deshalb die neue Intimität – das mußte ich ihm ja wohl glauben, obgleich Helene selber mich etwas anders informiert hatte.
Soll ich mich jetzt etwa immer noch drüber aufregen? Qu' à cela ne tienne! Oder: na wenn schon. Mit manchen Sachen muß man sich eben abfinden. Allerdings hütete ich mich vor Passivität à la Helene. Für mich war der Moment zu handeln da: ehe für Leo das Kreditieren zum puren Vergnügen wurde, hatte ich einzugreifen.
»I just don't know what to do with myself«, klopfte ich am nächsten Abend gegen die Trennwand, womit ich mich ankündigte. Helene empfing mich entzückt, sie selber habe soeben signalisieren wollen. Schon wieder hatte sich Leonhard nach Geschäftsschluß um sie gekümmert, auf jene Weise, von der in unserm Pakt nie die Rede war. Leo begann, eine schlechte Gewohnheit anzunehmen. Wirklich ziemlich unhöflich, auch im Hinblick darauf, daß derweil ich mit Volkshochschülern le gerondif paukte. Vielleicht wars diese Ungerechtigkeit, die mich so zornig machte. Kurzum, ich packte aus. Na ja, ich klärte Helene mal grundsätzlich über die Lage auf. Leos Plan, Leos Scherz, Leos Coup, Leos Notlage, Leos Lehre, Leos gutes Werk – ich suche ja hier keine Titel für diese Farce. Kam ich selber in meiner Enthüllung vor, war es etwa eine Beichte? Mitnichten. Was hätte ich schon beichten können? Leonhard mußte ich schlechtmachen, ganz einfach zur Selbstverteidigung. Als Helene nicht

glauben wollte, rein gar nichts glauben wollte, versprach ich ihr, meine Verlobung anderntags schon zu veröffentlichen. Ich schlug auch ein Telefonat mit Leonhard vor, auf der Stelle. Allmählich kapierte sie. Das sah man ihrem Gesichtchen an. Leonhard ist ein Schuft, schloß ich ab.
Sie schien die Sprache verloren zu haben.
Tante Clara, gerührt über meine Ausdauer bei Helene, brachte noch ein Fläschchen Sekt. Da rannen schon Helenes Tränen. Tante Clara aber wurde es nicht mehr gewahr; ein paar Brote zu richten, hastete sie wieder treppab, küchenwärts.
Was willst du tun, fragte ich.
Du siehsts ja, sagte Helene, ich heule.
Mir war das zu wenig.
Mach Schluß mit Leonhard, sagte ich.
Aber die Ausstellung. Der Jahresabschluß.
Und so weiter. Resumé: auch einen Schurken könne sie nicht sitzenlassen. Ich kochte vor Wut, wie man so sagt.
Ich verbiete dir, noch einen Schritt über die Schwelle der Galerie zu tun, sagte ich. Hast du keinen Stolz.
Aber ohne die Galerie, ohne alles dort bin ich verloren, sagte Helene. Und ohne Leonhard. Es wäre so öde.
Er liebt dich doch gar nicht.
Aber ich kann ihn ja wenigstens sehen, nicht wahr? Und wenn ich nun dagegen protestierte? Eine Braut darf das ja wohl.
And so on and so further. Zwischendurch stärkte ich mich ein bißchen – Sekt, Brote – und machte dann weiter. Bis ich Helene so weit hatte, daß sie selber nur noch voll Abscheu an Galerie und Inhaber dachte. Übrig aber blieb die Frage: Was tun? Furchtbar primitiv! Putz dich weg, bring dich doch um, Schätzchen!
Ich hob mein Glas auf ihr Wohl, lachte ihr aufmunternd zu, und meinen Ausspruch gebe ich hier absichtlich wörtlich wieder, um seinen eindeutig scherzhaften Charakter zu dokumentieren. Mit schlechtem Gewissen verhielte ich mich ja

wohl anders, nicht wahr. Wenn mir jetzt nicht geglaubt wird, wen wunderts? Die Leute nehmen doch am liebsten das Schlechteste von andern an. Von mir erst recht, ich gelte ja nun mal als hochnäsig.

Um es kurz zu machen: das gute Kind hat es getan. Mit sämtlichen Mittelchen von Tante Clara, achtzig einzelne Tablettchen und Dragées insgesamt, schätzungsweise, und das war noch zu knapp, meistens rezeptfreie Sachen.

Man hat mich, als die letzte Besucherin, wieder und wieder ausgefragt, klar. Ich legte Wert darauf zu wiederholen, daß Helene mein Klopfzeichen dann noch einmal lustig beantwortet hat. Erwartet man so harmlose Späße von einem Selbstmordkandidaten? Durfte ich nicht also seelenruhig die müden Lider schließen?

Aber worüber habt ihr euch unterhalten? Es ging so lebhaft zu in Helenes Zimmerchen! Was war los?

Die ganze Fragerei, während das bewußtlose Herzchen unterm Sauerstoffzelt und im Wasserbett mit geöffneter Halsschlagader lag. Geschmacklos, sag ich nur.

Und ich persönlich, ich hätte Helenes Geheimnis bewahrt. Bloß keine Indiskretion, das ist nichts für mich. Leonhard aber, sowieso leicht erregbar, hat die Nerven verloren. Er muß gewittert haben, daß ich Helene in unsere kleine Verschwörung eingeweiht hatte, drang also in mich, quetschte mich aus, und so sagte ich schließlich: Ja. Ja, Leo. Es war ja nicht mehr mitanzusehen. Ich bin von Geburt aus ein offener Mensch. Betrug macht mich krank, da hast dus, bitte. Ich habs verraten.

Nun stelle man sich das vor: Leonhard eilt zu Tante Clara und Onkel Jobst, klärt sie über alles auf, zeigt Reue. Jetzt jagen sich die Ereignisse. Gewisse Leute sehen mich scheel an, Helene kommt mit Bluttransfusionen und Blumengeschenken Leos über den Berg, Tanta Clara mag plötzlich Leo, Onkel Jobst erzählt im Bekanntenkreis: Helene heiratet einen Galeriebesitzer, Ende Dreißig, Liebe zur Kunst, eigenes Auto – die Familie Gerda/Rolf gibt einen kleinen Empfang

anläßlich der Wiedergeburt Helenes, und Leonhard wird dazu eingeladen – worauf ich fernbleibe.
Ich bin nicht nachtragend, ich bin kein Spielverderber, ich kann Spaß verstehen. Dies denke ich hinlänglich bewiesen zu haben. Doch was nun vorging, kam mir denn doch reichlich verworren und trübe vor. Ich begriff überhaupt nichts mehr. Daher, als Mensch der Tat, machte ich das, was der gute Ovid unter tabula rasa verstanden hat: ich fing beim Punkt Null an und wischte alles weg, was ich wußte, ehe ich Leonhard verhörte. Eine Methode, die ich nur weiterempfehlen kann. Während ich all die Monate dem Glauben anhing, Helene werde von uns getäuscht, täuschte man mich. Helene, die demnach umsonst in der Hausapotheke geräubert hatte, wurde geliebt, genau seit dem Abend meines Schocks. Was half es, daß Leonhard mir glaubwürdig beteuerte, von selbst, ohne die Hintergedanken und Fürsorge für die Galerie, habe es ihn nie gedrängt, Helene zu umarmen. Ausführen aber wollte er sie noch weniger. Er machte aus der Not seine Version einer Tugend. Und siehe da: Helene war ein Erfolg, das muß ich nun schon glauben.
Daß man stets erntet, was man sät, kann man hier nicht behaupten. Alles für die Galerie, das trifft es im Kern; ich bin ein Opfer der Galerie. Unmögliches zu leisten ist niemand verpflichtet: darüber hat meine Obersekunda kürzlich ganz nette Aufsätze geschrieben. Ich gehe nicht zur Hochzeit. Vielleicht lasse ich mich nach Jahresfrist mal wieder in der Galerie blicken, die Zeit heilt Wunden, einerseits. Andererseits soll es ja auch schon vorgekommen sein, daß sie gewisse Leidenschaften abgekühlt hat.

Verjährt

Nette Leute, unsere Nachbarn in der Strandhütte rechts, die Leute mit dem Pudel. Ruhige Leute, mit vorwiegend ange-

nehmen Erinnerungen. Sie verbringen jeden Sommer hier, kaum wissen sie noch, seit wann. Sie haben auch letztes Jahr im »Juliana« gewohnt, waren einmal am Leuchtturm, mit Rast in der Teebude, bei ähnlichem Wetter wie im Jahr davor oder danach. Es kommt ihnen auf Übereinstimmung an, je mehr die Ferien sich gleichen, desto besser die Erholung. Öfter im Hafenort, die etwas längere, aber auch lohnendere Unternehmung. Doch noch immer haben sie sich nicht dazu aufgerafft, in einer Vollmondnacht längs des Abschlußdamms zu promenieren. Wiedermal versäumten sie an keinem ihrer vier Mittwochnachmittage das Folklorefest im Hauptort der Insel, vorher Einkäufe, Mittagessen, als Ausklang Eis. Es pflegt sie stets einigermaßen anzustrengen, im überfüllten Städtchen findet der Mann nur mit Mühe einen Parkplatz; aber es gehört dazu und ist nett, war nett, immer gewesen. Findest du nicht, Reinhard?
Sie mieten immer eine der Strandhütten auf der Nordseite, sie finden den dortigen Strandhüttenvermieter sympathischer, sie melden sich immer rechtzeitig an und bestehen auf einer der höheren Nummern, meistens wohnen sie in einer Hütte zwischen 60 und 65. Sie haben es gern ruhig. Der etwas weitere Weg, Preis dieser Ruhe, ist schließlich gesund. Sie redeten auch vor drei Jahren über den Pudel, beispielsweise. Der Pudel, das Wetter, der Badewärter, der Jeep des Badewärters, Badeanzüge, Mahlzeiten im »Juliana«. Vielleicht sind einige ihrer Sätze früheren Sätzen zufällig aufs Wort gleich, das wäre wahrscheinlich, zumindest bei kurzen Sätzen. Die Bedienung im »Juliana« wechselt, aber das bringt wenig Veränderung mit sich, denn alle Kellnerinnen und Kellner und auch die Zimmermädchen sind freundlich und vergeßlich, als mache die Hotelleitung bei neuen Engagements gerade nur diese beiden Eigenschaften zur Bedingung.
Übrigens haben vor ungefähr fünfzehn Jahren unsere netten ruhigen Nachbarn sich den Frieden gewünscht, in dem sie jetzt längst leben. Das Erreichte scheint sie manchmal fast zu lähmen. Stundenlang reden sie kein Wort miteinander. Dann

wieder das Hotelessen, der Vorschlag spazierenzugehen, die lauten ballspielenden Leute in der Strandhütte links, unsere Nachbarn bedauern, daß der Strandhüttenvermieter nicht darauf geachtet hat, ihr Ruhebedürfnis zu respektieren, er wird es nicht so genau wissen, wir wollen keinen Streit anfangen. Mit ihrem Apfelfrühstück, den Rauchpausen, dem Umkleiden in der Hütte – wobei immer einer rücksichtsvoll den andern allein läßt und, den beunruhigten Pudel an knapper Leine zurückreißend, vor der versperrten Tür wartet – mit ihren kurzen, aber gründlichen, von Gymnastikübungen umrahmten Bädern bei Hochflut, den Pudelspaziergängen mit Apportieren und fröhlichen, aber ernsthaften Erziehungsexerzitien und sparsamem Wortwechsel untereinander, erwecken unsere Nachbarn in mir den Wunsch, wir beide, Reinhard, könnten es eines Tages genauso angenehm haben – Ich bringe die Zeit durcheinander, entschuldige. Es ist so heiß, die Sommer sind sich so ähnlich, man kann leicht eine Schaumkrone für ein Segel halten oder Jahre und Leute miteinander verwechseln.
Aufregungen im Leben unserer Nachbarn liegen so weit zurück, daß sie nicht mehr genau stimmen, wenn man sich ihrer erinnert, aber das unterbleibt. Vor Jahren hat der Mann ein Kind überfahren, es war jedoch nicht seine Schuld, sondern die des Kindes. Die Frau, obwohl sie das so gut wie jedermann wußte, nahm dem Mann die Selbstsicherheit übel, mit der er über den Fall redete. Als käme es darauf an, wer die Schuld hat, fand sie, sie sagte es ihm auch. Weniger nett von ihr, denn sie hätte spüren müssen, daß der Mann unter dem Unfall litt wie sie, schuldig oder nicht.
Jetzt vergessen. Während der Mittagsstunden ist es besonders ruhig am Strand. Oft nehmen unsere Nachbarn sich Lunchpakete mit in die Strandhütte, bei schönem Wetter; die Lunchpakete des »Juliana« sind so großzügig gepackt, daß der Pudel kein eigenes Fressen braucht. Die vier Wochen am Meer, von jeher eine feste Gewohnheit unserer Nachbarn, waren in dem Jahr nach dem Unfall natürlich keineswegs

geruhsam, obwohl nicht mehr darüber geredet wurde; beide erholten sich nicht nennenswert. Sie besaßen auch noch keinen Pudel damals, überhaupt keinen Hund als Ersatz für ihre kleine, vom Vater überfahrene Tochter, darauf kamen sie erst ein Jahr später, es hat aber auch dann noch nicht richtig geholfen, die Traurigkeit war doch größer. Im Jahr nach dem Unfall hatte der Mann immer noch nicht von seiner Marotte genug, der Frau Vorwürfe zu machen. Schön und gut, ich habe sie überfahren, aber du hast mit ihr das blödsinnige Privatfest gefeiert und ihr so viel Wein zu trinken gegeben – die Frau hörte nicht mehr zu. War es anständig, Monate nachdem sie den Alkohol aufgegeben hatte, dies Thema überhaupt zu berühren? Die Frau fand jahrelang die Auseinandersetzungen mit ihrem Mann schlimmer als den Verlust des Kindes, sie haßten sich, wünschten einer des andern Tod – nicht der Rede wert. Jetzt, am Strand, wird keinem Anlaß für Zorn mehr nachgesonnen. Alles ist verjährt, scheint es nicht so? Zwei Hütten weiter rechts sieht ein Mädchen der Geliebten des Mannes ähnlich; sehr viele Jahre her, man zählt nicht nach. Diese Geliebte wäre jetzt älter und dem Mädchen gar nicht mehr ähnlich. Sie lebt nicht mehr, ihr Selbstmord war der Frau recht: das genügt nicht, um von Schuld zu sprechen. Der Pudel ist so lebhaft. Nett zu beobachten. Man selber liegt still. Kein Wort mehr. Zu reden, das hieße: auch über Gilbert zu reden. Nach dem von mir verschuldeten tödlichen Unfall unseres Kindes, Reinhard, war es doch verständlich, daß ich mit Gilbert wegging. Vorbei. Ich weiß, daß die noch jungen Leute nebenan uns beneiden. Nette ruhige Leute werden sie denken, vorwiegend angenehme Erinnerungen. Was für friedliche Nachbarn, sie sind gut dran. Ja, so wird es von uns heißen. Ich höre manchmal Streit von nebenan, du auch, Reinhard? Es erinnert uns an früher. Es erinnert uns an meinen Sohn von Gilbert, an deine Konsequenz, das Kind nicht in unserm Haus zu dulden. Es erinnert uns an das gebrochene Versprechen, meinen Vater bei uns aufzunehmen, aber meine Mutter, sterbend, wußte ja schon nicht mehr, was sie verlangte, und übrigens starb mein Vater knapp drei Monate später in einem sehr odentlichen Altersheim. Seit wir nur noch wenig miteinander reden, Reinhard, erholen wir uns von Sommer zu Sommer besser. Unsere Ernährung ist reich an Vitalstoffen. Promenaden bei Vollmond aber lassen wir besser weg. Besser, wir halten uns an das Normale. Der Pudel amüsiert uns, ein spaßiger Kerl. Das Meer ist fast schön. Viel Obst, viel Übereinstimmung, viel Ruhe.

Ablenkung

Warum so verkrampft? Ich mag doch das Autofahren – übrigens nur mit Paul am Steuer. Ich entschloß mich, nicht mehr an das Unerfreuliche der Fahrt zu denken. Jede Sache hat ihr Gutes, heißt es nicht so? Allerdings erinnere ich mich an eine Menge Sachen, die uns »ihr Gutes« nicht offenbart haben.

Von der Packerei und allem möglichen Gezeter war ich erschöpft, als ich schließlich auf meinem Stammplatz neben Paul saß. Es regnete, ich habe das gern im Auto. Die Gegend sah gut aus, Flachland und Alleen kamen vor, Gehölz wie ich es liebe, dazu das Geniesel, und Paul einsilbig. Die Zutaten waren mein Geschmack, ich jedoch kam nicht in Stimmung. Also schön und gut, ich wollte mich dann wenigstens auf die Rückfahrt mit der Rast bei den Philips freuen. Ich stellte mir das Wohnzimmer dort vor, nasse Scheiben im Erker. Es wäre nett, wenn ich erst von Philips selbstgemachtem Kunstwein aus Kartoffelschalen nippte – es sah wie Nippen aus, ging aber rasch in vielen kleinen Schlucken, und jedesmal geriet ich dabei sehr bald in die richtige Verfassung, dort im riesigen weichen Sessel neben der Kaminattrappe. Ich würde auf ein gemeinsames Abendessen dringen, vielleicht im »Onkel Heinrich«. Neuerdings habe ich auch viel übrig für die Zeisser Festhallen am See. Die Umgebung da draußen ist nett. Ich hoffte, Paul gäbe durch die gewisse Niedergeschlagenheit, der auch er, ja auch er erlegen war, meinen bescheidenen Verführungsversuchen nach: Abendessen ohne Tanz kam mir wahrhaftig nicht unpassend vor in unserer Lage, auch nicht anspruchsvoll. Und doch könnte es mir passieren, daß Paul bei der Ausfahrt Cranz einfach durchführe – ade Kniebusch, ade Ablenkung. Ablenkung, mein Stichwort. Wer Ablenkung braucht, dem geht etwas nah, eben das, wovon er abgelenkt werden muß. Und mir ging es nah, o ja.

Übrigens, Paul hatte dem Plan auch nicht leichten Herzens zugestimmt. Nie habe ich Gerede über Paul geduldet. Sogar damals von Richard nicht und von all den Leuten auf seiner Seite. Er sperrt seine Frau ein, er muß ihr mehr Freiheit lassen – wie mir der Chor auf die Nerven ging. Richard und ich, Liebe! Passé, was es auch war, dem gehe ich nicht mehr nach.

Dann war alles überstanden, und ich würde nach Möglichkeit eins ums andere vergessen: Ankunft, Auspacken, das gute Zureden, Versprechungen, Abschied – mit einem friedlichen Verlauf hatte ich gar nicht gerechnet. Es sieht dort doch alles nett und ordentlich aus, sagte ich zu Paul, der sich offenbar nicht äußern wollte. Auf der Rückfahrt ging es mir besser, wenn auch von Fahrtgenuß erst die Rede sein konnte, als Paul nachgab und in Cranz nach Kniebusch abbog. Ich brauche einfach etwas Ablenkung, sagte ich. Den Satz wiederholte ich, das Glas mit Pauls Wein in der Hand, tief im Sessel. Die gasbeheizte Holzstoßattrappe flammte im Kamin. Wie gut ich dich verstehe, sagte Nora. Ein paar ordentliche Steaks und die Welt sieht wieder anders aus, sagte Philip. Für alle Beteiligten war es das beste so, für sie und für euch beide, sagte Nora. Ihr habt es vollkommen richtig gemacht. Mir ging es etwas auf die Nerven, daß Nora ständig unnötige Beteuerungen von sich gab. Ich weiß selber, was ich richtig mache, was falsch. Falsch? Es hat nicht nur jede Sache ihr Gutes, jede ist auch von mindestens zwei Seiten aus zu beurteilen. Was Paul und mir gut tut, ist für meine Schwester entsetzlich – Unsinn. Was für sie selber richtig ist, weiß sie bloß nicht, die Arme.

Beim Abschied von den Philips leierte ich mein Seitenfenster runter und streckte den Kopf in die gute Nachtluft von Kniebusch. Ihr seid zu beneiden, sagte ich, und an diesem Abend empfand ich es besonders deutlich. Auf der letzten Strecke bis zu unserer Stadtwohnung befriedigte mich ein neuer Gedanke. In Kniebusch, mit einem Häuschen, wie die Philips es haben, Garten ringsum, angrenzender Wald und See, in so einer Szenerie hätten Paul und ich uns anders entschieden. Nur die enge Stadtwohnung war daran schuld, was heißt: Schuld! Ein großes Wort.
War es nicht ausgesprochen beruhigend, zum ersten Mal in eine leere Wohnung zurückzukehren? Mich hat sie nicht weiter gestört, sagte Paul. Ich sagte ihm, das sei kein Wunder, er verbringe ja auch den größten Teil des Tages im Büro. Dann machte seine Ruhe mich ärgerlich. Ob sie dich nun gestört hat oder nicht, deine Schimpferei mit ihr konnte ich nicht länger ertragen, sagte ich. Trotz unseres Geplänkels bestand ich darauf, daß Paul die vorgesehene Flasche Sekt öffnete. Zur Ablenkung hatte ich das so arrangiert, und als mein Glas gefüllt war, fühlte ich mich in der Lage, mit Paul weiter zu streiten. Seine Schuld an allem war mir nun klar. Besser man sprach sich aus. Aber Paul wollte ins Bett. Er ging voraus ins Badezimmer. Tatsächlich, es ging ihm nicht so nah. Ich selber war traurig und fand es deshalb nicht übel, daß er mir einen ganz schönen Rest Sekt übriggelassen hatte. Allein trinken, was für ein Genuß. Ich machte mir klar, daß ich auf die Dauer krank geworden wäre: länger mit ihr in der Wohnung. Nicht einmal Flaschen sicher vor ihr. Alkohol wäre ja wohl das letzte gewesen, was man so einer armen Labilen hätte anbieten dürfen. Prost, Therese, sagte ich laut, prost, Schwesterchen!
Dann habe ich doch noch geweint. Sollte ich weinend vor Paul erscheinen? Oder mich in diesem Zustand in Thereses leeres Zimmer einschließen? Ehe ich mich entschieden hatte, weinte ich mehr und jetzt ohne Genugtuung. Das Anstaltsbett neben dem gekalkten Sims, das Bett in der langen Reihe ging mir nicht aus dem Kopf. Ablenkung!

Schöne Ferien

Schöne Ferien, zum ersten Mal wieder, seit ich mit Asmus zusammen bin. Die unveränderte Bucht gefiel mir neuerdings. Wie lang hatte ich nicht mehr etwas wie Waten im Wasser genossen. Alle Augenblicke fiel mir ein, daß ich aufatmen konnte, und ruhig sein, ruhig sein. Keine Zankereien mit den Cousinen, im Gegenteil. Vor dem Café Rose saßen friedlich die Großeltern, und mich machte es nicht nervös, wenn sie uns unaufhörlich zu Tee und Wespennestern einluden: Spezialität der Rose. Auch mit Lutz legte Asmus sich nicht an. Lutz drehte sein Radio so laut wie es ihm paßte, und Asmus pfiff sogar mit. Natürlich badete Lutz wieder kein einziges Mal, Asmus aber äußerte sich einfach nicht dazu, womit ein Zustand erreicht wäre, den ich immer angestrebt habe. Asmus verhielt sich entweder aus Rücksicht auf mich so, oder er war ausgeglichener geworden – jetzt irre ich mich gründlich. Asmus war ja diesen Sommer nicht mit.
Statt dessen Heinz Pfitzner. Der Zufall verschlug uns ins gleiche Hotel. Nach der ersten Woche sagten wir nicht mehr Sie, und er wollte Nelson genannt werden. Der Familie gegenüber zeigte er sich zugänglich. Die ließ uns auf langen Spaziergängen allein. Ihre Großzügigkeit sah aber nicht nach Opfer aus, und zum ersten Mal freute ich mich ohne schlechtes Gewissen an dieser wirklichen Freiheit. Es machte mir auch Spaß, der Familie so einen netten Mann zu verschaffen, wenn auch nur für kurz. Oft forderte Nelson Lutz auf, sich uns anzuschließen. Weil Lutz, wie jedermann, Nelson mochte, sagte er zu. So nahm Lutz am Ausflug zum Vogelschutzgebiet teil. Nelson redet gern mit Jüngeren, er bringt sie dazu, daß sie aus sich herausgehen. Bei Lutz ein Wunder, er hat nichts als seine Schlager und zwei Diskjockeys. Jetzt hatte er Nelson. Schön für ihn, schön für uns alle. Von Nelson geht Ruhe aus, daran liegt es. Ich werde mich im Verlauf dieser Ferien erholen. Sogar Nelson zu lieben, strengt kaum an.
Die Fingernägel schneide ich mir häufig, damit erinnere ich

mich an Asmus. Selbstverständlich denke ich oft an ihn, mein Frieden nimmt daraufhin zu. Asmus kann nicht über meine verkorksten Fingernägel schimpfen. Auch nicht über Barfußlaufen bei kaltem Wetter. Während ich meine rotgefrorenen Fußzehen begutachte, denke ich daran, wie gern jetzt Asmus über sie in Wut geriete. Mein Haar kann er ebenfalls nicht überprüfen. Ich lasse es jeden Tag beim Baden in der Bucht naß werden. Schon nächsten Sommer werde ich wieder auf die Kommandos von Asmus Rücksicht nehmen müssen, also übertreibe ich es jetzt mit der Unvernunft. Überall fehlt Asmus, und seine erhobene, nicht hotelmäßige Stimme zürnt mir in meinem Gedächtnis, nur da. Nelson ist liebenswürdig. Den Cousinen schnitt er vorgestern die Haare. Meinem Großvater rasierte er den flaumigen runzligen Nacken aus. Mit meiner Großmutter unterhielt er sich geduldig über die Triebwelt der Ameisen, wiedermal hatte sie sich einen Koffer voll Tierbücher mitgebracht, ihre Passion. Auf alles ging Nelson ein. Ich selber mußte mich dämpfen, damit meine Freude über unsern allgemeinen Einklang mich nicht laut machte. So ruhig sein wie Nelson, das war mein Programm. Gelassen zuhören bei törichten Äußerungen über Wetterabhängigkeit vom Mondwechsel: Lieblingstheorie meines Großvaters. Lächeln zur Behauptung, P. Huber, der 1810 die Sitten der einheimischen Ameise untersucht hat, sei kein Franzose gewesen: die Großmutter will es so. Auch die Cousinen und Lutz, alle stellten dauernd die üblichen Anlässe her, gegen die Asmus auf die Barrikaden ging.
Es kommt aber vor, daß ich aus heiterem Himmel erschrecke; dreh dich nicht um, sagte ich mir, Asmus steht hinter dir. Ich halte den Atem an und warte ab. Irgend jemand von der Familie ruft mir dann zu: Was ist los mit dir? Schläfst du am hellen Tag? Und sie lachen miteinander – aber ohne Nelson. Sie hat die Augen zu, seht nur! Auch Asmus lacht nicht mit. Für Launen hat er nichts übrig. Jetzt rufen sie: Hallo Asmus, kümmere dich gefälligst mal um deine Frau, weck sie auf, los! Ich lasse die Augen zu. Bei geschlossenen Lidern, ruhig, ruhig, verwöhnt mich Nelson, meine Erfindung.

Sonntag bei den Kreisands

Wieder einer dieser gemütlichen Sonntage bei den Kreisands. Frau Kreisand sagt: harmonisch. Das Wetter ist ihr nicht unwichtig, sonntags hat sie es gern etwas schummrig. Sie erklärt sich und Artur, ihrem Mann, diese Neigung mit den Pflichtspaziergängen ihrer Kindheit; auf denen bekam sie Nasenbluten oder Magendrücken oder ein Schäferhund biß sie in weiße Strümpfe, die sie auch nicht mochte. Seitdem mag sie bedeckten Himmel und Regenschauer. Artur Kreisand ist dem Wetter gegenüber gleichgültig, er ist überhaupt ein anderer Typ als seine Frau Milli, die so nicht getauft wurde. Sie heißt Elisabeth und der Name gefällt ihr auch. Nur Artur sagt seit etwa vier Jahren Milli zu ihr und ist davon nicht abzubringen. Frau Kreisand engagiert sich neuerdings nicht mehr in dieser früher für sie so wichtigen Angelegenheit. Artur hat sie beschämt. Sie solle ihn doch in Ruhe lassen, wenn er sich auch einmal dazu bequeme, sentimental zu sein. Ob sie sich denn nicht mehr daran erinnere: in ihrer ersten Nacht habe er sie, zum Spaß, Milli genannt. Also bitte. Frau Kreisand erinnerte sich zwar überhaupt nicht mehr daran, gab das aber nicht zu. Unangenehme Erinnerungen unterdrückte sie ohnehin, und dies war eine. Sie fand es aber reizend, daß Artur der zärtlichen Stimmung von damals, einigen für ihn gewiß schönen Momenten, so viele Jahre danach wieder Anhänglichkeit bewahren wollte. Darum gewährte sie ihm jetzt den Milli-Tick, dem sie seine liebevolle Rätselhaftigkeit läßt. Sie sagt zu ihrer protestierenden Verwandtschaft, die nicht bereit ist, sich mit dem Namenswechsel abzufinden: Über Nacht ist er darauf verfallen. Aber ich verrat euch nicht, wieso. Das ist viel zu privat. – Artur besitzt übrigens keine Verwandtschaft mehr. Elisabeth beneidet ihn darum, denn obwohl alle ihre Familienangehörigen immer für sie und gegen Artur Partei ergreifen, kommt seine Position ihr doch günstiger vor.

Dieser angenehme Sonntag. Nach dem ruhigen Frühstück

war Artur auf die hinreißende Idee gekommen, ein bißchen rauszufahren. Elisabeth liebt Autofahren mit Artur. Umso mehr bei ihrem schummrigen Lieblingswetter. Sollte sie ein schlechtes Gewissen haben wegen Elfriede, einer Freundin, die ihren Besuch in Aussicht gestellt hatte, aber bekanntermaßen unzuverlässig war, sie schrieb, »es kann sein, daß ich auf der Durchfahrt von –« Unsinn, Milli, sagte Artur auf seine nette Art, mit der netten warmen Sonntagsstimme, die er nicht jeden Sonntag verwendet. Wenn sie vorhat zu erscheinen, soll sie definitiv Bescheid geben. Artur mag das Wort definitiv. Laß gut sein, Milli. Artur lächelte. Der Milli-Einfall war genial. Mit jeder Anrede seiner Frau konnte er an Milli Bechstein denken, zahllose gute heimliche Gelegenheiten, jetzt allerdings schon ein bißchen überholt. Und doch wars immer noch fast aufregend. Mach dich fertig, Milli, sagte er zu seiner Frau Elisabeth.

Sie sind dann also im Auto weggefahren. Sie haben seit einem Monat ein neues Auto. Es ist ihr geräumigstes, bisher. Den Eltern von Elisabeth Kreisand wurden bereits gemeinsame Sommerferien versprochen, eine Küstenfahrt mit kleinen Stationen, die belgische Küste hatte es dem Vater von Elisabeth angetan, er war vor fünfundvierzig Jahren dort gewesen und freute sich jetzt darauf, seiner Frau eine bestimmte Pension in De Panne zu zeigen. Sie würden in dem geräumigen Auto der Kreisands längs der ganzen Küste fahren, das Meer immer rechts. So war es geplant, die Mutter von Elisabeth säße rechts, auf der Meeresseite, sie hatte noch nie das Meer gesehen, nebenbei. Links ihr Mann, um alte Stätten wiederzuentdecken. Damit rechneten die Eltern von Elisabeth, die neulich mit einer Bekannten in der Schweiz telefoniert hat. Sie fragte an, ob deren Tessiner Häuschen wohl für drei Wochen im Sommer frei wäre und ob Artur und sie es mieten dürften? Das ließ sich gut arrangieren. Elisabeth bat abschließend ihre Bekannten um eine Gefälligkeit: sie möchte doch die Bestätigung dieser telefonischen Vereinbarung als Aufforderung brieflich formulieren. Etwa so: Liebste Kreisands, ihr dürft nicht nein sagen zu unserm ganz himmlischen Vorschlag, für drei Wochen in ein Paradies auf Erden zu übersiedeln, in unser bezauberndes Zwei-Personen-Idyll – etwas in der Richtung. Die Bekannte hat sich gewundert, aber Elisabeths Beteuerung geglaubt, wegen Artur müsse man sich so anstrengen. Er trenne sich nur überaus ungern von zu Haus und von seiner Arbeit. Hier hat sie allerdings nicht die Wahrheit gesagt. Artur liebt seinen Jahresurlaub über alles und jeder Feiertag ist ihm hochwillkommen. Er hat auch nichts gegen Betriebsunfälle, ärztliche Atteste, Sonderbeurlaubungen. Die Schwierigkeiten, denen Elisabeth entgegensah, bestanden darin, ihn vom Geplanten abzubringen. Er hat nun einmal gern definitive Sachen. Außerdem ist er gutmütig. Es tat ihm aufrichtig leid, seine Schwiegereltern zu enttäuschen. Aber das Auto würde geschont, und das paßte ihm sehr. Inzwischen denkt er längst mit Genugtuung an die Abänderung und das Tessin. Elisabeths Eltern wurden noch nicht informiert, obwohl der gewünschte Brief vorhanden ist, die Legitimation. Elisabeth weiß auch, daß, je länger sie zögert, der Schlag für die Eltern umso größer wird. Womit rechtfertigt sie sich, wenn sie mit sich allein die Angelegenheit durchnimmt? Das tut sie oft, sie hat absolut kein hartes Herz, Artur sagt manchmal »mir reichts« und meint damit nichts anderes als Elisabeths Innenleben. Sie rechtfertigt sich unter anderem mit einem merkwürdigen kleinen Druckgefühl an der linken Hüfte, wenn sie nachfühlt, meint sie, etwas Hartes zu spüren, nicht immer. Dann hat sie den Fleck entdeckt, an der Innenseite ihres rechten Oberarms. Sie findet, sie brauche Ruhe. Das wäre vielleicht etwas Ernstes. Sie hat in der letzten Zeit auch den Eindruck, als seien ihre Nerven nicht mehr ganz so gut wie früher. Sie besaß also durchaus ein Anrecht darauf, sich das dauernde Geplänkel zwischen ihren Eltern und ihrem Mann zu ersparen. Und von dem allen, was bloß sie betraf, ganz abgesehen: sie zweifelte doch sehr am Nutzen eines Klimawechsels für die alten Leute. Wie zum Beispiel würde das Herz ihrer Mutter mit seinen Schwierigkeiten bei

der Sauerstoffzufuhr auf die Meeresluft reagieren, man sprach ja nicht umsonst von Reizklima – und ihrem Vater ersparte sie den Kummer darüber, daß er in der Gegenwart nichts mehr von seiner Vergangenheit wiederfände. Trotzdem wird es Elisabeth diesen Sommer im Tessin nie ganz wohl sein. Die Eltern werden sich die Zeit mit ihrem Sammelsurium von Landkarten und Prospekten belgischer Badeorte vertreiben, Bernhard wird ihnen kleine Stadtpläne malen, denn sie werden Bernhard zu sich einladen, den kleinen Sohn von Elisabeths Schwester Susanne.
Bernhard stand unter dem Vordach der Haustür und winkte den Kreisands nach. Sie fuhren davon. Es regnete, aber unter dem Vordach wurde Bernhard nicht naß. Jetzt ist es Abend und Elisabeth sieht noch immer die kurze Abschiedsszene. Bernhard darf die letzten vier Tage seiner Osterferien bei den Kreisands, Onkel und Tante, verbringen. Als ob das so reizvoll wäre, dachte Elisabeth, als ihre Schwester Susanne den Vorschlag machte. Wir haben doch keine Kinder, ist das nicht langweilig für ihn? O, sagte Susanne, du weißt, er hat es gern mit Erwachsenen zu tun und ihr habt den schönen Garten und den Teich. Wirklich, er kommt auf seine Kosten bei euch. Daran dachte Elisabeth, als sie mit Artur an diesem netten erquicklichen Sonntag wegfuhr. Artur war nicht unfreundlich zu Kindern, aber auch nicht auf sie versessen. Deshalb hatte sie ihn gar nicht erst gefragt, ob man Bernhard eventuell mitnehmen solle. Bekam ihm das Autofahren überhaupt? Sie verwechselte das allerdings vielleicht. Hermännchen, dem Sohn ihres Bruders Theo, war dem nicht mal in Kreisands Auto schlecht geworden, so daß die Schonbezüge in Gefahr gerieten? Bernhard blieb also zu Haus, es war gut für Kinder, wenn man sie ab und zu ein bißchen zwang, sich allein zu beschäftigen. Immerhin bewiesen sie ihm Vertrauen, indem sie ihn allein bei ihren wertvollen Sachen ließen, auf Sockeln, Kaminvorsprüngen, Fensterbänken steht so manches gute Stück, dessen Wert ein Kind noch gar nicht ermessen kann, und wie leicht ist so was hin, dann unersetz-

lich. Daher hatte Elisabeth gedacht, es wäre gut, Bernhard irgendwie zu beschäftigen, damit er nicht erst auf dumme Gedanken käme, wie etwa, mit der assyrischen Keramik zu spielen oder die Totems zu befingern. Sie hatte auch mal gelesen, das Kind sehne sich nach Verantwortung, Beschäftigungstherapie hieß das Kapitel, an das Elisabeth sich kurz vor der Abfahrt mit Artur gottlob noch erinnerte, so daß sie also Bernhard auftrug, den Gerätekeller sauberzumachen und aufzuräumen. Er ist ja so ein kleiner Ordner und Tüftler, Bernhard.

Es ist Abend. Die Kreisands sitzen gemütlich in ihrem schönen gepflegten Wohnzimmer. Was für ein angenehmer Sonntag. Der Wein, den sie genießen, schmeckt nicht nur gut, er stammt auch aus einer exquisiten Lage und wird ihnen wohlbekommen. Er wurde dem Keller des Schwiegervaters entnommen. Artur selber besitzt nicht die Mittel, sich einen guten Weinkeller anzulegen. Man kann nicht alles haben, zum Beispiel den Kuriositäten-Tick und einen Weinkeller. Dafür, daß sie beide so treu und anhänglich fast jede zweite Woche zu den alten Leutchen hinübergehen – beinah immer mittwochs, seit sie herausgefunden haben, daß es eigentlich immer mittwochs nichts rechtes im Fernsehen gibt – für diese anderthalb bis zwei Stunden, Opfer an die Verwandtschaft, entschädigen sie sich mit der kleinen Extravaganz, Wein zu entwenden. Während Elisabeth bei ihren Eltern zu sitzen pflegt bis zum Abschied und Aufbruch, verläßt Artur das Zimmer etwas früher; über sein langes Ausbleiben wundert sich keiner. Wer Artur kennt, kennt auch seine Verdauungsbeschwerden. Abschließend betätigt Artur die Wasserspülung im WC, hat aber nicht dort, sondern im Weinkeller Erfolg gehabt.

Der Regen rauscht aufs Laub, die Kreisands haben ein bißchen geheizt. Bernhard liegt längst im Bett. Er hat den Keller großartig aufgeräumt und sich eine Belohnung wünschen dürfen. Damit hat es etwas Ärger gegeben, leider. Ausgerechnet eine bestimmte Sendung wollte er sehen. Fern-

sehen ist nichts für Kinder, meinen die Kreisands. Zweitens verdirbt es die Augen, möglicherweise, wenigstens die Augen Bernhards, die ohnehin schone eine Brille brauchen. Willst du noch dickere Gläser, sagte Artur zu ihm, willst du das, hm? Das sieht doch scheußlich aus, hör mal. Elisabeth hat das nicht besonders taktvoll gefunden. Bernhard bekam eine Tafel Schokolade zur Belohnung für den aufgeräumten Keller, die Kreisands hatten vor diesem vier-Tage-Besuch zwei Tafeln Schokolade angeschafft, schließlich rechneten sie mit kleinen Extras. Die zweite Tafel bekäme er, wenn er abgeholt würde, vor den Augen seiner Mutter.
Wieder füllt Artur die Gläser. Elfriede, die Freundin, ist tatsächlich dagewesen, Bernhard hat es berichtet. Dieser Film, auf den er so aus war, würde übrigens erst in einer Dreiviertelstunde beginnen. Jetzt drehen die Kreisands einstweilen den Apparat an. Sie haben alles immer gern so, wie sie es gewöhnt sind. Artur zum Beispiel stößt gern mal ein bißchen auf, es ist auch gut für ihn, in Anbetracht der Obstipation. Elisabeth liebt es, die Schuhe auszuziehen, zum Beispiel. Das sind so Kleinigkeiten, zusammengenommen fallen sie ins Gewicht. Sie sind gern so zu zweit, sie haben sich gut aneinander gewöhnt, im Verlauf von immerhin achtzehn Jahren gab es nur zwei schwere Delikte zwischen ihnen, Geschichten wie die mit Milli Bechstein wurden überhaupt nicht laut, wenn sie all die Geringfügigkeiten mitzählen würden, die geheim geblieben waren, kämen sie allerdings auf eine ansehnlichere Summe. Äußerst harmonisch, denkt Elisabeth, sie ist mittlerweile ein bißchen betrunken, das wird ihr aber gut bekommen; seit sie sich über fast nichts mehr aufzuregen hat, bekommt ihr beinah alles, außerdem wird sie nachher einen Kaffeelöffel Natron auf ein Glas Milch mit Honig nehmen, ihren Schlaftrunk. Sie denkt an die kleine böse Szene im Badezimmer vorhin, normalerweise ist sie weich, ein Mensch mit Innenleben, aber manchmal verspürt sie eine unabweisbare Lust zuzuschlagen. Artur, ich werde morgen die Eltern informieren, sagt sie, definitiv. Über was,

fragt Artur, der an das Postamt vier denkt und etwas zerstreut ist, seit ihm einfiel, daß er morgen dorthin muß. Über unsere veränderten Sommerpläne, sagt Elisabeth. Es tut ganz gut, betrübt zu sein, findet sie, der Wein ist vorzüglich, sie sagt: Die armen kleinen Eltern. Eigentlich fällt die Sommerferienangelegenheit ja gar nicht ins Gewicht. Die winzige Wohnung, in die ihre Eltern demnächst übersiedeln müßten, die ist eine Schande. Artur und Elisabeth haben zwar Platz für zwei weitere Personen, aber man soll ja nicht zu eng mit der Verwandtschaft zusammenleben, darüber sind sie sich einig. Elisabeth trinkt auf Arturs Wohl, stößt mit ihm an. Was denkst du, fragt sie, und er antwortet, daß er versuche zuzuhören und zuzusehen, es läuft eine Quizsendung, Artur denkt an das bläuliche Couvert, das er morgen in der Mittagspause in Empfang nehmen kann, er denkt an das säuberliche, entlegene Postamt vier, das seine Frau nie sehen wird, oder – Elisabeth beschäftigt sich wieder mit der Sache im Badezimmer mit Bernhard, der es ablehnte, sich auszuziehen so lang sie drin war, und sie bestand darauf, ihn persönlich zu waschen, sie zerrte an seinem Gürtel und schlug dann zu; jetzt hat sie in den Ohren ein Sirren, das kommt aber vom Wein. Oder ich fahre sie mal hin, ich fahre mal mit meiner Frau am Postamt vier vorbei, plant Artur, es wäre beinah so, als würde er ihr seine neue Geliebte selber vorführen. Er gießt Wein nach, sagt Milli zu Elisabeth, aber an die verjährte Milli zu denken, fällt ihm jetzt nicht im Traum ein, er sieht sich noch immer am Schalter für postlagernde Briefe, zusammen mit einigen andern trüben Gestalten; er aber hat kein schlechtes Gewissen. Er konstatiert: das ist etwas Schönes an meinem Charakter, ich kann tun was ich will, ich kriege kein schlechtes Gewissen. Alles kommt mir immer ganz normal vor. Elisabeth steht in diesem Moment auf, und er betrachtet sie gnädig, dank der nachdenklichen Verfassung des Sonntagabends. Bei aller Nachsicht kann er jedoch nicht umhin, sich das Vergnügen einer schöneren Vorstellung zu leisten: Irene-Schatz im schwarzen Unterrock. Wird der Regen stärker?

Hört sich fast so an. Was für ein erfreulicher Sonntag. Ich sehe nochmal nach Bernhard, sagt Elisabeth, sie ist erhitzt. Sie wird eine Tablette gegen Bauchweh einnehmen, obwohl sie das Klimakterium hinter sich hat. Sie hängt an dem besonderen Medikament wie an einer Jugenderinnerung. Sie betritt das dunkle Zimmer, in dem Bernhard schläft. Die Kreisands haben mit Absicht in ihrem weitläufigen Haus kein Gästezimmer etabliert. Bernhard muß mit einem durchlöcherten Divan im sogenannten Bügelkeller vorlieb nehmen. Kinder mögen so was ja, Provisorien, sie finden es abenteuerlich. Ihrer Schwester Susanne wird Elisabeth berichten: Ich habe immer nachts noch einmal nach ihm gesehen, ein schlafendes Kind ist rührend – etwas in der Art. Sie schaltet die Lampe ein, Arturs alte Bürolampe. Bernhard sieht ohne Brille wie ein alter Zwerg aus. Er hat geweint, um die Nase ist sein blasses Gesicht rötlich.

Artur stellt nicht fest, daß Elisabeth lang weg bleibt, sie verliert also bei der Rückkehr sofort das Gefühl, sich verteidigen zu müssen. Artur ist ganz vertieft in den Film, auf den Bernhard so scharf war. Elisabeth sieht auch zu. Nichts für Kinder. Die Kreisands wissen, daß es Leute gibt, die in derartigen Fragen nachlässig sind. Obwohl kinderlos, lieben sie Diskussionen um Probleme der Kindererziehung und haben da ganz feste Vorstellungen.

Gibts noch einen Schluck, Artur? Ja, es gibt noch einen. Dann ins Bett. Sie haben beschlossen, den Film nicht mehr bis zum Ende anzusehen, Schlaf ist wichtiger. Zärtlichkeiten und dergleichen sind nicht mehr bei ihnen zu erwarten. Elisabeth hat nie sehr viel davon gehalten und fühlt sich jetzt so ziemlich außer Gefahr. Artur gegenüber hat sie sich aber all die Jahre nichts anmerken lassen, stoisch brachte sie ihre immer selteneren Opfer. Gut: auch das hat man überwunden. Auch für Artur gut, meint Elisabeth, so lang er so früh aufstehen muß. Der gute Artur, so sensibel und gar nicht der leidenschaftliche Typ. Er versucht immer noch, sich daran zu erinnern, ob Irene-Schatz eine Blinddarmnarbe hat, oder etwa seine Frau.

Deutlich sieht er die Narbe, er könnte sie zeichnen, aber auf wessen Bauch?
Das ist jetzt vorbei. Sie haben einen kurzen unangenehmen Sturm hinter sich, die Kreisands, er stand überhaupt nicht auf dem Programm. Artur, der Narbe nachsinnend, vergaß, den Apparat abzuschalten und starrte weiter hin. Plötzlich wußte Elisabeth vor Unruhe nicht mehr aus noch ein. Sie fand den ganzen harmonischen Sonntag auf einmal gemein und ekelhaft. Sie lief zwischen ihren schönen Sachen auf und ab, im Barockspiegel sah sie ein niederträchtiges Gesicht: Ihr eigenes. Die verstoßenen Eltern, die versetzte Freundin, Bernhardchen. Schlimm war daran, daß es dabei bliebe. Sie konnte bloß bereuen, sonst nichts.
Dann aber war ihr, wenigstens für diesen späten Abend, eine Rettung eingefallen. Es bekommt ihr nämlich immer sehr schlecht, wenn sie in einer solchen Gemütsverfassung ins Bett geht. Sie schläft dann nur unruhig und wacht morgens mit Beschwerden auf, wie nach einem Gelage. Sie lief, von Artur nicht zurückgehalten, hinunter in den Bügelkeller, diesmal weckte sie ihren Neffen. Sie hat ihn aus dem Bettzeug gezerrt, die Kellertreppe raufgeschubst, unterwegs abgeküßt, dann im Wohnzimmer auf einen Sessel plaziert. Da, mein Liebling, sieh dir deinen Film an, rief sie ihm zu. Aber Bernhard, ohne Brille, hatte keine Lust mehr und der Film würde auch in einer Viertelstunde aufhören. Kurzum: Bernhard beleidigte Elisabeth, indem er sich schweigend wieder davonmachte.
Artur wirkte zwar noch vergrübelt, aber später im Bett bemühte er sich um Elisabeth. Wie lang hatte er sie nicht mehr in die Arme genommen? In dieser Nacht mutete er sich das zu. Elisabeth ist noch immer sehr gerührt darüber, aber auch nicht weniger schockiert. Falls das der Anfang einer neuen Ära sein sollte, so lehnte sie ihn ab. Wie werde ich Artur wieder los? Darüber brütete sie, während Artur uralte Erinnerungen wieder wahrmachte, wobei er angestrengt überlegte: Wie höre ich auf, so bald ich über die Narbe Bescheid weiß?

Elisabeth liegt jetzt verhältnismäßig ruhig in ihrem Bett. Und schliefe Artur nicht schon, so würde er schmunzeln, noch immer über Elisabeths Beistand. Elisabeth hatte, um sich zu befreien, geflüstert: Bitte sei vorsichtig, Artur, rechts tuts mir manchmal weh, vielleicht der Blinddarm. Wenn ihr was weh tat, dann war das links. Um das zu erörtern, war es aber in dieser Nacht zu spät. Vor dem Einschlafen erinnerte Artur sich jetzt an die hübsche Geografie um die Narbe herum, es wäre gar nicht Irene, ohne Narbe. Es fiel ihm sogar noch ein, daß Milli ebenfalls eine Narbe besessen hatte, aber am Schlüsselbein. So sickerte zuguterletzt noch das lustige Geheimnis mit dem Milli-Trick in sein müdes Bewußtsein, der nette kleine Betrug. Er trieb einer erfreulichen Nachtruhe entgegen, das stand fest.
Auch Elisabeth wird allmählich immer schläfriger. Viel Einfluß auf ihren jetzt ganz friedlichen Puls hat der Einfall, den Eltern morgen, wenn sie die Sommerferiengeschichte endlich klärt, zum Trost den »Neger« mitzubringen. Der Neger ist eine wertvolle afrikanische Holzplastik, ein Fruchtbarkeitssymbol, die Kreisands konnten ihn äußerst billig von einem befreundeten ruinierten Sammler erwerben. Viel hatten sie sich allerdings nie aus dieser Rarität gemacht, sie war ihnen ein bißchen zu unanständig. Dies Trostgeschenk erschiene als Opfer, während Artur ihr sogar einen Belohnungskuß geben würde, weil sie es endlich aus dem Haus geschafft hatte; unter ihren Bekannten und Freunden gab es nämlich welche, die den Neger manchmal für anzügliche Bemerkungen mißbrauchten.
Wie beruhigend wirkt sich doch immer eine gute Tat aus, wie frei läßt sie atmen. Elisabeth ist sicher, daß sie jetzt auch kein rotes Gesicht mehr hat. Aufseufzend begibt sie sich in ihre Schlaflage. Es ist harmonisch in ihrem Schlafzimmer, zwei Türen weg von Arturs Schlafzimmer: mit den besten Ohren der Welt könnte sie ihn hier nicht schnarchen hören.

Wenn der Wolf geht

Wir sind noch immer beunruhigt und schockiert, meine Schwester Verena und ich, seit vergangenen Sonntag. Wir sind auch gekränkt, wirklich, und mit Recht, wie wir glauben. Er hat uns die ganze letzte Woche verdorben, vom Sonntagabend rede ich schon gar nicht, der war völlig verpatzt, ging in Zorn vorbei und in schlechten Schlaf über. Dabei ist unsere Lebenszeit doch kostbar genug. Seit wir übers Ende der Dreißig hinaus sind, sagen wir uns das oft, wir haben uns vorgenommen, jedem Tag die kleinen Freuden zu entnehmen, die er bietet, und er hat immer welche zu bieten, wenigstens Leuten, die so aufpassen wie Verena und ich, à la Horaz, erste Ode, Vers elf, Zeile acht. Am Sonntagabend kam Karl etwas verspätet zum Heizen, das passiert sonntags öfter, aber wir sagen nichts, das heißt: nichts mehr. Verena meint, es sei klüger, Karl nicht zu fest an die Zügel zu nehmen. Wir lebten in einer Zeit, sagte sie, die dem Arbeitseifer nicht gerade hold sei. Von Idealismus wolle sie ganz schweigen. Kurzum: wir müßten dankbar sein, daß Karl überhaupt noch sonntags zum Heizen erscheine. Wir schlafen doch so gern lang, wir beide. Und verdienen uns das auch, die lange Woche über. Verena arbeitet beim Museum, nun im Archiv der archäologischen Abteilung. Gerade an jenem Sonntag, den Karl uns verdorben hat, wollten wir ihr Aufrücken in eine höhere Gehaltsklasse feiern. Nichts zu machen, unsere Stimmung war hin. Ich selber bin seit Jahren Studienrätin, wir haben also unser Auskommen, besonders, da wir zusammenleben, aber immerhin müssen wir unser kleines Haus verwalten, das Vermächtnis unseres Vaters. Damit nicht genug: jeden Monat geht ein erheblicher Betrag ans Altersheim Waldfriede, denn das, was unser Vater unserer Mutter hinterließ, reicht allein nicht aus. Altersheime sind unerhört teuer, dabei essen die alten Leutchen kaum noch was. Das trifft allerdings nicht auf unsere Mutter zu. Sie bekam im Alter einen geradezu unschicklichen Appetit und hat ja auch sonst

nicht mehr viel Spaß auf der Welt, so nett sie es ihr im Waldfrieden machen. Bei dem Preis kein Opfer.
Ich wollte aber vom frühen Aufstehen sprechen, Verena und ich, wir zwei Langschläferinnen, leiden darunter von Montag bis Samstag. Wir sind noch nicht in den fragwürdigen Vorzug der Fünf-Tage-Woche gekommen. Es wird ja heut wirklich kaum noch etwas gearbeitet, vor allem: der Antrieb fehlt. Einsatzfreude ist jetzt ein Wort aus einer toten Sprache, ein leeres Wort für meine Schülerinnen. Karl aber hielten wir seither für anders als die meisten jungen Leute. Freiwillig schien er abseits zu stehen, nicht nur aus jenen gewissen Gründen, von denen ich noch spreche und die ihn selbstverständlich sowieso isolieren. Karl war ein Anachronismus, seither. Wer verfügt schon heute noch über eine Art Hausknecht? Er schließt unser Gartentürchen auf, bringt die Brötchen, tritt ins Haus ein und legt Brötchen und Zeitungen auf die Kommode, dann, falls wir Winter haben, schürt er unser Feuer, entschlackt den Heizkessel zweimal in der Woche – und so weiter, danach kommen die übrigen, variablen Aufträge. Wir beweisen ihm ja auch ein gehöriges Vertrauen, indem wir, in der ersten Etage noch schlafend, ihn im unteren Haus schon herumwirtschaften lassen. Wertgegenstände bewahren wir zwar in unsern oberen Gemächern auf, jede in ihrem Schlafzimmer. Aber trotzdem. Mittwochs zum Beispiel hat er bis gegen neun da unten freie Hand. Das ist Verenas Haushaltsvormittag und ich habe erst die dritte Stunde. Übrigens eine erfreuliche Nachricht in all dem Ärger: mein neuer Stundenplan wird besser aussehen. Ich habe mir bei der Direktorin ausbedungen, nur noch zweimal pro Woche zur ersten Stunde erscheinen zu müssen. Ich sehe nicht ein, warum nur die Herren Gebhard, Becker und Anssmann ewig die einzigen sein sollen, die erst mit der zweiten oder dritten Stunde zu beginnen brauchen. Allerdings führen die ihre längere Anfahrt an. Sie wohnen außerhalb. Wenn schon. Mir will der Verdacht nicht aus dem Sinn, unsere Direktorin bevorzuge die männlichen Kollegen der

Anstalt. Nicht eben eine gute Führungseigenschaft.
Noch immer habe ich die paar einfachen, und doch so folgenschweren Sätze Karls im Ohr, mein Gehör bewahrt sie mir auf. Er läßt es an Dankbarkeit fehlen, Karl. Und das enttäuscht uns so. Diese seelische Konsequenz seiner Ankündigung wiegt vielleicht noch schwerer als der Unwille angesichts der vielen Arbeit, die sie uns aufhalsen will. Wenn ich nur an den schweren Ascheneimer denke, fällt mir mein Leistenbruch wieder ein, mit dem ich auf die Welt kam. Verena wird die körperlich schweren Arbeiten übernehmen müssen, obwohl auch sie keineswegs Berserkerkräfte ihr eigen nennt. Tut mir leid. Ich kanns einfach nicht. Sorry. Gottlob muß man unter Schwestern nicht erst ärztliche Atteste beschaffen, eher derartige Entscheidungen getroffen werden. Darüber hinaus besitzt meine immer blasse Gesichtsfarbe für Verena Beweiskraft genug. Sie ist rührend besorgt um mich, die Gute. Mir fehlt nichts. Sie ist aber nicht davon abzubringen, zum Beispiel das Bettenmachen und die Kocherei zu übernehmen. Hausputz und Einkaufen hat seither Karl erledigt. Nun verdiene ich ja auch mehr als Verena, die allerdings an meßbaren Arbeitsstunden auf eine höhere Zahl kommt. Die Arbeitszeit eines Lehrers läßt sich nicht auf die Minute genau berechnen. Ich frage mich allen Ernstes: wann bin ich schon einmal ganz außer Dienst? Gehen mir nicht die Sorgen eines Schulvormittags, die Probleme wissenschaftlicher und pädagogischer Art, bis zum Einschlafen durch den Kopf? So ist es. Während Verenas Tätigkeit doch mehr schematischer Natur ist, ich meine, sie hält die Seele frei und schont das Privatleben. Es kommt uns so ungerecht vor, die Sache mit Karl. Haben wir uns nicht um ihn gekümmert wie um einen – haben wir uns nicht Werweißwie um ihn gekümmert? Gar nicht selten sah ich oben auf dem Heizkessel, während meiner wöchentlichen Inspektionsrundgänge durch den Keller, kleine Arrangements für ihn stehen. Von Verena, sie ist die gefühlvollere von uns beiden. An winterlichen Feiertagen zumal: da ging sie so weit, Tannenzweige für ihn

auszulegen, bespickt mit Kerzenstummeln. Obwohl er natürlich offizielle Geschenke von uns erhielt, zu Weihnachten das obligatorische Hemd aus Baumwolle, meistens kariert und grünlich, praktisch für jemand, der mit den Händen arbeitet und sich leicht schmutzig macht. Verena stellte aber auch ohne festliche Anlässe Sachen für Karl hin, im Sommer auf die Kommode, den Platz für die Zeitungen und die Brötchen. Ich fand ihre Geschenke dort nur zufällig, normalerweise betrat ich den unteren Flur ja erst lang nach Karl. Mal ein Fläschchen Bier, mal ein Glas Gelee. Regelmäßig erhielt er sowieso unsere Illustrierten, eine Woche, nachdem er sie uns gebracht hatte. Das alles wird er vermissen in seiner neuen Stelle, das heißt, wenn man sie ihm überhaupt gibt. Er ist ja reichlich behindert. Ich rede jetzt von den vorhin angedeuteten gewissen Gründen, die ihn außerhalb der Gesellschaft anderer junger Leute stellen. Da ist einmal sein Palatum fissum, sein Wolfsrachen. Er kann nur mühsam sprechen, nur das Nötigste, und vor Schüchternheit verschweigt er meistens auch das. Im Ernst, es hört sich schauerlich an. Die Kinder hier in der Nachbarschaft fürchten sich vor Karl. Als Kinder haben auch wir immer gerufen: Wenn der Wolf kommt, dann lauf ich! Wie Kinder so sind.

Warum zeigt Karl sich jetzt treulos, wo er hätte anhänglich sein sollen? Nun, ein Bruch mit der Tradition rächt sich immer, lieber Karl. Und das glaube mir, du hast mehr dabei zu verlieren als wir. Wir sind zu zweit, eine stärkt die andere, ich habe Verena, die mir besorgt und ehrfurchtsvoll zugetan ist. Ich möchte wissen, ob du im Ernst glaubst, daß mehr Geld dich froh macht? Verenas kleine Zuwendungen, die du nicht mehr benötigen wirst, sie werden dir dennoch fehlen.

Zweitens: Karl ist nicht der Klügste. Hier, für die niedrigeren Arbeiten innerhalb unseres Haushalts, genügten seine geistigen Gaben, die ich neulich habe messen lassen. Unsere Freundin, Doktor Ilse Schneider, arbeitet als Diplompsychologin am Gesundheitsamt. Sie gab sich alle Mühe mit dem guten Karl, sie zwiebelte ihn mit einem regelrechten Intelligenztest, ohne Honorar aus Sympathie für die Familie, wie sie sagte, wozu sie lachte, die Angelegenheit war aber eher betrüblich. Karls sehr niedriger Intelligenzquotient hat selbst uns, die wir ihn so gut kennen, überrascht und erschreckt. Es macht vielleicht die Gewöhnung an ihn, daß wir so reagieren. Denn schließlich können wir uns auf keine Zeit mehr besinnen, da er uns nicht in Haus und Garten gedient hat. Sein ehemaliges Kellerzimmer ja, er wohnte früher im Haus, zu Lebzeiten des Vaters und vor der Übersiedlung unserer Mutter ins Waldfriede – diese sogar tapezierte und heizbare Räumlichkeit haben wir Schwestern dringend als Fotolabor gebraucht. Es war vorher immer so lästig, den ganzen Kram erst aufzubauen und das einzige Wohnzimmer, das wir besitzen, als Dunkelkammer einzurichten. Da entschloß man sich nur schwer zu einer Sache, die doch nichts als Freude und Entspannung gewährt, und das war ein Fehler, der korrigiert werden mußte. Ich wiederhole, in unserem Lebensprogramm steht das Motto: carpe diem. Man mag das albern finden oder nicht: Fotografieren und was dazu gehört ist nun mal unsere Art, Horaz auszulegen. Nebenbei: keine selbstsüchtige. Im gesamten Bekanntenkreis weiß man unsere Dia-Abende zu schätzen. Keine Reise, an der wir nicht unsere Freunde teilnehmen ließen, durch die Bilder. Alle sind des Lobes voll, besonders die Serien »Mosaik in Ravenna«, »Attische Tempel«, »Ein Spaziergang durch die Antike« und »Zu Gast bei Buonaparte« fanden Anklang. Wir zeigen die Aufnahmen nicht nur hier im Haus, Karl transportiert den Projektor und die Leinwand samt Ständer mit seinem gummibereiften zweirädrigen Handwägelchen durch die ganze Stadt, überall dahin, wo wir Bekannte haben. Das erinnert mich an eine etwas häßliche Kleinigkeit, neulich bei Schellbergers. Karl hatte gerade alles gut plaziert. Er war im Begriff zu gehen. Der Abend »In Florenz, auf Dantes Spuren« stand bevor und ich sagte zu Karl: »Also, in drei Stunden, und komm nicht zu spät.« Pünktlich ist er nämlich nicht gerade. Da fing Frau Schellberger an. Karl brauche doch die Sachen am Abend nicht mehr abzuholen. Darauf gingen wir nicht ein. Ich vor allem mag es nicht, wenn unsere Besitztümer die Nacht außer Hause verbringen. Kein Wunder, daß ich mehr an den Fotosachen hänge, denn Verena – nun, sie leistet beim Fotografieren nur Hilfsdienste. Ich erwähne das kaum je vor Dritten, die es allerdings doch wohl wissen, merkwürdigerweise spricht manches sich einfach herum und man weiß selber nicht, wer es aufgebracht hat. Da also das Angebot nicht verfing, unterstützte es Herr Schellberger. Und er übertrieb gleich. Warum Karl nicht die drei Stunden da bliebe und zusähe? Falls ihn das nicht langweile, denn sicher kenne er die Bilder längst auswendig. Karl kennt keins der Bilder. Wozu sie ihm zeigen? Ich verweise bloß auf den beschämenden Intelligenzquotienten. Doch immerhin: er besitzt Takt. Vor der Haustür der Schellbergers sah er Verena und mich an, während er Dank und Ablehnung stammelte. Er wollte lieber wie gewöhnlich die Wartezeit mit Spaziergängen durchs Viertel zubringen. Na also. Über solche Vorfälle werden wir uns ja nun in Zukunft nicht mehr den Kopf zerbrechen müssen. So hat doch alles sein Gutes. Wie allerdings sollen wir demnächst unseren weit über die Stadt verstreuten Freunden die neusten Serien »O mia bella Napoli« und »Historische Stätten in Rom« vorführen? Wir besitzen kein Auto, keine von uns kann fahren, ebensowenig aber bin ich bereit zuzulassen, daß Verena, wie sie anbot, hinfort Karls Handwägelchen schiebt. Und sämtliche Dia-Abende in unser Heim verlegen? Das käme uns ziemlich teuer zu stehen, obwohl unsere Gäste sich nie mit leeren Händen einfinden. Trotzdem, wenn man nachrechnet, stellt sich klar heraus, daß der Gastgeber doch immer den Kürzeren zieht.

Wenn der Wolf kommt, dann lauf ich. Jetzt ist es umgekehrt. Der Wolf geht, wir laufen ihm nach. Ich habe vorhin noch einmal Verena zu beruhigen versucht. Sie hat sogar geweint. Nur wegen der zusätzlichen Arbeitslast, die ihr nach Karls Abschied blühte, konnte sie wohl kaum in diesen Zustand geraten sein. Tatsächlich: da nuschelte sie von Tränen weggeschwemmte Sätze über ihr schlechtes Gewissen, Unrecht an Karl, Versöhnung. Wir sollten ihm ein neues und diesmal redliches Angebot machen, schlug sie etwas später mit fester Stimme vor, ich hatte sie streng zurechtgewiesen und sie war dadurch nicht zur Vernunft gekommen, aber gefaßt. »Wir sollten ihn besser bezahlen«, sagte sie, »und ihn fragen, ob er sein altes Zimmer wieder will.« Nun, sie machte derlei Vorschläge. Wozu alle aufzählen. Karl wohnt, seit er hier auszog, in einem an Quadratmetern nicht kleineren Zimmer, das nicht einmal im Keller liegt, dafür allerdings unheizbar ist. Bei dem geringen Wohnraum kommt er ja aber gut mit unserem alten elektrischen Heizöfchen aus, wir haben es ihm sogar geschenkt. Das Zimmer organisierten wir ihm in der Nachbarschaft, er hat keinen weiten Weg zu uns, auch nicht zum Bäcker, von dem wir die Morgenbrötchen beziehen. Ja: es war alles so ausgezeichnet eingerichtet. Es ist so wichtig, den Alltag bis zu seiner Unauffälligkeit zu planen. Das läßt Zeit fürs wahre Leben, immer im Sinn unseres Leitmotivs »Nütze den Tag«.

Ich habe mich von Verena für diese Nacht verabschiedet, morgen ist Montag, wir werden früh aufstehen müssen, aber noch wird alles sein wie immer: die Brötchen und die Zeitungen werden bereitliegen, die Heizung wird schon wärmen. Dreierlei werde ich morgen tun, schweren Herzens, zugegeben. Ich gehe zunächst zum Pfarrer, bei dem Karl sich um den Kirchendienerposten bemüht. Ich zeige ihm das amtlich beglaubigte Zeugnis von Doktor Schneider. Dem füge ich einige persönliche Erfahrungen im Umgang mit Karl hinzu. Dann werde ich eine Unterredung mit Karl selber arrangieren. Wo sollen wir uns dazu treffen? Vielleicht am besten hier bei uns, auf der Diele. Der Anblick unseres Wohnzimmers könnte ihn vielleicht neidisch stimmen. Wir haben es uns da so richtig behaglich gemacht, zwei Frauen zusammen, das gibt immer, was ich Wohnatmosphäre nenne. Im Wohnzimmer besorgen wir das Putzen selber, die Sachen sind zu schade für gröbere Behandlung. Verena wird uns auf der Diele nicht stören, sie hat Dienst bis halb sechs. »Karl, jetzt paß mal auf«, höre ich mich jetzt schon. Wert muß ich auf eine ganz ruhige Stimme liegen, auf diese besondere Altstimme, mit der ich mir in derartigen Fällen zu helfen weiß und die bei Verena »Obertertia-Stimme« heißt, einfach, weil ich sie in dieser Klasse mit der schwierigsten Altersstufe oft gebrauche: ich mache das Verena manchmal abends vor, die Liebe, sie braucht immer jemanden, den sie bewundern kann, mich also. »Karl, hör zu, wir wollen dein Bestes. Uns zu verlassen, wird dich nicht froh machen.« Und so weiter. Dann auch die finanzielle Seite der Angelegenheit, gewiß, ich werde ihm regelmäßige Zahlungen versprechen. Das mit dem Kellerzimmer muß ich mir noch überlegen. Könnte sein, daß ich auch noch dazu ja sagen werde. Es gab schon hundertmal Ärger, wenn man Karl nicht fand und doch gerade dringend für irgendwas brauchte. Der entfiele. Man hätte Karl besser unter Kontrolle. Dennoch, ihn im Haus zu haben, bietet nicht nur Vorteile. Ich denke allein an die Frage der sanitären Anlagen. Man hat sich so daran gewöhnt, nur unter Frauen zu sein. »Über die Zimmerfrage reden wir noch«, werde ich sagen. »Warum hast du dich uns nie anvertraut, Karl? Von deiner Unzufriedenheit haben wir nichts geahnt. Ich hätte dir gern rechtzeitig verraten, daß, wer die materiellen Güter überschätzt, am Ende nichts gewinnt.« Er wird beeindruckt sein. Zum Abschluß denke ich mir etwa folgendes, nun mit fast schon aufmunterndem Ton: »Laß dir alles nochmal durch den Kopf gehen. Und vergiß nicht: was würden deine Eltern denn zu diesem Bruch mit der Vergangenheit sagen. Willst du?« Und damit ist Karl entlassen. Zuletzt, als Dritte, kommt meine Schwester dran. Verena kehrt vom Museum zurück, mich findet sie über Aufsatzkorrekturen, ich bin blaß, ich lächle ihr zu, ich folge ihr in die Küche, wo sie Teewasser aufsetzt, ich sage: »Mit meiner Arbeit für die Schule bin ich heut ziemlich ins Hintertreffen geraten. Weißt du, Verena-Schatz, ich konnte nicht anders, ich habe mit Karl reden müssen. Wir waren lang zusammen.« Ich fahre in meinem

Bericht fort, schon aber sieht Verena mich strahlend an, läßt die Arbeit im Stich, hängt an meinen Lippen, wie man sagt. »Und das mit dem Kellerzimmer, das müssen wir beide noch durchdenken«, sage ich. Schließlich spreche ich mit der Oberstufenstimme, wie zu jungen Menschen auf der Schwelle zum Erwachsensein, ich bin ihre große Schwester. »Karl verdient unser Mitgefühl. Er hat nicht viel Grips, aber ein gutes Herz.« Ich mache eine kleine wirksame Pause, bevor ich zum Ende komme, mit dem Satz: »Und schließlich ist er ja unser Bruder.«

November paßt

Ihr bekommt wieder Verspätung, sagte meine Mutter, aber wie immer war auch sie daran schuld. Kannst du die Eier nicht einwickeln, fragte mein Vater. Sie müssen doch erst abkühlen, sagte meine Mutter. Papier lag schon bereit, alte Postwurfsendungen, die mein Vater empört zu retten versuchte. Hinter uns in der Küchentür spendete Schwester Bauer diesem gewohnten Theater Beifall, sie lachte noch lauter, als mein Vater rief: Was seh ich? Schwester Bauer pünktlich? Sie versprach ihm, nächste Woche wieder zu spät zu kommen. Seit Monaten benutzt sie ihre freien Tage dazu, uns zu begleiten. Vielleicht genießt sie die Autofahrt – aber wir nehmen ja immer dieselbe Route. Meine Eltern finden Schwester Bauers Anhänglichkeit nett und auch normal. Meine Mutter kommt seit den ersten Fahrten nicht mehr mit, also seit März.

Herr Gerber, der Chauffeur, saß längst am Steuer. Die Haustür stand offen. Meine Mutter schärfte meinem Vater ein, für ihn seien die in bläuliches Papier gewickelten Brote. Er kramte in seiner Mappe und über seinen Schädel weg sah meine Mutter plötzlich mich beinah streng an. Ich erschrak – sie aber wollte gar nicht zuguterletzt noch über Philip reden, es waren die besonderen Brote für ihren Mann, die sie beschäftigten. Bitte, nimm dich dessen an, sagte sie. Ihr Gesicht kam mir nah, das Gesicht mit dicker Haut, die daran schuld ist, daß man meiner Mutter ihren viel zu hohen Blutdruck nicht glaubt.

Schwester Bauer war vergnügt wie immer, sie hatte auch wieder einen leichten Schnupfen. Der ist manchmal Gegenstand gereizter Auseinandersetzungen zwischen meinen Eltern. Meiner Mutter fällt es leicht, andere Leute zu bemitleiden. Dagegen behauptet mein Vater, die meisten Krankenschwestern simulierten. Schwester Bauer pflegt erst kurz vor unserer Ankunft im Bethaniengelände mit gütig erschlafftem Ausdruck fast feierlich zu werden. Ich kann mir, wann ich nur will, ihren dann fälligen Händedruck vorstellen, ihre Haut ist aufgerauht, weil sie niemals Handschuhe trägt und Cremes verachtet. Meine Mutter höhnt: Findet sie solche Hände etwa schön? Aber es bleibt bei ihrer zuverlässigen Freundschaft für Schwester Bauer. Sie ziehen oft übereinander her, alle drei, doch das hat nichts zu sagen. Philip und ich hingegen, wir haben einen andern Groll erfunden. Allerdings glaube ich, uns fällt es nicht halb so leicht wie diesen älteren Leuten, mit des anderen Tod zu rechnen.

Ich sitze immer mit Schwester Bauer zusammen im Fond, und so war es auch heute. Schon fummelte sie im Reisegepäck, schon wieder hungrig. Ihr Frühstück in den Städtischen Krankenanstalten lag ihr lang genug zurück. Meine Mutter reichte, gerade ehe Schwester Bauer sich Käse ohne Brot hatte heimlich in den Mund schieben können, eine Tüte mit Süßigkeiten durchs Fenster, wortlos, ihr Gruß an Philip. Mein Vater kam als letzter, räumte seine Mappe ein und verließ uns dann noch einmal; auf die Unruhe vor den Abfahrten gibt sein Verdauungstrakt immer die gleiche Antwort, und meine Mutter und Schwester Bauer beneiden meinen Vater, reden auch jetzt vielleicht über Laxative und Kurpflaumen.

Ich finde die Strecke immer wieder reizvoll. Schwester Bauer schläft, bevor wir noch die Stadt verlassen haben. Mein Vater stöhnt häufig vor sich hin, um Herrn Gerbers Fahrweise zu kritisieren. Ich schloß wieder kein einziges Mal die Augen. Mein Vater sagte vor roten Ampeln Achtung zu Herrn Gerber und las Geschwindigkeitsbegrenzungen vor. Zwischendurch fand er noch Zeit, über Schwester Bauers Schlaf zu spotten. Sie verfügt über eine eiserne Gesundheit, sagte er. Sein Ausdruck war verdrossen, er vermißte den Protest meiner Mutter. Ich blickte auf Herrn Gerbers beigen, mit den Jahren pummliger werdenden Nacken und überlegte ein Kompliment, während mein Vater bei einem Stopschild Stop rief. Ich erinnerte ihn daran, daß er sich auf dem Todessitz befinde. Sprich dein Gebet, sagte ich und mißfiel meinem Vater. Ich sagte etwas Lobendes über Herrn Gerbers neuen Haarschnitt. Er nahm die linke, weich aussehende Hand vom Steuer, strich den Hinterkopf abwärts, und ich sah seine nicht kurz gehaltenen Fingernägel, auch den Siegelring mit der familiären Gravierung, für die nur er sich erwärmt. Mein Vater bemerkte, er sehe nichts neues an dieser Frisur, verstände aber auch nicht das Geringste davon. Er sagt den Satz gern: Ich verstehe nicht das Geringste davon. Er meint dann Dinge, aus denen er sich nichts macht. Zum Beispiel die Scherereien von Schwester Bauer mit Ärzten und andern Schwestern.

Die Gegend wurde flacher und mir lieber. Ich dachte daran, daß ich im Verlauf der letzten Monate ruhiger geworden bin. Es macht mir nicht mehr so viel aus, ich nehme es an.

Obwohl wir zwischen eins und halb zwei wie eh und je den geringfügigen Umweg machen würden, um im Restaurant Waldschlößchen zu Mittag zu essen, packte doch wieder gegen halb zwei Schwester Bauer, zu diesem Zweck erwacht, unterhalb Breitstein den Proviantbeutel aus. Im Schlaf war der Schnupfen hart geworden, sie atmete pfeifend auf die Eier, die sie für uns alle schälte, zwei für meinen Vater. Herr Gerber lehnte wie gewöhnlich jede Beteiligung an unserem Essen ab. Mein Vater bekam die Brote in bläulichem Papier, er aber wollte überhaupt kein Brot, sondern noch ein Ei, und

er stöhnte beleidigt, denn wie üblich war kein drittes für ihn da. Machen Sie sich denn was aus Eiern, fragte er Schwester Bauer, die Eiweiß und Dotter abbiß, wobei gelbe Krümel verlorengingen. Und wie, sagte sie. Mein Vater schüttelte den Kopf, als könne er so viel Torheit nicht begreifen.
Im Waldschlößchen habe ich mir Pfeffersteak bestellt, daran bin ich gewöhnt, mein Vater und Schwester Bauer haben sich gekochten Seelachs bestellt, sie essen meistens Fisch, mein Vater nimmt es Schwester Bauer übel, daß sie auf Fisch versessen ist wie er; Herr Gerber blieb im Auto. Es war ganz nett und erfreulich, schöner Ausblick, mein Vater und Schwester Bauer fühlten sich wohl bis auf die Sorge um ihre Fischportionen, auf einer Platte unübersichtlich. Vom Bethanien haben wir nicht geredet, die beiden haben auch wohl ans Bethanien nicht gedacht.
Wir bekamen dann Regen, später Schneeregen. Gemütlich im Auto. An Hochdrucktagen führe ich ungern. November paßt. Ich habe nun von Philip geredet, einschlafend sagte Schwester Bauer, es sei ein gutes Zeichen, daß er – ich habe es vergessen. Sie sehen in allem gute Zeichen. K. Schneiders Abhandlungen über freisteigende Gefühle, sagte ich – Lies doch so Zeug nicht, sagte mein Vater. Wir trafen wieder erst gegen halb vier im Bethaniengelände ein. Philip gegenüber unsere Verspätungen durch Picknick und Mittagessen zu verteidigen, ist nicht leicht für mich. Auch heute stiegen mein Vater und Schwester Bauer am Portal aus, sie waren beim Abschied rasch zeremoniell. Herr Gerber brachte mich bis zum Eingang des Hauptgebäudes, wo er wenden kann, wo Philip wartete, fuhr dann zurück und nahm am Portal die beiden wieder auf. Winken gehört dazu. Das Auto verschwand in Richtung auf die Stadt, in der ich mir die Straßen ihrer Rundgänge vorstellen kann, auch das Restaurant Stadtring, in dem sie einen kleinen Imbiß nehmen, ehe sie mich wieder abholen; mein Vater bezahlt, nachdem er mehrmals deutlich gesagt hat: Ich lade Sie ein, schon gut – Schwester Bauer aber hat überhaupt nicht nach ihrem Portemonnaie

gekramt, und mein Vater wird demnächst meiner Mutter gegenüber wiederholen, daß, wenn man ihn frage, Schwester Bauer geizig sei. Sie kehren zum Auto zurück, mein Vater findet die Wärme darin übertrieben, Herr Gerber hat sich also wieder die Batterieheizung angestellt, und es ist kurz nach sechs, wenn sie das Bethanien erreichen. Warum holen sie dich so früh ab, fragte auch heute wieder Philip. Laß sie, sage ich, es sind ältere Leute, sie wollen nach Haus, du mußt das einsehen.

Er muß vielleicht etwas zu viel einsehen. Das stört die Therapie. Ausführlichere Besuche würden ihn schneller wieder auf die Beine stellen, aber wer weiß das genau. Man soll bei diesen Fällen nichts forcieren, und schon gar nicht kann man erwarten, daß einer im November gesund wird, es ist nicht der Monat dafür, sagte der Arzt. Seit mein Vater und Schwester Bauer am Portal zurückbleiben, erkennt Philip sie überhaupt nur dank der weiß leuchtenden Schwesternhaube, neben der er meinen Vater bloß vermuten kann. Es ließe sich ihm vormachen, im Umkreis dieser Haube befinde sich auch meine Mutter. Seit März hält sie sich aus dieser Sache heraus, Grund: ihr unglaubwürdiger Blutdruck, sieh das ein, Philip. Auch, daß es ausgerechnet im Bethanien ist, wo du genesen sollst, in der flachen Gegend, in die ich gern fahre und die ich dir verordnet habe. Warum nicht in der allerdings weniger renommierten psychiatrischen Klinik von Gablenberg, nur zwanzig Minuten entfernt von der Straße, in der wir beide gewohnt haben, eine halbe Stunde von meinem Elternhaus, wohin ich umgezogen bin.

Bei unserer Rückkehr empfängt uns meine Mutter wie üblich mit der Frage: Wie gehts dem Herrn Baron? Sie hat das Abendessen fertig. Ausgezeichnet gehts ihm, versichern mein Vater und Schwester Bauer. Schwester Bauer wird jetzt zum Abendessen eingeladen und sagt zu. Meine Mutter summt beim Anrichten die Operettenmelodie, der sie das Zitat entnommen hat. Mein Vater und Schwester Bauer finden, daß meine Mutter sehr gut gegen niedergedrückte Stimmungen lavieren kann. Wie lang liebst du ihn schon, den schönen Herrn Baron? Aber hast du denn unseren Verlobungstag vergessen, Mutter, ich liebe Philip also mindestens seit – Nenn Philip nicht den Herrn Baron, sage ich euch nicht. Ich lasse mir zum zweiten Mal das Haschee reichen, würdest du mir bitte das Haschee reichen, sage ich, ehe mein Vater und Schwester Bauer sich darum streiten können und ehe meine Mutter überhaupt etwas merkt.

Der Knurrhahn-Stil

Halsweh geht nicht mehr, Halsweh hat er montags lang genug gehabt. Es wird durch Ableuchten des Halses festgestellt oder nicht festgestellt. Die Mutter bedient sich der Taschenlampe, Pauls Zunge mit einem kalten Löffel knechtend, sagt sie: Warum willst du nicht in die Schule? Warum nur? Paul, gib deiner Mutter Antwort, sagt der Vater. Seit die Eltern seinetwegen den Hals-Nasen-Ohrenarzt konsultiert haben, nützt Paul keine Klage. Dieser Hals ist in Ordnung. Kein Belag, nichts angeschwollen oder gerötet. Er tut aber trotzdem weh, besonders hinten rechts, behauptet Paul, dem daraufhin die Eltern fast glauben. Sie schreiben ihm dennoch keine Entschuldigung. Paul hat daher sämtliche Halserkrankungen aufgegeben.
Hingegen bewährt sich jetzt die falsche Eintragung auf seinem Stundenplan. Statt der zwei Stunden Sport, mit denen am Montag die Woche anfängt, hat er Religion und Geografie vermerkt, zwei Fächer, die er nicht fürchtet. Sport steht donnerstags da. Die Mutter kann sich nicht erklären, was trotzdem montags mit ihm los ist. Was fehlt dir? Hast du Bauchweh? Auch das, ja, etwas. Hast du Fieber? Die Mutter zeigt nun dem Vater ihr erhitztes Gesicht, vor Ratlosigkeit zornig. Kranke Kinder mögen die Eltern nicht. Versuch nur nicht, dich zu drücken, sagt der Vater.

Allergien sind gut. Paul hat einen Ausschlag, aber er kann nicht zeigen, wo. Das ist so eine Stelle. Es sieht knubblig und lachsrot aus, juckt auch. Hier unten. Er hält den Bund der Schlafanzugshose fest. Die Eltern respektieren verärgert diese Scheu, die aber in der nächsten Woche, bei einem schwereren Ausbruch, vor dem Facharzt nicht mehr gilt. Es kann sich höchstens um eine ganz schwache schnell abgeklungene Urtikaria gehandelt haben, was hat er gegessen? Oder Nesselsucht auf Grund psychischer Störungen? Das wollen wir nicht hoffen, sagt der Vater. Er hat es doch gut. Es geht ihm doch glänzend. Paul gibt Allergien auf.

Die U III b steht längs der Sprossenwand in einer Reihe. Paul, der absichtlich sein Turnzeug vergessen hat, muß sich doch am Unterricht beteiligen. Laß dich nur von deiner Mutter dafür schimpfen, sagt der Lehrer. Turnschuhe hat man ihm geliehen. Der Lehrer gibt der Hoffnung Ausdruck, die Beteiligung am Turnen ohne Turnzeug werde Paul eine Lehre sein. Sie zählen ab, beim Weitersagen ihrer Zahl müssen sie den Kopf mit einem Ruck nach links wenden und den Nebenmann anstarren. Köhler und Friedrichs, die Spitzensportler, dürfen sich ihre Mannschaften zusammenrufen. Abwechselnd holen sie sich die Besten. Ihr Eifer erlahmt bei den Mittelmäßigen. Paul gehört zum Rest, den der Lehrer strafend und gerecht auf beide Teams verteilt. Köhler stöhnt beim Zuwachs seiner Gruppe durch Paul, der ihn haßt. Der Ball kann Paul jederzeit gefährlich werden. Ehe er gegen Pauls Magen oder seine Stirn trifft, spürt Paul ihn an diesen Stellen.

Jetzt bekommt er immer schon am Sonntag Kopfweh, bei Tiefdruck nicht nennenswert stärker, seinem Kopfweh paßt jede Wetterlage, es stellt sich pünktlich ein und beruft sich auf dreihundert bekannte Ursachen und weitere sechshundert oder siebenhundert unbekannte, Kopfweh ist ein Fund. Die Sonntage haben sich endlich wieder in Ruhepausen zurückverwandelt, Sport am Morgen stört sie nicht mehr. In seinem Schaukelstuhl am Fenster zum Garten verbringt Paul schläfrige Stunden, er beobachtet die Gewächse des Gartens, hört

Hushaby immer wieder, malt sich in aller Ruhe das Innere der Turnhalle aus, zählt die Geräte ab, stellt aber das Schaukeln ein und Hushaby aus, wenn er Schritte vor seiner Tür hört: die Eltern treten mißtrauisch ein. Hast du noch Kopfweh? Ja, leider leider, ihn quält wieder dieses rätselhafte Kopfweh, und gegen Abend kommt Übelkeit hinzu. Aufs Essen zu verzichten, macht ihm nichts aus, es verschafft ihm ein weiches hohles Gefühl, das er in den Tagen der simulierten Urtikaria kennengelernt hat. Ist es ein Tumor? Von psychischen Störungen wollen wir lieber gar nicht erst reden. Dem Vater wäre etwas Greifbares sympathischer. Wie traurig, den kleinen Paul so früh zu verlieren, falls es sich wirklich um eine ernste Erkrankung handeln sollte.

Die Riesenwelle, der Riesenumschwung, Riesenfelge, Riesenaufschwung. Zu meiner Zeit haben wir Felgaufschwung gesagt, sagt der Vater. Er kann ihn noch heute, den Felgaufschwung, dein Vater. Sandbeutel, Springschnur, Sturmlaufbrett, Sturmlaufbock. Im Sturm auf den Bock, Bockspringen über lebende Böcke, Bockrücken der U III b, krummgemacht, federnd, knarrende Wirbelsäulen, im Sturm auf Paul, schwacher Bock Paul, der Schulterstand, die Halspausche, Kopfpausche, Pausche, und eins und zwei und drauf! Kehre, Wende, Flanke, Hocke, der Ristgriff, ein Aufgriff, der Kammgriff, Ellengriff, Zwiegriff, was hast du für Patschhändchen, bist du ein Mädchen, kannst du denn Reckstange, Hangelseil, Kletterau, Wandleiter, Hals, Pferd, Holm und Schaukelring nicht festhalten? Paul wendet den Ristgriff an, mit dem er die Atemluft aus dem Hals Köhlers abdrosselt. Köhler verfärbt sich ungewöhnlich schnell und ist dann hinüber. Obwohl der Lehrer sich ärgert, umjubelt die Klasse Paul, den achselzuckenden Sieger, der sich in plötzlich einsetzendem, starkem Schneetreiben auffallend rasch entfernt und nicht mehr gesehen wird.

Paul kann nicht mal Rundlauf, eine Übung, die sich Mädchenklassen bei besonderen Gelegenheiten wünschen. In der Umkleidekammer zeigen sich die Schüler der U III b, wo ihnen

Haare wachsen. Liegestütz, Knickstütz, Seitenstütz. Der Ausfall vorwärts, der Ausfall seitwärts, die Auslage links, die Standwaage, Brücke, Kerze und Radschlagen. Am dritten Montag des Monats hat Paul das Kopfweh etwas besser werden lassen. Die Eltern finden ihn tapfer, denn er geht bei mangelndem Wohlbefinden in die Schule. Die Mutter wirft einen Blick auf den Stundenplan und um zu trösten, sagt sie: während der ersten beiden Stunden kannst du dich ausruhen, Religion und Geografie. Nicht in Geografie, warnt der Vater. Paß mir nur auf in Geografie, was sagst du denn dem Kind. Paul verabschiedet sich, Turnzeug wird ihm nicht nachgebracht, man stopft es ihm donnerstags verspätet in die Mappe, Paul fährt wie immer mit der Elf, steigt aber schon am Schloß aus. Wohin soll er sich wenden? Die Straßen sind unsicher, auch kalt. Zwei Stunden vergehen ihm nur in seinem Zimmer leicht, bei Hushaby schaukelnd und dem Blick in den Garten.
Der Turnlehrer läßt nicht locker. Er befiehlt die Eltern in die Sprechstunde. Es gibt noch drei, vier Drückeberger in dieser Klasse, aber den Rekord hältst du. Paul läuft allein Rekorde am Strand, das Meer bald zur Linken, bald zur Rechten, aber immer im Westen, gegen den Wind, mit dem Wind, bei Seitenwind und verschiedenartigen Böen. Die Sprechstunde des Sportlehrers fällt leider aus, berichtet er zu Haus. Was will denn dein Sportlehrer von uns? Paul vermittelt den Eindruck, er habe keine Ahnung. Warum treibt unser Sohn nicht gern Sport? Sport ist etwas Wunderbares, was ist mit Paul, fragen sich die Eltern. Unser Sohn ist doch nicht fett und gar nichts, er hat doch keinen Schönheitsfehler, du bist doch ein guter Läufer in den Sommerferien, sagt der Vater. Paul erreicht hohe Geschwindigkeiten auf festgebackenem Strand zur Zeit der Tiefebbe. Geniert er sich vor den andern? Ist es beim Ausziehen? Er hat sich früher über schlapprige Turnhosen beklagt, sagt aber jetzt nichts mehr und trägt Trainingshosen. Genierst du dich wegen des braunen Muttermals über dem rechten Knie, ist es das? Würdest du in Geografie nicht schlafen, dann könntest du mit berechtigtem Stolz deine

Kameraden auf die Ähnlichkeit dieses Muttermals mit Afrika im Maßstab 1 : 60 000 000 verweisen, sagt der Vater. Du bist doch nicht fett und gar nichts, fügt die Mutter hinzu. So lang das Muttermal nicht wächst, warzig oder tiefdunkel wird, ist es auch ungefährlich, sagt der Vater. Hast du etwa Angst? Dann müßtest du dich augenblicklich überwinden. Dann ist Sport das Beste. Angst kann man als Mann nicht gebrauchen. Die Mutter stört den Vater ein wenig mit der Bemerkung, Angst könne man auch als Frau nicht gebrauchen. Sein Vater bohrt den ausgestreckten Zeigefinger schräg nach unten in die Luft, und Paul sieht diese väterliche Rübe doppelt, weil sie mit ihrem Stochern und Pendeln seinen Augen zu nah kommt: etwas sehr Schlimmes, etwas Saublödes und sehr Schlimmes, das ist Angst, mein Sohn.
In seinem warmen Bett kriecht Paul tiefer. Halb über den Kopf zieht er das Plumeau. In dieser Höhle riecht es nur nach ihm. Beim Stabwechsel immer zu langsam, verspätet er sich auch jedesmal beim Start. Er wünscht sich Schnee. Es schneit, wenn er es sich vorstellt. In seinem Zimmer, bei abgeschlossener Tür, gelingt ihm Schneefall und alles. Hier hat er ganz gerade Beine. Seine Arme sind kräftig, oben muskulös. Das afrikaförmige, maßstabgetreue Muttermal bleicht aus. Ihm wachsen die richtigen Haare. Er holt aus, zielt und trifft mit dem Wurfring Friedrichs tödlich. Beim Stabhochsprung landet er in den Wolken. Es gibt Schnee. Mit dem Schnee fällt er zurück, seine Spikes drücken sich dem Sportlehrer ins Gesicht; der sofort blutende Sportlehrer schreit auf vor Schmerz, aber der Beifall der Mannschaften übertönt ihn, hier zählt nur die sportliche Leistung, und auch der Sportlehrer, den die Verwundungen lebenslänglich verunstalten werden, muß das hinnehmen.
Die Eltern haben den Sportlehrer in der Stadt getroffen und wissen jetzt Bescheid. Als die falsche Eintragung im Stundenplan zur Sprache kommt, schützt Paul Flüchtigkeit vor. Er gibt an, es sei ihm egal, welche Stunden er versäume, er beneide die Eltern, die sich offenbar von Kopfweh keine

Vorstellung machen könnten. Der Arzt versteht ihn besser. Kopfweh erweist sich als das glaubwürdigste und unüberprüfbarste Leiden bisher. Der Arzt unternimmt dieses und jenes, wird mehr unternehmen, während Paul mit der Erfolglosigkeit sämtlicher Methoden und Medikamente rechnen kann. Sich Kopfweh vorzustellen, fällt Paul mittlerweile leicht. Wenn er es beschreibt, zieht es auf hinter seiner Stirn. Es wird mir außerdem etwas schwindlig. Der Arzt nickt ihm zu, denn einen der hunderttausend Lehrsätze über die dreihundert bekannten Kopfwehphänomene bestätigt Pauls Mitteilung, der Arzt ist einverstanden mit Pauls Kopfweh, dessen Abwandlungsbereitschaft ihn interessiert: neuerdings sehe ich ungefähr eine halbe Stunde nach dem Anfang des Anfalls ein Flimmern, ich sehe Prismen, ich sehe mit den facettierenden Augen einer Stubenfliege, etwas riecht merkwürdig – Paul riecht die Turnhalle in der angenehmen Praxis dieses netten Arztes fast mit Behagen, die Sprungmatten riechen nach Schweiß und nach Sprungmatten, ihre graue Kunstlederdecke platzt auf, darauf Kopfstand, Purzelbaum. Manchmal ist es ein Gefühl wie bei Turnübungen mit dem Kopf, also Kopfstand. Der Arzt ist beeindruckt, aber Paul winkt ab. Er halte Überschlag, Schulterstand und die beinah schwierigen Mätzchen auf der schwedischen Schwebebank schon für kniffliger. Aber auch mit denen werde er fertig. Schade, daß ihn dieses undurchschaubare Kopfweh bei der Vervollkommnung sportlicher Leistungen nun hindere. Paul zeigt dem besorgten Arzt sein trübes Gesicht, über Mißerfolge verdrossen; unterdessen könnte er das Scheitern des Arztes beeiden.

Sein Attest gilt aber nur ein halbes Jahr, wird um einen Monat verlängert, dann nicht mehr verlängert. Wir versuchen es jetzt mal mit Sport, schlägt der Arzt vor, Sport tut vielleicht gut und hat seither gefehlt. Die Eltern freuen sich sehr. Er wär uns ja noch zum Einzelgänger geworden, nicht mehr lang und dann, erzählen sie den Bekannten. Denn der Sport erzieht zum zoon politikon, unter anderm. Abgesehen von seinen zahlreichen andern nützlichen Auswirkungen. Das ist wahr, ergänzt den Vater die Mutter. Also los, Paul, in den Sport mit dir! Beim Rufen bebt die Stimme des Vaters, immer bereit, sich zu überschlagen. Schwimmenlernen, endlich! Das Hallenbad, bräunlich gekachelt, schluckt jeden zweiten Montag Pauls lärmende Klasse für zwei Stunden. Es riecht nach Chlor, aber in den Umkleidekabinen nach den Sachen, die darin aus- und angezogen werden. In den Zellen einsperren, aussperren, halbnackt erwischen, fesseln wird alles ungefähr gleich gern gespielt. Paul glitt auf dem Lattenrost zwar aus, mit vorsätzlich geseiftem Fuß, hat sich aber nicht verletzt. Mach nur so weiter und du ersäufst uns hier auf offener Szene, brüllt der Schwimmlehrer Paul zu, den die Korkweste nicht schützt und der sich das Meer nicht vorstellen kann, hier nicht, jetzt nicht, Applaus Applaus für einen ganz prima Nichtschwimmer, ruft der Lehrer, zu Haus jedoch sieht Paul das Meer mit geschlossenen Augen jederzeit, grau und abwegig, an seinem Saum überholt er berühmte Seevögel, und er betritt das Meer auf seiner Lieblingsbuhne, wo kurze Wellen übereinanderlecken und er der letzte ist, der vor der Flut kehrt macht.

Kehrtmachen will er nicht mehr. Schwimmen ist doch herrlich, sagt die Mutter. Und erst das Freistilschwimmen, sagt der Vater. Das Brustschwimmen, das Seitenschwimmen, der Delphinstil, der Auerbachsprung, der Bohrer, die Schraube mit Anlauf, Handstandsprung, Fußsprung, Paketsprung und die lustigen Sauereien mit den Kameraden zwischen Dusche, Laufrinne, Antreten und Abzählen vor den Zellen. Deine Mutter hat etwas zu dir gesagt, sagt der Vater, dessen Hände als Zange um Pauls Genick liegen. Schwimmen ist großartig, wiederholt die Mutter. Genau wie jeder andere Sport, weist der Vater sie zurecht. Über die Angst habe ich dir bereits einen Vortrag gehalten. Los, ins Wasser mit dir.

Paul macht nicht mehr kehrt vor der Flut. Beim schönen Sport des Ertrinkens wendet er Sprung und Stil zurückgeworfener, fast toter Fische an, also etwa den der ungenießbaren

Knurrhähne. Ins Meer, ins Meer, grau und abwegig, während Schnee fällt. Vorläufig geschieht das in Pauls Bett, eine Vorsichtsmaßnahme und ein Provisorium, durch welche die Erziehungsberechtigten in ganz falscher Sicherheit gewiegt werden.

Ein schöner Tag

Das war heute zum Beispiel wieder ein schöner Tag. Nicht zu früh und nicht zu spät hat mein Traum aufgehört. Die Nacht verlief gut, dank der medikamentösen Behandlung, mit der ich gestern meine Rhinitis ziemlich rigoros bekämpft habe, bin ich nur zweimal aufgewacht. Es gibt ja auch Leute, die durchschlafen, Robert etwa. Aber was weiß Robert schon von gelungenen Nächten? Gleichmäßiges Wohlergehen wird zur Einrichtung und nicht mehr gewürdigt.

Beim Aufwachen waren wir freundlich zueinander, Robert und ich, ohne große Anstrengung. Wie jeden Sonntag ist er zu mir ins Bett gekrochen. Das ist also jeden Sonntag schön und dauert maximal zwanzig Minuten. Während Robert im Anschluß daran auf dem Teppich im Studio die Gymnastikübungen absolviert hat, die ihm gegen die Bellermannsche Krankheit verordnet sind, wurde in der Küche mein Espresso fertig. Wie immer habe ich Robert um zwei Tassen betrogen, daraus sollte ich mir jedoch keinen neurotischen Vorwurf zimmern, dies kleine Delikt hat seinen festen und beinah vernünftigen Platz in meinem Tagesablauf und es führt eine Reihe ähnlicher Verstöße an, die unauffällig das Leben erleichtern. Kein gefestigter Mensch bezichtigt sich ihrer. Ich rede also sinnvollerweise von der Wohltat für Robert: seinen leeren Magen würde das Coffein nur reizen.

Ein schöner Tag, ein ruhiger Tag. Ruhig blicke ich auf ihn zurück. Nichts, worüber ich mich beklagen könnte. Ich bewege mich fast schon wieder wie früher, vor der Operation.

Wie gut doch alles verläuft. Sie haben sich einer Operation unterziehen müssen, hat Herr Beier mich am Telefon gefragt. Seine diskrete Neugier macht wirklich immer wieder einen angenehmen Eindruck. Sie würden mir gern ein paar Blumen bringen. Wie liebenswürdig, aber es paßt schlecht heute, zu dumm.

Die Sonne schien übrigens auch. Wir haben auf dem etwas zugigen Platz gesessen, den der Architekt Loggia nennt. Ein schönes Frühstück. Beinah hätte das Telefonat mich zu lang aufgehalten und die weißen Bohnen wären matschig, die Eidotter hart, die Speckscheiben hutzlig geworden. Weil mir aber eingefallen war O ES KLINGELT – PECH – ICH MUSS AN DIE HAUSTÜR in die Muschel zu rufen, ist alles so geraten, wie Robert und ich es wünschen. Hast du dich zu einer Verabredung mit den Beiers durchgerungen, wollte Robert wissen, und ich antwortete JA ABER SIE KÖNNEN LEIDER NICHT. Es war mir möglich, diese nicht der Wahrheit entsprechende Antwort zu geben, weil das Geräusch von Roberts Rasierapparat meine Sätze zu Herrn Beier gedeckt hat. Ich mag die Aufmerksamkeit nicht besonders, mit der, ich stelle es mir vor, Robert Frau Beier an einem sonnigen Sonntag betrachtet. Es ist nichts dabei, Robert auf diese echt weibliche Weise zu hintergehen, es fällt nicht ins Gewicht. Wer seinen Mann liebt, schützt ihn vor Versuchungen. Gefahren für unser Zusammenleben würde er übrigens selber fürchten. Ehepartner müssen eifersüchtig sein, andernfalls brauchen sie sich über Verluste nicht zu wundern. Die Eifersucht ist eine natürliche Vorsichtsmaßnahme.

Wir werden um das Freigelände beneidet, über das wir an der Westfront unseres Hauses verfügen. Mein Vater, meine Tante und meine Schwester, die drei kämen gern öfter zu uns heraus. Der Konkurs meines Vaters hat sie in eine enge Wohnung verschlagen. Leider sind die Stunden gezählt, die Robert und ich der Geselligkeit opfern können. Abends haben wir bisweilen Besuch oder wir gehen aus. Abends kommt von meiner Familie niemand. Es ist ein schönes Haus. Was für ein schöner Tag war das heute in diesem schönen Haus und um es herum. Die großen Fenster gehen auf den schönen Wald. Schöne Fasanen und schöne Hasen nähern sich in schöner Zutraulichkeit unseren verschiedenen schönen Sitzplätzen. Meine Familie würde gar nicht gut daran tun, uns allzuoft zu besuchen: Jede Rückkehr schärft ihnen den Blick für ihr dunkles Zwangsquartier.

Das Telefonat mit meinem Vater war auch nicht dazu geeignet, Niedergeschlagenheit hervorzurufen. Zum Glück bin ich mit dem Frühstück gerade fertig gewesen. Meiner Tante ist es beim Spaziergang schlecht geworden, das kommt jetzt wiederholt vor, aber schließlich findet sie im Unterholz Schutz und vielleicht sind die Tabletten, dämpfende Gaben für ihr hypertonisches Herz, nicht ganz schuldlos an diesen peinlichen Zwischenfällen, die ich dennoch für unerheblich halte. Sie werden ja nicht jünger, die Verwandten werden älter, das bleibt nicht aus. Sie hat sich übergeben, sie ist blaß auf den Weg zu den andern am Spaziergang Beteiligten zurückgekehrt; und meinen Verwandten, die sie mit großer Hast beruhigte, ist es entgangen, daß sie ratlos aussah.

Es gelang mir, mich mit Hilfe der ICH HABE GENUG-Arie abzulenken. Gegen Traurigkeit hilft traurige Musik mir fast zuverlässig. Selbstverständlich bin ich gar nicht ausgesprochen traurig gewesen, eher leicht betrübt, mit Tanten ist man ja nicht so nah verwandt; jetzt weiß ich es, diese leicht betrübte Stimmung entstand aus Mitgefühl, das ist eine schöne Regung, schön humanitär, Mitgefühl in aller Ruhe bei laut aufgedrehtem Bach – ich verständige Robert, der mir grollt, weil ich den Baßbariton singend unterstütze: ICH FREUE MICH AUF MEINEN TOD. Hör auf damit. Außerdem ist es nicht wahr. Viele Male am Tag hat Robert recht und jetzt wieder. Dies bißchen Gerede kann man noch lange nicht Streit nennen. Allerdings geht es, fürchte ich, auf einen Hörfehler zurück, daß ich meine Tante für die Patientin des gestrigen Spaziergangs halte. Ich glaube, mein Vater hat von meiner

Schwester gesprochen. Meine Schwester brachte von jenem Spaziergang einen schönen Strauß mit in die Notwohnung. Sie gehört zu diesen anspruchslosen Leuten, die auf Waldlichtungen Sträuße pflücken.

Der Lambert hat uns auch nicht weiter gestört. Wenn man einmal fest vorhat, daß man, wie beharrlich ein ungebetener Gast auch sitzenbleibt, keine Mahlzeit servieren wird, klärt sich die Lage und läßt sich ertragen. Überrumpeln uns Besucher, so ermögliche ich es Robert, sich unter Vorwänden zurückzuziehen. Du, Robert, wolltest dich ja gerade über die Steuer hermachen, sage ich. Robert, sage ich, der Gute, schade, daß er nicht hier gemütlich mit uns zusammensitzen kann. Robert schindet sich ab mit den Korrekturen. Während ich heute zwischen 15 und 15.30 Uhr mit Lambert redete, sann ich darauf, was für ein Vorhaben Robert und mich binnen einer Stunde nötigen könnte, den leider vorzeitigen Abschied Lamberts zu erbitten. Wie ärgerlich, Lambert, dich schon wieder herzugeben. Es war so anregend. Lambert, der sich einen Imbiß ausgerechnet hat, steht unbefriedigt endlich auf der Schwelle. Es kann jetzt nur noch knapp fünf Minuten dauern, bis er endgültig auf und davon ist. Lambert ist ein netter Freund. Wir winken ihm lange nach. Unser Haus liegt zum Glück so, daß man lang winken kann. Winken, wie wir es grundsätzlich betreiben, vielfach mit Taschentüchern und beiden Händen, wirkt auf alle Leute günstig. Diese freundlichen Roberts, denken sie, während sie die lahmen Handgelenke hinter der Wegbiegung ausruhen, angenehm der Umgang mit ihnen, die man bedauerlicherweise immer nur so kurz zu sehen bekommt. Lamberts Stippvisite hat auch dazu beigetragen, daß dies ein schöner Tag war. Ich befinde mich, nach beinah fanatischem Winken, wieder im status quo ante. Lambert hat mir auch heute wieder die prekäre Situation der peinture pure innerhalb sämtlicher Gegenströmungen skizziert.

Kaum war er weg, da stand auch mein Tee schon auf dem Tisch. Zum Tee die traditionelle Beigabe: eine Gebäckmischung namens Früchtegarten. Ist man nur für zwei Personen gerichtet, so hat es gar keinen Zweck, eine dritte hinzuzubitten. Für dieses Gebäck besitze ich wirklich eine Schwäche. Mittels einer Cremeschicht pappen zwei Gebäckhälften aufeinander. Mir ist flüchtig eingefallen, daß meine Schwester zur Senkung des Prothrombinspiegels auf das therapeutische Niveau von 20 bis 30 Prozent auf Schritt und Tritt Sintrom mit sich herumschleppen muß. Das wird sich bald ändern, sagt Robert ärgerlich. Sehr bald werden sie mit dieser Dosierung ausschleichen. In Gesellschaft Dritter bleibt mir beim Verzehr des Gebäcks Früchtegarten der Genuß fast ganz vorenthalten, denn ich bereite ihn mir mit einer besonderen Eßtechnik. Im Grunde bin ich nur auf die Cremeschicht aus, aber ohne die beiden hinderlichen Gebäckhälften, die ich mit den Zähnen abklappe, käme es gar nicht zur Klimax. Anstrengung gehört dazu.

Meine Schwester hätte uns am heutigen Nachmittag gern besucht. Sie, meine Tante und mein Vater vermissen die Terrasse des früheren, nun verlorenen Hauses. Meine Schwester, die im Freien viel liegen soll, hat dort Stunden und Stunden auf einem Ruhebett verbracht. Wir hier konnten das Ruhebett gut gebrauchen und haben es übernommen. Ein schöner Tag, wir verbrachten ihn fast ausschließlich auf der Loggia, bis gegen 17 Uhr: um diese Zeit verspürte ich eine Vorahnung, so als wäre doch wieder jemand zu uns unterwegs, und es ist mir gelungen, Robert zum Besuch des Städtischen Museums zu bewegen. Kantor und Oberbürgermeister des ausgehenden 19. Jahrhunderts haben es fast durchweg aus Geschenken der Bürger zusammengestellt und 1882 gegründet. Wir waren schon einmal hier, und auch dieser Tag vor ungefähr drei Jahren ist mir als ein schöner Tag in Erinnerung. Wenn man ehrlich ist, gibt es ziemlich viele schöne Tage. Wir haben den Rundgang gemacht. Hier trifft man keinen, den wir kennen. In der Eingangshalle sind wir bei den Wappen der Fürstäbtissin Charlotte und der eisenbeschlagenen Geldtruhe eines Steuereinnehmers aus dem

18. Jahrhundert flüchtig gewesen. Im Keller tat uns die Kühle wohl. In dieser Abgeschiedenheit denke ich in aller Ruhe unangefochten an meine Familie. Von Lapidarium I bis III, bei Steinplastiken, romanischen Architekturfragmenten, bei den Resten der Nikolaikirche und den Wappen des 16. und 17. Jahrhunderts hat Robert sich in sein angeborenes Interesse für alles, was beschildert und unter Glas ist, zurückgefunden, dies Interesse, von dem Frieden ausgeht und das am Zustandekommen schöner Tage beteiligt ist. Nirgendwo werde ich ruhiger als in Lichthöfen mit Robert, vor Schaukästen mit Bodenfunden und Stadtansichten, gegenüber von Vitrinen mit Scherben, Faksimiles und meinem undeutlichen Spiegelbild. Schöne, beruhigende Langeweile nimmt mich ein, sobald ich den Fuß auf die Schwelle eines Museums setze. In Raum 10, dem Schnitzbalkenraum, der beachtliche Schnitzwerke von abgebrochenen Fachwerkhäusern enthält, hat Robert auch nicht den Arm um mich gelegt. Hinter ihm her, immer hinter ihm her, ins Kaminzimmer zum Beispiel, Robert muß den Kamin aus dem Jahre 1587 und dessen zeitgenössisches Zubehör immer wieder bewundern, er wird die Inschriften eine gute Weile im Gedächtnis behalten; wir sind in die Lichthof-Galerie eingetreten, die für Wechselausstellungen bestimmt ist, gewissenhaft hat sich Robert um die unverfänglichen Aquarelle eines einheimischen Künstlers gekümmert, ich habe mich mit Roberts Konzentration beschäftigt und DAS IST EIN SCHÖNER TAG gedacht. Es wimmelt von schönen Tagen, sieh das ein. Meine Schwester – womöglich auf dem Weg zu uns. Meine Schwester geht den weiten Weg zurück. Hat sie sich angekündigt? Ja, ich glaube doch, aber schon zweifelt sie daran. Sie wird auf dem Rückweg ein wenig müde. So lange Pausen zwischen Mahlzeiten verträgt sie nicht. An Sintrom hat sie gedacht. Ihr Blut kann jederzeit zur Gerinnung gebracht werden. Zu Haus wird sie Seargent Peppers Lonely Hearts Club Band immer wieder hören. Jetzt am Abend dürfte sie genau wie ich feststellen: ein schöner Tag – obwohl sie noch an den Tod des Aurorafinken denken muß.

Raum 16, Kirchengeschichte. Auch für meinen Vater und meine Tante, das ist doch anzunehmen, war es ein schöner Tag. Beachtliche Holzplastiken und Urkunden, wir beeilen uns dennoch, wir werden erst wieder im Biedermeierzimmer langsam, hier liebt Robert eine ganz bestimmte Kommode. Während uns der Aufseher begrüßte, so ungefähr um diese Zeit, mag meine Schwester an unserer Gartentür geschellt haben. Andere Besucher sind ebenfalls denkbar. Wer jetzt umkehren muß, weiß einen landschaftlich schönen Rückweg vor sich.
Feldmark 1. Bäuerliches Kulturgut, eine Sammlung von Trachtenstücken. Ich habe Robert hingehalten. Noch nicht nach Haus, noch nicht. Raum 22, Kaufmannschaft und Handwerk. Machst du dir denn nichts mehr aus den Zunftgegenständen, Schriftstücken, den sehenswerten Schmiedearbeiten des 16. und 17. Jahrhunderts? Keine Aufregung, es ist gut gegangen. Wir sind bis zur Schließung geblieben. Robert hat eingewilligt und mich in die Eremitage gefahren. Nett von ihm, denn er zieht es vor, zu Haus zu essen.
Bei der Ankunft dort war ich ruhig. Der kleine Gruß meiner Schwester – heut bleibt der Briefkasten verschlossen, ich werde ihn erst morgen entdecken. Die Arme, sie hat uns besuchen wollen, hörst du, Robert?
Wir haben diesen schönen Tag nun hinter uns. Die schönen Tage nehmen überhand.

Ländliches Fest

Hast du das Foto vom toten Kind gesehen? Greif zu, diese Dinger habe ich selbst gekocht. NIEMAND VERMISST ES hat unter dem Foto gestanden. Das tote Gesicht erinnert mich an eine verkarstete Fläche. Seit wann kochst du überhaupt? Hat man nicht den ganzen Körper abgebildet? Karst ist ein Wort unsicherer Herkunft. Ein Gesicht ist kein Kalksteingebilde.

Ich will nur dich. Mach das nicht so auffällig. Wollen wir tanzen? Jetzt noch nicht. Krater die Augen. Auch dein Grappa ist genießbar. Lavakrusten, Erhebungen, Schründe: der Mund, das Kinn, die Nase. Wie ist das Kind umgekommen? Das Grab ist numeriert. Immerhin eine Angabe. Schmeiß dich nicht so an mich ran. Ein richtig gelungener Abend. Das Kind stammt vom 25. Bezirk. In Österreich impft man links oben. Die Grabnummer ist sechsstellig, die Grabnummer wird in der Mitte von einem Schrägstrich unterteilt. Das ist nur für den Lageplan des Städtischen Bestattungsamtes von Bedeutung. Niemand will das Grab finden, um es aufzusuchen. Sieh mal, da drüben am Hang, sieht wie Geröll aus, sind aber Schafe. Die Pärchen machen sich allmählich dünn, merkst du was? Anstatt daß sie erst mal ordentlich über die Platten herfallen, das meiste Zeug verdirbt ja. Da drüben steht Herr Pesko oder wie er heißt. Sieht ganz gut aus. Der Name des Kindes blieb unbekannt. Man hat keine Eltern ermittelt. Die Eltern reiben sich die Hände. Es ist keine Vermißtenanzeige ergangen. Der Tod des Kindes ist der Strich durch ihre falsche Rechnung. Die Grabnummer dient als Grabschmuck. Darunter der oxydierende Körper. Ein Körper ist eine Organisation. Der Körper des Kindes war eine planmäßige Gestaltung. Jetzt legen wir aber mal eine Sohle aufs Parkett. So saublöd redet seit den Golden Twenties kein Mensch mehr. Das Kind war weiblich. Das Kind wog 16 Kilo, war dünnbeinig, war blondhaarig, aber das blonde Haar war dünn. Ich finde doch, daß man viel über das Kind weiß. Die Blonde neben Herrn Pesko ist mir unbekannter, als Kind war sie vielleicht nicht hübscher als das tote Kind. Ob Herr Pesko nicht anders, ähnlich, sonstwie heißt, weißt du schließlich nicht. Nennen wir ihn mal so. Über seine Impfmale sind wir auch nicht informiert. Das Kind besaß zwei Impfmale am linken Oberarm. Ich als Arzt würde immer die Oberschenkel zum Impfen benutzen. Ich mag aber deine Impfmale. Dem Kind fehlt der linke Schneidezahn rechts unten, der zu einem Drittel durch einen nachwachsenden Zahn ersetzt war. Ein paar Wochen, und die Lücke wäre vom endgültigen Zahn ersetzt worden. Sonst verfügte das Kind noch über sämtliche Milchzähne. Vielleicht hat der Gedanke an so viele zukünftige Zahnlücken die Eltern gestört. Vielleicht waren sie überfeinerte Freunde des Schönen mit empfindlicher Wahrnehmung. Ich will jetzt mit dir auf die Terrasse. Na schön, knutschen wir uns ein bißchen ab. Ist das etwa berlinerisch? Die Dame neben Herrn Pesko sieht schon mehr als gut aus, obwohl ich bei Blonden rote Kleidung nicht eben für der Weisheit letzten Schluß halte. Sie hat schönes blondes Haar. Langes schönes blondes Haar. Damit Haar so aussieht, muß man es fast täglich waschen. Und ich weiß nicht wie oft bürsten. Läuft sie barfuß? So etwas weiß man nicht von ihr, weiß allenfalls Herr Pesko, den ich gleichwohl nicht für ihren Liebhaber halte. Das tote Kind ist selten barfuß gelaufen. Seine Füße, jeder Fuß eine Organisation, jede Sohle empfindlich und nicht auf freiem Boden benutzt. Über Barfußlaufen weißt du von keinem der hier Anwesenden auch nur das mindeste. Dann orientiere dich doch genauer über deine Gäste.

Was für ein schönes ländliches Fest. Guten Abend, Frau Lampada. Es freut mich sehr, daß es Ihnen gefällt. Dort drüben, sehen Sie, freut es auch meinen Mann, daß es den Gästen gefällt. Er hat zum Beispiel die gefüllten Croquetten fabriziert. Ich bevorzuge eigentlich diesen Salat dort. Sag das mal in der Landessprache. Kennen Sie das Foto vom toten Kind aus dem 25. Bezirk? Nun übersetzen. Die Landessprache ist schwierig. Alle Landessprachen sind schwierig. Das tote Kind beherrschte seine Landessprache schon ganz gut, kannte idiomatische Ausdrücke aus dem 25. Bezirk, und am Bahndamm in der Nähe der Friedfeld-Brücke hat der Werkstudent das verstummte Kind tot aufgefunden. Es lag zusammengekrümmt zwischen Brennesselstauden. Was heißt eigentlich DIE BRENNESSEL? Eine Sprache erlernt man, indem man sie liebt. Die Stauden sind sehr hoch. Das sind lauter einfache Sätze. Der Salat ist sehr gut. Der Werkstudent ging spazieren.

Das tote Kind lag gekrümmt da. Schon komplizierter. So ist es einfacher: das Kind war tot. Ich frage mich, was hat denn der Werkstudent da überhaupt gesucht. Überhaupt Studenten. Ich habe Ihren Freund doch nicht etwa vertrieben? Ist das Löwenzahnsalat? Der kommt schon wieder. Sie müssen mit dem landesüblichen Essig vorsichtig sein. Der Herr neben der hübschen blonden Dame neben Herrn Pesko oder wie er heißt, hat einen leitenden Posten beim Historischen Institut inne. Merken Sie sich den, auch den dort. Der hier, dort der sieht auch nicht gerade übel aus. Anlage, Aufbau, Einrichtung, Gliederung, planmäßige Gestaltung des Körpers des toten Kindes wurden bei sommerlicher Hitze auf den Vorgang der Verwesung relativ schnell vorbereitet. Jedes Organ im Körper des toten Kindes ist benennbar, der Weg längs des Bahndamms mit den Brennesselstauden mit dem zusammengekrümmten Kind mit dem Werkstudenten ist namenlos. So einem Weg will kein Bürgermeister, kein Stadtrat, kein Oberförster seinen Namen verleihen. Er könnte aber Mozart-Weg heißen. So weiß man immerhin nicht wenig. Mir wird manches klarer sobald ich. In dieser Stadt ist mir so manches aufgegangen. Diese Antike und so weiter. Hier wurde doch wenigstens gelebt. Gelebt, habe ich gesagt. Ihr Freund hält sich aber jetzt wirklich zu sehr abseits. Der Idealist hat mir einen achtseitigen Brief über diese Stadt geschrieben. Der Idealist, mit dem ich in die Tanzstunde gegangen bin, ich möchte sagen: vor Jahrhunderten. Sie übertreiben, meine Beste. Acht-seitig. Eine ewige Stadt, nicht wahr. Und überall diese ganzen Thermen und wie das alles heißt. Aber erst recht meine eigene Tanzstunde – das war vor Lichtjahren. Wir übertreffen uns. Ihr Freund, das bleibt aber unter uns, nimmt ein wenig zu. Ihr Mann hält sich besser. Dem Idealisten ist so manches aufgegangen, wissen Sie, als er längs des Tiber längsgetigert ist. Die Sonne brannte heiß auf die Stadt nieder, als der Werkstudent in die Stauden kroch, als mein Mann auf dem Markt für dieses ländliche Fest einige ergänzende Einkäufe machte, die Sonne brannte heiß auf das tote Kind und beschleunigte den Vorgang der Zerstörung, sie besonnte hochsommerlich die ineinandergreifenden Kohlenstoffverbindungen, die Sonne brannte auf den Idealisten, auf diese Salatsorten, Frischgemüse, Knollengewächse, auf meinen weinenden Freund, den Markt, diesen Löwenzahn, diese Brennesseln, sie brannte durch die Fensterscheiben von Herrn Peskos Amtszimmer in der archäologischen Abteilung, schwitzend sieht er etwas weniger gut aus. Aber nein, bilden Sie noch mehr Übungssätze mit DIE SONNE BRANNTE. Vorsichtig mit diesem Grappa. Das Kraut dient vor allem zur Dekoration, hübsch. Hübsch, so lange blonde Haare. Und alles so besonders nett angesichts der Tempel. Wie diese Leute damals bauen konnten. Ich sage: BAUEN. New Brutalism. Ah, Ihr Mann. Guten Abend. Ihr beide seid glänzende Gastgeber. Das tote Kind wurde, nachdem der Werkstudent Mitteilung erstattet, die Mordkommission sich eingefunden hatte, während die Sonne heiß auf die von den Zuständigen benutzten Straßen niederbrannte und während den Verantwortlichen nichts klar wurde und nichts aufging, zusammengekrümmt ins gerichtlich-medizinische Institut gebracht. Ich weiß zuwenig über Leichenstarre. Mein Mann hört da nicht gern zu. Geht er etwa zu der Blonden? Nun, das regt Sie nach so viel, nach wie viel, knapp neun Ehejahren nicht mehr auf. Rigor mortis. Beginnt meist vier bis zwölf Stunden nach dem Tode an Unterkiefer, Hals- und Nackenmuskeln, steigt abwärts und verschwindet nach ein bis sechs Tagen bei Eintritt der Fäulnis in derselben Reihenfolge. Nystensche Regel. Vor den Skelettmuskeln erstarrt das Herz. Wie man so etwas heutzutage alles weiß. Wie so etwas heutzutage alles funktioniert, Mordkommission und dergleichen. Betrachten Sie sich doch um Himmels willen bitte mal das dort drüben da da da –, so, hier: diesen Schatten jener Säule. Herrgott diese Tempel. Ja, ich greife noch mal zu, das sind zu vorzügliche Häppchen. Mit dem Herrn neben Herrn Pesko, ich meine jetzt den rechts, den etwas Fettleibigen, kämen Sie glaube ich ganz gern mal in Gespräch, irr ich mich – aber wie dumm von mir, das ist ja Ihr Freund, ich setze meine Brille aus Eitelkeit nicht auf. Soll ich also verduften? Ich glaube, das war Landessprache, oder eher Jargon, Slang, Sondersprache, auch verdorbene Mischsprache? Das Rezept, liebe Signora, verrate ich Ihnen auch noch eines Tages, hierfür, für das da, nehmen Sie. Ist Muskelanstrengung dem Tode unmittelbar vorausgegangen, so tritt die Leichenstarre – natürlich auch abhängig vom Ort und von der Art der tödlichen Verletzung – oft so schnell ein, daß sie die Stellung im Augenblick des Todes festhält. Aber das Kind wurde nicht verletzt. War aber zusammengekrümmt. Mediziner reden von der Fechterstellung auf dem Schlachtfeld.

Und so weiter. Achten Sie auf die Farbe dieser Säule, so lang die Sonne sie mit diesem sonderbaren Rosa beschenkt, beschenkt, sage ich. Hier draußen wird man ganz gefühlvoll. Die gleiche Farbe beobachte ich auf den gefritteten Schuppen der Zahnbärsche. Ja ja, dieses etwas Morbide, dieses Ewige. Lesen Sie den achtseitigen Brief des tigernden Idealisten. Mit allen Vorbehalten, eingedenk der extremen Sommerhitze am Fundtag, stellte man zunächst fest, daß der Tod des Kindes vor 24 bis 48 Stunden eingetreten sein mußte. Ich finde das ziemlich präzise. Ich möchte diesen Leuten meine Bewunderung nicht verhehlen. Da kommt er ja wieder, Ihr Freund. Sagen sie ihm das aber nicht, bitte, von der Gewichtszunahme. Ja, da bin ich. Laß uns ein wenig an die frische Luft gehen. Tun Sie das, meine Liebe. Laß uns ein bißchen tanzen. Ich störe Sie, meine Liebe, das sehe ich nun wirklich. Wir tanzen immer unsern eigenen Stiefel, wie es in der nördlichen Landessprache heißt. Lässige Umgangssprache, merken Sie sich das nicht. Ich habe geweint. Es stimmt. Ich habe auch geweint. Schick sie endlich weg. Den Werkstudenten braucht niemand in bezug auf das Kind zu verdächtigen. Keine Verletzungen, keine Gewaltanwendungen. Ein schöner Tod, sommerlich und im Grünen. Frau Lampada wäre bereit, wenn sie schon mal sterben muß, im Umkreis der Tempel zu sterben, den Geschmack eines Sommerabends samt ländlichem Fest auf den Lippen. Neben dem ausgeliehenen Ober steht ein Herr, der auch ganz gut aussieht. Scrittore, das, was der Herr ist, beginnt mit sogenanntem unreinem »s« und danach richten sich Artikel und Adjektive. Prosa, Lyrik, Funk, Fernsehen. Er kommt schon durch. Jedoch an einem Gedicht über einen schönen Tod hat ihm von jeher am meisten gelegen. Bei sommerlicher Temperatur ist es ihm endlich gelungen, der Knüller davon: eine Bocciakugel trifft den schön Sterbenden tödlich, aber ich weiß nicht mehr wo. Vielen ist lebend nicht wohl, das vergißt man angesichts der vollen Platten, der dienstbaren Geister, der hübschen Damen, der ganz gut aussehenden Männer, der Tempel. Verurteilen Sie die Eltern nicht voreilig. Könnte sein, daß sie sich gar nicht immer die Hände reiben, daß sie zwischendurch mit dieser groben Gebärde der Befriedigung aufhören. Denken Sie sich nur für einen Moment in die Lage von Eltern. Guten Abend, Frau Schlott, nett, daß Sie doch noch gekommen sind. Ich konnte mich gerade noch so eben frei machen. Eltern mögen niedliche Kinder. Schick sie weg, schick sie zum Teufel. Ihren Namen habe ich beim Vorstellen nicht richtig verstanden. Das tut man nie. O, er sieht nur so knurrig aus, weil er vielleicht tanzen wollte. Er sieht aus wie mein grimmiger Fisch vorhin, ein Orate. Wenn niedliche Kinder sterben und kein Verbrechen, auch keine Verletzung vorliegt, sehen sie auch im Tode niedlich aus. Die Eltern haben nie Staat mit diesem Kind machen können. Das ist zum Beispiel in Hotels geradezu degradierend. Tanzen Sie doch. Mir macht mein Wein auch allein Spaß. Bitte, versuchen wir wenigstens, im Takt zu bleiben. Im Kühlraum, wohin man das Kind legte, beträgt die Temperatur nur zehn Grad unter Null. Das nennt man nicht Tanzen, das sind Rüttelbewegungen. Jetzt so mittendrin mal für einen Augenblick in so einen Kühlraum, das wäre erfrischend, das kommt vom Rütteln, das kommt von dem Grappa, von dem und jenem. Diese hübsche langhaarige Blonde sollte vielleicht Blau tragen. Ach geh mir mit Blau und mit der Blonden und mit allem, ich will nur dich.

Einsilbige, aber nette Komplimente, nur bitte noch leiser, es kann gar nicht leise genug sein. Wochenlange Untersuchungen ergaben, daß man das Kind auch nicht vergiftet hatte. Das Beispiel für unreines »s«, der scrittore, erzählt von seinem neuen Essay, betitelt ›Die Demut vor den facts‹. Das Gedicht vom schönen Tod ist noch frei. Schluß mit dem Rütteln. Friedlicher Befund. In den abgestorbenen Muskeln sammeln sich Milch- und Phosphorsäuren an. Durch Erhöhung der H-Ionenkonzentration bewirken sie Quellung der Muskeleiweißkörper. Warum denkt der zeitgenössische Mitmensch immer gleich an Verbrechen? Ist nicht Mißtrauen bei Ihnen zulande noch ein bißchen landesüblicher? Sagen Sie mir doch mal schnell, wie das noch gleich geht, das vom Splitter im Auge des andern. Diese Bibelautoren, die wußten doch so weit Bescheid. Gehen wir ein bißchen auf die Terrasse. Nein danke, so köstlich sie sind, jetzt muß ich leider passen. Ich kann mich nicht den ganzen Abend absondern, als Gastgeberin. Kannst du wohl. Später die köstlichen Dinger, später auf die Terrasse, später ins Gebüsch.

Jetzt etwas Konversation mit der da, dort, die da, die, ja, ihr Mann schreibt unaufhörlich Sachen über die Négritude, ›Der Rhythmus als Schock‹, ›Die Architektur des Seins‹ – es gefällt Ihnen? Das wird auch meinen Mann sehr freuen. Wie kommen Sie zu so reizenden Dienstboten? Immer ein Lächeln, welches diese einfachen humanen Gesichter nicht unbedingt verschönt, aber immerhin.

Warum tanzt der so eng an der. Tanz nicht so eng an mir. Anfang Oktober legten sie das endgültige Ergebnis vor: das weibliche Kind war an einem Hitzschlag gestorben. Das hätte dem Idealisten längs des Tiber auch passieren können, aber zu viel ging ihm auf und hielt seine Organisation Körper davon ab, durch Wärmestauung unter Mitwirkung verminderter Wasserabgabe und gleichzeitiger Anstrengung, mit Gehirnreizung, Krämpfen, Erbrechen, Durchfall bis hin zu Bewußtlosigkeit und letalem Ausgang zu antworten. Fabrikhöfe sind allerdings charakteristischere Schauplätze für den Hitzschlag.

Spaß beiseite. Falls das Kind sich zuvor erbrach? Erbrechen mag ich schon gar nicht. Das lebendige Ganze des Kindes war durch eine Bronchitis geschwächt, als es zusammenbrach, während der kräftige Idealist kräftig tigerte und den Wasserhaushalt seines organischen Gefüges mit einigen Schlucken Rotwein aus der Wanderflasche – Feldflasche, pelzig umkleidetes verbeultes Aluminium, Idealistengepäck – regelmäßig im Lot hielt. Übersetzen Sie mir alles über das tote Kind, und ich opfere mich und werde es verbessern. Auch ich habe meine Zeit nicht gestohlen. Und immer noch lief die polizeiliche Fahndung auf Hochtouren. Diese Burschen sind wirklich rührig, lassen nicht locker. Mögen Sie denn etwas fettleibige Männer? Die können ja gar nicht tanzen, weder Herr Pesko noch die Blonde. Die halten sich ja nur aneinanderran. Was sie da machen, wäre anderswo nicht feiner, aber ergiebiger. Schon lag das tote Kind in seinem sechsstellig bezifferten Grab, wo es keinen Besuch empfing. Schon war alles verloren. Schon schon schon, ruhig. Horizontal das Kind, horizontal Herr Pesko, die Blonde und all die andern Liebespaare, die beim Tanzen und in den Nischen sich mit Vorübungen abfinden. Die 1,2 Millionen umfassende und ungefähr fünf Tonnen schwere Einwohnerkartei wurde zu einer nahegelegenen Firma transportiert, wo der firmeneigene Siemens-Computer 4004/45 die Namen und Adressen von 20 126 Mädchen der fraglichen Jahrgänge ausschied. Siemens, Bosch, AEG, BBC – in ihrem Land haben Sie wirklich namhafte Firmen. Der Computer hat in 22 Stunden alles ermittelt, was von ihm verlangt worden war. Was für ordentliche Aktionen in Ihrem Land. Bei uns stehen jedoch . . . Kein Zweifel, Baudenkmäler. Kein Zweifel: mein Freund will nur mich, hat geweint, tanzt mit der Blonden. Und in diesem Land diese ländlichen Feste, einmalig, diese bösartigen, wohlschmeckenden Fische, diese Lohndiener – aber Sie möchten tanzen. Na, so ein bißchen hinundherschieben. Kriminalbeamte und Kriminalbeamtinnen schwärmten aus, um sich die Kinder, welche der Computer abgesondert hatte, vorzeigen zu lassen. Ich bin überzeugt, man hat wirklich bei den Ermittlungen nichts versäumt. Die dünnbeinige Kleine, wie kam sie überhaupt in die Brennesselstauden? Da warf sie doch einer rein. Hat es gejuckt? Weiß man auch nicht. JUCKEN wird auch idiomatisch gebraucht. Zum Beispiel so: in Ihrem Lande wird von allen Ländern am meisten gestreikt – juckt Sie das? Mein tanzender Freund, eng an der hübschen Blonden, macht keine gute Figur aus einer gewissen Entfernung: das juckt mich nicht. Genug. Was mein Freund mit seinem Gesicht in dem langen Haar der Blonden tut, nennt man in der verdorbenen Mischsprache »sich in etwas hineinkuscheln«. Hundsgemein, schofel, verständlich. Die Beamtinnen und Beamten betraten Mietshäuser, wo keiner den andern kennt, wo einer den andern kennt, wo sich keiner um den andern kümmert, weil der garstig ist, oder weil jeder so garstig ist, daß er sich um den andern kümmert. Aber es führte weder die Stummheit noch das Gezeter zu einem Hinweis auf das tote Kind, nach dem niemand Heimweh hatte. Hier ist das anders, alles nette Leute, die man vermissen wird, wenn man auf gute Sitten wertlegt. Die Fahndung dehnte sich über das ganze Land aus, erreichte das Ausland, Interpol schaltete sich ein. War das nicht ein bißchen übertrieben? Ganz im Ernst. Das kommt doch teuer.

Eine vierte Art von Organisation hatte im toten Kind bereits angefangen: Umwandlung toten Gewebes in gefäßhaltiges Bindegewebe. Wozu das Bindegewebe? Wo doch keiner das Kind vermißte. Danke hundertmal, nun bin ich wieder soweit, ich gebe nach, wären diese Dinger nicht so vorzüglich, herrje, ich ließe die Finger davon. Die Säulen sehen nicht mehr wie Zahnbärsche aus. Aber wie denn sonst. Warten Sie ab, es fällt Ihnen schon was ein. Außerdem weiß der Schriftsteller, jetzt die Blonde abklatschend – eine landesübliche Sitte – weiß der das sowieso und hat es parat. Die Stapel der Fahndungsschreiben wuchsen auf den amtlichen Schreibtischen. Die Polizei hat vom verkraterten Sterbegesicht des Kindes 15 000 Plakate gedruckt. Darunter schrieb man: WER

KENNT DIESES KIND? Die Verwandten sind oft am Foto ihres berühmten Kindes vorübergegangen und, wäre es nur ein bißchen niedlicher gewesen, nicht ganz ohne Stolz. Die Erosionen im Gesicht des Kindes machten es allerdings untypisch. Bronchitis, hochsommerliche Temperatur, Brennesseln, die Reproduktion, der Druckstock, nicht aber der integre Werkstudent werden das ihre getan haben. Blutsverwandtschaftlichere Gefühle kamen nicht auf, jeder Schmerz vergeht mit der Zeit. Den Polizisten in ihren Dienststellen hing offenbar das tote Kind schon zum Hals heraus. Überdies wurden spezielle Spuren in folgenden Ländern verfolgt: Afghanistan, Ägypten, USA, Australien, Dänemark, Frankreich. Das ist mit tödlicher Sicherheit meine tausendste Olive, Liebste. Dänemark: ein so sauberes Land. Wo halt Touristen hinkommen, und dann Länder, in denen links geimpft wird. Griechenland, Israel, Holland, Haiti, Hawaii, vielfach nicht so ganz hasenreines Pflaster, und natürlich Kenia. Kenia! Der Négrophile soll das nicht hören, aber bei gegebener Gelegenheit erzähle ich Ihnen so einiges über die Schwarzen. Kanada, Neuseeland, Österreich. Über Farbige überhaupt. Teneriffa, Türkei, da haben wirs wieder. Und dann Schottland, Spanien, Schweiz, Südafrika, Persien, Zypern. Mir geht diese hübsche Blonde auf die Nerven, etwas, und auch Herr Pesko enttäuscht mich etwas, ich kenne ihn höflicher. Ich möchte die ganze Nacht mit dir zusammenhokken. In keinem dieser Länder hat man das tote Kind vermißt. Negative Resultate. Der Chef der Mordkommission versagte sich nicht folgende Handlung der Resignation: ER SCHÜTTELTE VERWUNDERT DEN KOPF, UND DER SATZ UNVORSTELLBAR, NIEMAND WILL DAS KIND KENNEN, trat ihm über die Lippen, ging durch die Presse und schreckte die Mitmenschen auf. Jetzt sieht man die Schafe nicht mehr, jetzt könnten die Tempel irgendwas sein. Wieso irgendwas. Wie Elefantenbeine, aber die stehen doch selten allein herum. In diesem mysteriösen Fall kam es zu weit weniger emotioneller Anteilnahme innerhalb der weiten Bevölkerungsschichten als es zum Beispiel bei Notzucht üblich ist. Der Leiter der Studienwerke für Gipsguß an der Akademie für Bildende Künste fertigte eine Totenmaske. Sie vermittelt deutlicher als das Foto die Mondnachbarschaft zum Gesicht des toten Kindes. Die schorfige Haut, die aufgestülpte Nase, der feuerspeiend geöffnete Mund: wahrscheinlich hat das durch Bronchitis geschwächte Kind vor dem Tode gehustet, in den Brennesseln wurde aber kein Sputum gefunden. Auch die Totenmaske wurde als Foto vervielfältigt. Das tote Kind bekam dennoch keinen Namen, bekam keine Eltern, keine Geschwister, überhaupt keine Angehörigen, nicht einmal Spielgefährten, Mitschüler, Lehrer. Es hat sich niemand gemeldet. Auch keiner vom Mond, denn auf der Erde hat es wahrscheinlich nie gelebt. Jemand, den es demnach auch nicht gibt, hat das Kind in die Brennesselstauden geworfen, aber dann hat ein Werkstudent, den es gibt, den Fund getan und andere Leute, die es gleichfalls gibt, haben sich um die Angelegenheit gekümmert. Das Kind erzielte damit eine Art Erdenbürgerschaft. Auf der Terrasse wird es doch nun merklich kühler, verdrücken wir uns, wir sehnen uns nach keinerlei noch so kurzem Aufenthalt im Kühlraum des gerichtsmedizinischen Instituts, das haben wir nicht mehr nötig. Hinein mit uns, hinein zu den noch immer nicht leeren Platten. Beobachten wir die hübsche Blonde und Herrn Pesko, lebende Leute. Das Kind, so könnte es sich abgespielt haben, litt unter der amtlich beglaubigten Bronchitis und unter der Hitze, die unser Fest seither verschönert hat, die der Idealist am Tiber tigernd zu schätzen wußte, das Kind starb logischerweise. Die Eltern haben jene Formalitäten vermeiden wollen, welche das Gesetz bei Todesfällen vorschreibt, sie haben das Kind in die Brennesselstauden geworfen, vielleicht auf der Durchreise. Die Gleise jenes Bahndamms werden von mehreren Schnellzügen, Personenzügen, Nahschnellverkehrszügen und Eilzügen benutzt. Was hätte der Leichnam durch die Formalitäten gewonnen? Tot nach einem schönen Tod im Grünen. Vielleicht ist dem Kind das Sterben ganz recht gewesen, denn seine Eltern kann es nicht so sehr

gern gehabt haben, wie ich das sehe.
Wir machen weiter, weiter mit den Veränderlichkeiten der Adjektive, weiter mit dem schönen Blick ins nun dunkle Grün all der Säulen, der Pinien, der Schafherden, der Stauden, schöner grüner Tod, Aufhören von Hustenkitzel, schöne Krawatten, schönes blondes langes Haar, und vor lauter Erschöpfung, vielleicht bei Aphasie – die dem Kind die Möglichkeit nahm, Umwelteindrücke in Empfindungen umzusetzen – vor Schwäche nur geringer Juckreiz in den Brennesseln. Gott wurde nicht um Hilfe angegangen. Hast du es aber anders beschlossen, so nimm es auf in das Reich deiner ewigen Freude, hat keiner gesagt, und kein Amen danach. Die Tanzfläche wird mir jetzt zu voll. Mein Mann sieht her. Meine Bekannten haben sich überfressen. Die betrunkenen Männer wenden die ihrem Zustand angemessene feierliche Ergriffenheit in übertriebener Gefühlsäußerung den wenigen Damen zu, die wirklich hübsch sind. Aber auch die kaum hübschen Damen profitieren da und dort vom Alkoholabusus. Die verwickelt gebauten Stoffe der körperlichen Organisation des Kindes zerfallen in einfachste chemische Verbindungen. Wo ist jemand, der da lebt und den Tod nicht sähe, der seine Seele errette aus des Todes Hand? Sie sind nicht mehr ganz auf dem laufenden, sagt der exemplarische Fall für unreines »s«, ich habe die Nachrichten gehört, sagt er dienernd ... Verbeugungen auch so saublöd, finden Sie die auch so – wie ich, seine schöne Krawatte schwappt, Sie finden also, man kann heute noch das Wort Seele verwenden? Zu den Nachrichten: bei einer Dirnenstreife hat man die mutmaßliche Mutter des toten Kindes festgenommen, man hat die Leiche exhumiert und wiederum zu einem neuen Identifizierungsversuch ins gerichtlich-medizinische Institut gebracht. Alles ist gut verlaufen. Ein Zahnarzt konnte anhand der Plomben im Gebiß seine Arbeit feststellen, und das tote Kind wurde noch am gleichen Abend zum zweiten Mal bestattet. Es kommt also alles in Ordnung, wie es üblich ist. Das Gedicht über einen schönen Tod beim Bocciaspiel wurde soeben fertig. Seele?

Würden Sie Ihre Bedenken begründen, andernfalls Ihr Einverständnis formulieren? Am liebsten bei einem altmodischen Slowfox. Das tote Kind bekommt dennoch keinen Grabstein. Bloß auf die Identifikation kommt es an. Mein Freund will mich zum Tanzen holen. Da kommt doch keiner hin und pflanzt und gießt Petunien. Seele – warum nicht? Mein Freund sieht schon wieder wie ein Orate aus. Schöne Bocciakugeln, gebe ich zu. Keiner, der hier unten lebt, stammt vom Mond. Schön kühlt es jetzt ab, schönes Gebüsch, schön, wenn man einen Freund hat, wir warten ab, wir haben es mal wieder geschafft: schöne Todesarten, so lange man lebt.

Konrad und was übrig bleibt

Der Konrad sah sogar in der pelzgefütterten Wildlederjacke nicht vorteilhaft aus. Sowohl seine älteren als auch seine jüngeren Geschwister gefielen den Eltern besser, und zwar von Anfang an. Der Wöchnerin hatte man damals nichts gesagt, aber es stellte sich bald heraus. Einige der Geschwister sind sogar recht hübsch. Das Mädchen zum Beispiel, jedoch auch David. Tillmanns Kopf allerdings scheint ebenfalls reichlich groß, weil er erst zwei ist, kann trotzdem niemand etwas Schlechtes prophezeien. Er ist der Anwärter auf die warme Jacke vom Konrad.

Der Konrad fiel so oft hin. Seine Haare standen immer ab. Die Mutter schnitt sie ihm selber, ohne großen Ehrgeiz. Die andern Kinder gehen zum Friseur. Blond oder bräunlich: wie waren denn dem Konrad seine Haare überhaupt? Den Konrad zu beschreiben, ist den Eltern schwer gefallen. Der Vater sah ihn ja auch nicht eben häufig, der Vater hat ein zweites Metzgergeschäft gegründet und viel zu tun. Am Wochenende fuhr er seit der Anschaffung des neuen Peugeot 404 die Familie im Peugeot 404 herum, sofern sich das Wetter nur einigermaßen eignete, und wenn man dann ausstieg, war es nicht ausgerechnet etwa der Konrad, mit dem zu spielen der Vater Lust hatte, falls der Vater nicht überhaupt alle Viere von sich streckte und einschlief.

Ziemlich viel kann der Onkel Wachsmann über den Konrad sagen. Dieser bedauerlicherweise durch mancherlei Unbill heruntergekommene Verwandte der Mutter, Insasse des Männerobdachlosenheims St. Theresien in der Pilgerstraße, hat ja schließlich das Problem, zwischen acht und fünfzehn Uhr die Zeit totzuschlagen, denn so lange bleibt die Pforte des Heims, in dem man sein ruhiges unauffälliges Wesen schätzt, für ihn verschlossen. Als man den Konrad aus dem Kindergarten nehmen mußte, weil die andern, allesamt kleineren Kinder ihm nachgestellt haben, und als daraufhin der Konrad seiner Mutter zu viele Stunden im Tageslauf eines Geschäftshaushalts im Weg war, bot sich der Onkel Wachsmann an, mit dem Konrad spazierenzugehen. Im Winter waren die großen geheizten Kaufhäuser ihr Ziel. Sie fuhren die Rolltreppen rauf und runter, sie bewunderten die Angebote der verschiedenen Abteilungen, der Konrad hat aber nie die Spielsachen angefaßt. Am Hähnchen-Grill wurden sie mit tödlicher Sicherheit hungrig. Gegen fünfzehn Uhr wurde der Konrad vom Onkel Wachsmann zu Haus abgeliefert, denn nun wollte dieser zurück in sein kleines Mansardenzimmer unterm Dach von St. Theresien, zuvor mit der Fürsorgeschwester ein bißchen plauschen, gewissermaßen um sich von Konrad, dem er gleichwohl herzlich zugetan war, zu erholen. Ein Mann von 63 ist ein Mann von 63, ein Kind, und was für ein Kind, ist ein Kind.

Samstagabends hat sich die Gewohnheit herausgebildet, daß zum Fernsehen die ganze Familie gemeinsam in die beiden großen Elternbetten kriecht. Die kleinen Kinder schlafen darüber ein und sehen niedlich aus, aber daß auch Konrad immer einschlief und nicht niedlich aussah, kränkte die Eltern. David blieb doch auch immer wach. Das sind jetzt so Erinnerungen.

Der Konrad konnte immerhin bis elf zählen. Man rückte dem

Zeitpunkt seiner Einschulung näher. Folgende Regelung war geplant: der Onkel Wachsmann würde ein bißchen früher als vom Obdachlosenheim aus gesehen notwendig das Obdachlosenheim verlassen, also schon vor acht, um den Konrad rechtzeitig zum Beginn des Unterrichts in der Sonderschule abliefern zu können. Um zwölf: Abholen des Konrad durch Onkel Wachsmann. Von zwölf bis fünfzehn Uhr: die Kaufhäuser im Winter, der Stadtpark während der übrigen Jahreszeiten.

Man hat sich um den Konrad gekümmert wie um ein wohlgelungenes Kind. Es wundert die Eltern, daß ausgerechnet der Konrad das Opfer wurde. Die andern Kinder sind zweifellos anziehender. An den anziehenderen Kindern sich zu vergreifen, käme den Eltern weniger unlogisch vor, sie denken nämlich darüber nach, sie machen es sich nicht so leicht, sie sinnieren über den merkwürdigen Geschmack von Triebverbrechern, sie wollen den Triebverbrecher nicht einfach bloß verabscheuen. Der Onkel Wachsmann vermißt den früher manchmal doch etwas lästigen Konrad, denn immerhin war er ein Gefährte, und einen Hund anzuschaffen – sein Lebenswunsch – verbietet man ihm, der auch Verständnis für diesen Punkt der Hausordnung besitzt. Die pelzgefütterte Wildlederjacke blieb unversehrt, das ist erfreulich, ist aber in erster Linie erstaunlich, wo doch sonst alles hin war, sogar die Schuhe, der Konrad. Eine Mutter kann ihr Kind immer identifizieren, sagt die Mutter, in welchem Zustand es sich auch befindet. Von ihrem schnippischen Ausdruck läßt sich ablesen, daß sie seit dem Mord an Konrad ihren Mann nicht mehr einigermaßen gut leiden kann. Sie teilt seine Gefühle nicht, ihr sind nach wie vor die Kinder lieber, welche dem Metzger und ihr wunschgemäß gerieten. Eigentlich habe ich den Konrad erst jetzt so richtig lieb, sagte der Metzger vor Gericht aus. Ein Vater darf nicht parteiisch sein, sagte die Mutter ihm nachher unter Ausschluß der Öffentlichkeit. Sie verteilt Konrads Spielsachen gerecht unter die Kinder, und es trifft sich gut, daß sie jetzt dem Tillmann die Leier geben kann, kurz bevor der Tillmann sie dem Konrad weggenommen hätte.

Geben und Nehmen

Es war dann aber doch schon neun Uhr, als ich den Schlüssel der Wirtschafterin im Schloß meiner Haustür hörte. Die Wirtschafterin redete leise auf den Tapezierer ein. Offenbar warnte sie ihn davor, uns zu wecken. Trotzdem schleifte seine Leiter über die Kanten der Steinstufen. Sie betraten den großen Atelierraum, dessen Westwand an unser Schlafzimmer grenzt. Im Atelier ist die Akustik gut, und die Stimme der Wirtschafterin klang jetzt laut. Die Wirtschafterin spricht perfekt Italienisch, es hört sich dennoch wie norddeutsch an. Ich stand auf. Das Badezimmer liegt jenseits des schmalen Flurs dem Schlafzimmer gegenüber. In zwei Schritten hatte ich es erreicht. Friedhelm schlief nach kurzem Zorn weiter. Alle Türen zwischen mir im Badezimmer, der Wirtschafterin und dem Tapezierer im Atelier waren nur angelehnt. Es war mir etwas peinlich, mit dem Wasser zu plätschern. Wahrscheinlich achtete die Wirtschafterin auf jedes meiner Geräusche. Ich putzte mir also die Zähne. Unter dem Schutz der Hammerschläge, die der Tapezierer nun für nötig hielt, betrat ich die Küche und drehte beide Herdplattenschalter auf drei und zwar, falls die Wirtschafterin mich doch hörte, im Uhrzeigersinn. Die Küche grenzt an das Atelier. Ich riß die angelehnte Tür ganz auf und sagte italienisch »Guten Morgen«, um den Tapezierer einzubeziehen. Die Wirtschafterin stand stramm und antwortete mir auf Deutsch. Ich zog mich in die Küche zurück, wagte aber jetzt nicht mehr, die Tür wieder anzulehnen, so daß ich aus dem Blickfeld der Wirtschafterin geriete. Mein Frühstück wurde fertig. Von meinem Platz am Tisch aus sah ich mitten in den Arbeitsvorgang am großen Atelierfenster, über eine Entfernung von etwa 15 Metern weg. Die Wirtschafterin stand mit dem Rücken zum Heizkörper, an dem sie sich wärmte, und beobachtete von da aus den Tapezierer auf der Standleiter. Die Arbeit schien schon weit fortgeschritten, denn ich bemerkte, daß der Vorhang wieder samt Stange oben befestigt war. Offenbar hatte der Mann aber noch mehr zu tun. Ich trank einen Schluck Tee, stellte meine Tasse jedoch nicht auf den Unterteller, um ein Klirren zu vermeiden. Sollte ich der Wirtschafterin einen Schluck anbieten? War es angebracht, sie und auch den Tapezierer nach irgendwelchen Wünschen zu fragen? Ich hatte keine Lust, sie zu erfüllen. Ich öffnete das Marmeladeglas vorsichtig. Dann verließ ich meinen Platz, ich betrat wieder das Atelier, und die Wirtschafterin, die wohl gewußt hatte, daß sie mit einer Drehung ihres Kopfes nach links mich am Tisch beim Frühstück hätte beobachten können, wandte sich jetzt erst beflissen mir zu. »Warum stehen Sie«, sagte ich, »es ist bequemer zu sitzen.« Ich kam ihr näher und schob ihr einen Stuhl hin, der in ihrer Inventarliste Rom-Stuhl heißt. Sie lehnte dankend ab. »Ich bin gewöhnt zu stehen.« Sie vergaß auch jetzt wieder die Anrede nicht. »Sitzen ist gesünder«, sagte ich, deutete dann auf den Tapezierer, den auch die Wirtschafterin wieder beaufsichtigte, wie es ihre Pflicht war. »Er ist ja schon weit, nicht wahr?« »O ja, der Mann arbeitet stetig. Ich bin froh, daß wir uns an diese Firma gewandt haben.« Der Tapezierer trug dicke gestopfte Wollsachen. »Diese Tapezier-Firma ist viel besser als die, mit der wir früher zusammenarbeiteten«, sagte die Wirtschafterin im Anschluß an ihre Bemerkung, sie stehe gern, sei es gewöhnt, und stehe vor allem gern an einem Platz wie diesem, der Heizkörper mit seiner Wärme tue ihr wohl, wie merkwürdig ihr Bedürfnis doch sei, im Winter stets die Wärme zu suchen. Weil sie die Unbotmäßigkeit dieser privaten Mitteilung empfand, fügte sie sofort hinzu: »Dieser Tapezierer hat allerdings noch nicht genug Klammern mitgebracht, es bleibt also eine provisorische Lösung, bis der Tapezierer demnächst mit neuen Klammern wiederkommt.«

Den Altersunterschied zwischen der Wirtschafterin und mir schätze ich auf etwa 15 Jahre. Ist es denn nötig, daß Sie diese Arbeit überwachen, fragte ich. Allein mit dem Tapezierer, mit dem ich mich wenigstens in keiner Sprache verständigen konnte, hätte ich mein Frühstück fortsetzen, das heißt, überhaupt erst richtig beginnen können. Die Wirtschafterin bejahte meine Frage mit Entschiedenheit. Es muß doch aber langweilig sein, zuzuschauen, sagte ich. Das sei ihr Beruf, und sie sei den ganzen Tag in derartigen Angelegenheiten unterwegs. Diesmal hatte ihre Stimme abweisend geklungen, wahrscheinlich, weil ich ungewollt ihren Beruf in Frage stellte. Mit beiden Händen strich sie ihre Hygienefrisur noch glatter an den Kopf. Dann vergrub sie die Händer wieder in den beiden tiefen Taschen ihres grünen Kittels. Sie roch nach Familienbad. Um die Wirtschafterin zu versöhnen, sagte ich: Der Tapezierer ist ja nun doch nicht so früh wie angedroht gekommen. Mir fiel Friedhelm ein, von dem man kein Geräusch hörte. So haben Sie wenigstens ausschlafen können, sagte die Wirtschafterin. Für sie selber beginne der Tag um 6 Uhr 15, und das sei noch nicht früh genug, nicht nur ihrer Arbeit wegen, mit der sie, ein Sysiphos des Akademiebetriebs, ohnehin nie fertig werde. Nein, sie denke vielmehr an die Leistungskurve. Um 5 Uhr in der Frühe setze laut Informationsblatt ihrer Krankenkasse die Leistungskraft des Menschen ein und sie steigere sich bis 11 Uhr, falle dann rapide ab zum sogenannten Mittagssattel. Ich stellte mich so, als hätte ich etwas mit den Zeitungen und Zeitschriften zu tun, die auf dem kleinen Tisch lagen, ich tat daraufhin so, als wäre ich am Schreibtisch beschäftigt. Nach ungefähr 3 Minuten schlich ich mich in die Küche, trank einen Schluck Tee, der kalt geworden war, und kehrte zurück, denn die Wirtschafterin hatte ihre Gesetzlichkeit vergessen, mich nur aufgefordert und dienstlich anzusprechen, und mir zugerufen, für meinen Mann sei das Ausschlafen hier doch sicher eine gesundheitsfördernde Freude. Ja, gab ich zu, und trat in den Bereich um Standleiter, Fenster und Heizkörper vor, es stimmt, aber heute hat mein Mann nicht bis zum Mittagssattel gewartet und ist schon viel früher weg und zwar zum Renault-Service. Der Tapezierer hämmert wieder. Der vorige Tapezierer hat nicht genug geklammert. Wir werden ihn nicht mehr beschäftigen. Benutzen Sie den Vorhang von nun an ruhig, aber denken Sie daran, vorsichtig zu sein, bis die erforderlichen weiteren Klammern angebracht werden. Dieser Mann sagt, er habe nicht gewußt, daß so viele Klammern fehlen. Der Vorhang ist wirklich ganz von selbst heruntergekommen, sagte ich, ich habe mich, trotz guter Gründe, nicht an der Vorhangsschnur aufhängen wollen. Die Wirtschafterin wußte durchaus, daß hierauf höchstens eine kleine Grimasse statthaft war, die den Grad ihrer Belästigung nur andeutete. Um die Distanz zwischen uns erneut zu fixieren, sagte sie schnell ein paar italienische Sätze zu dem Tapezierer. Ohne jede Absicht zog ich mit der Zeigefingerspitze einen Strich durch den Staub der Fensterscheibe. Mit eifrigem Entsetzen ging nun die Wirtschafterin etwas zu weit und malte ihrerseits eine Linie in die Schmutzschicht. Diese Scheiben sind in einem unzumutbaren Zustand, stellte sie fest, allerdings ohne Schuldbewußtsein. Der Tapezierer mußte die Leiter etwas weiter zur Mitte rücken. Hierbei fand er kurz Gelegenheit, uns zwei Frauen zu prüfen. Sein Ausdruck war unzufrieden. Diese Scheiben muß die Caterina Ihnen nachher saubermachen, mag sie in einem der anderen Häuser heute irgendwas vernachlässigen, sagte die Wirtschafterin. Die Fensterfront ist schwer zu erreichen. Die arme Caterina, sagte ich. Wieso, fragte die Wirtschafterin erstaunt, das gehört zu ihrem Beruf, und sie muß es können.

Man kann an die Fensterfront nicht unmittelbar herantreten, weil ein ungefähr 50 cm breiter Sockel vorgebaut ist. Der Altersunterschied zwischen der Caterina und mir ist noch erheblicher. Der Sockel ist abschüssig und einen knappen Meter hoch. Das ist gar kein Problem, sagte die Wirtschafterin. Ihr Ton wurde dem befehlenden Ton ähnlich, in dem sie zum Tapezierer sprach. Die Caterina wird zuerst auf einen Rom-

Stuhl steigen und dann auf den Sockel. Von da aus kann sie zwar nicht die ganze Höhe der gesamten Glasfront erreichen, aber es wird mit den Scheiben, an die sie herankommt, schon viel gewonnen sein. Achten Sie bitte darauf, daß die Caterina Zeitungen über das Sitz-Geflecht des Rom-Stuhls breitet. Sie haben doch von allen zehn Häusern den schönsten Ausblick, von hier aus wirkt die Symmetrie des Parks erst richtig, Sie werden die blanken Scheiben genießen und können dann auch wieder die Ehrengäste und die weißen Tauben und die Zypressen genau sehen.
Der Tapezierer war fertig. Der Mann ist fertig, sagte die Wirtschafterin. Bitte, entschuldigen Sie, daß wir Sie gestört haben. Sie wollte nicht für sich und den Tapezierer die Tür aufgehalten bekommen. Besonders auch, weil ich sie und den Tapezierer bis hinunter an die Haustür begleitete, verlor sie bei ihrem undienstlich entstellten Abmarsch ein wenig an Haltung. Es wäre ihr auch lieber gewesen, wenn ich mich nicht auf Italienisch verabschiedet hätte, denn wiederum erwiderte sie meinen Gruß deutsch.
Mein Frühstück war kaum im Gang, da klopfte mich Friedhelm mit seinem Signal ins Schlafzimmer. Wir spielten wie jeden Morgen schnell Herr und Diener, ich machte den fiedelnden Zigeuner heute aber nur kurz und vergaß sogar, die hohle Hand für das simulierte Trinkgeld hinzuhalten. Die Wirtschafterin wird die Caterina zum Fensterputzen im Atelier abkommandieren, berichtete ich Friedhelm, der das guthieß, ehe er sein Frühstück anforderte. Während er seinen Tee trank, saß ich im dunklen Schlafzimmer am Fußende des Bettes. Ich faßte den Entschluß, den Schlafzimmervorhang heute gar nicht aufzuziehen, so würde sich die Caterina vielleicht scheuen, bei uns einzutreten. Als aber Friedhelm sich im Badezimmer rasierte, kam die Caterina doch. Die gefährliche Abwechslung schien sie nicht nur zu erregen, sie lachte vor sich hin und sah stimuliert aus. Zeitungen breitete sie unaufgefordert auf den Rom-Stuhl. Sie schaffte einen Stapel Zeitungen auf die abschüssige Brüstung und zerknüllte

einige Seiten. Sie wollte sich den Zinkeimer nicht von mir auf die Brüstung heben lassen. Während sämtlicher Tätigkeiten redete sie pausenlos vor sich hin. Es war halb elf vorbei, in weniger als 25 Minuten fiele ihre Leistungskurve steil zum Mittagssattel herab. Die keilförmigen Sohlen der offenen Sandalen, die das Gehen der Caterina schon normalerweise behinderten, störten sie heute erst recht. Ich wollte nicht zusehen, wie die Caterina sich auf den schrägen Sockel hangelte. Ich selber bin kräftig, ich bin schwindelfrei, meine Schuhe sind praktisch. Von der Küche aus sah ich doch zu. Die Caterina war auf dem Sockel angelangt, wagte aber noch nicht, sich aufzurichten. Sie hielt sich am Fenstergriff, aber diesen Halt müßte sie aufgeben, so bald sie mit dem Putzen anfinge.

Friedhelm hatte länger als sonst im Badezimmer zu tun. Ich rufe die Wirtschafterin, sagte ich ihm. Das wirst du nicht tun, sagte er, denn indem die Wirtschafterin der Caterina diese Arbeit auftrug, wußte sie, was sie tat.

Am Atelierfenster stand die Caterina jetzt schon, sie war den Scheiben aber zu nah, so daß ihren Armen keine Bewegungsfreiheit blieb. In diesem Moment, als ich eintrat, um sie mit den paar Vokabeln, die ich kannte, zu warnen, riskierte sie es, sich nach dem Eimer zu bücken. Ich ging sofort aus dem Zimmer, ich verließ das Haus und fand die Wirtschafterin in ihrem Büro. Die Wirtschafterin erhob sich augenblicklich und stand stramm. Was tun wir, wenn der Caterina schwindlig wird, fragte ich, der Sockel ist abschüssig und das Schuhwerk der Caterina beeinträchtigt ihre Sicherheit außerdem. Machen Sie sich keine Gedanken, sagte die Wirtschafterin; sie stand etwas weniger stramm. Es mag gefährlich aussehen, weil die Caterina so plattfüßig ist, aber sie kennt sich auf dem Sockel aus.

Bei meiner Rückkehr fand ich die Caterina schon beschäftigt. In gekrümmter Haltung rieb sie Zeitungsbüschel über die Scheiben. Was sie mir dringend mitteilen wollte, konnte ich nicht verstehen. Ich beschloß, ihr ausnahmsweise das Bettenmachen abzunehmen. Friedhelm erwischte mich beim Straffen seines Lakens, es war ihm auch nicht entgangen, daß ich seinem Verbot zuwider bei der Wirtschafterin vorstellig geworden war. Geh mir aus den Augen, sagte er und gab mir einen Tritt. Ich gab der Caterina eine Banane für den Mut. Friedhelm warf die Haustür ins Schloß. Ich hatte vergessen, ihm zu raten, eine Begegnung mit der Wirtschafterin zu vermeiden, denn die vermute ihn beim Renault-Service. Wohin Friedhelm ging, wußte ich nicht. In der tiefen Beuteltasche ihrer Schürze, die zur Uniform aller Akademie-Putzfrauen gehört, konnte die Caterina die Banane nicht gebrauchen. Ihr rechter Fuß war halb aus dem Schuh gerutscht. In den dünnen Beinen spannten sich die Sehnen und Muskeln an. Mit der Arbeit kam sie sehr langsam vorwärts. Noch immer lachte sie viel und nervös, redete auch. Ich hatte versäumt, die Wirtschafterin darauf hinzuweisen, daß die Caterina in unmittelbarer Nähe des Mittagssattels besonders gefährdet sei. Als mir das einfiel, befand ich mich im Badezimmer, und ungefähr gleichzeitig hörte ich den Aufprall, zusammen mit dem Geräusch des umfallenden Rom-Stuhls, und auch der Zinkeimer klirrte zu Boden. Offenbar war die Caterina zuerst auf den Rom-Stuhl und von da auf den Fliesenboden gefallen und hatte beim Sturz den Eimer vom schrägen Sockel gestoßen. Ihr italienisches ZU HILFE konnte ich selbstverständlich nicht verstehen, so daß ich also nicht ganz sicher war.

Das Haus verließ ich rasch und leise. Friedhelm fand ich vor der offenen Kühlerhaube des R 4. Über einem kurzen Herr-und-Diener-Spiel, wobei ich die zwei Stunden vorher am Bett vergessene Gebärde des Bettelns um Trinkgeld nachholte, wurden wir wenn auch noch etwas einsilbig Freunde. Unsere Leistungskurve war sowieso auf ihrem Tiefpunkt. Wir fuhren in die Stadt. Ich fühlte mich wie nach zweitägiger Krankheit schwach und fieberfrei. Auf dem Hinweg ins RINASCENTE gaben wir dem Bettler in der Unterführung nichts. Im zweiten Stock des RINASCENTE gab Friedhelm diesmal meinem

Wunsch nach und kaufte mir die braune Jacke. Auf dem Rückweg durch die Unterführung gaben wir dem Bettler etwas.

Ich kam natürlich ungern nach Haus. Um Rache an der Wirtschafterin oder an Friedhelm, der ohnehin den Tritt mit der Jacke vergolten hatte, ging es mir gar nicht. Ich ließ Friedhelm zuerst ins Atelier eintreten. Als ich keinen Ausruf des Abscheus hörte, folgte ich ihm. Vom Unfall der Caterina war keine Spur geblieben, und nur ich wußte, daß der Rom-Stuhl an einer anderen Stelle stand. Wir haben alle unsere Schwächen, aber wir sind keine Unmenschen, sagt die Wirtschafterin, als sie uns etwas später mit einem Umlauf aufsuchte. Das fast zu Private ihrer Äußerung glich der einwandfrei genehmigte Tonfall wieder aus. Dem Tapezierer, der seine Arbeit so viel ordentlicher verrichtet hatte als der frühere Tapezierer, hatte die Wirtschafterin ganz impulsiv ein angebrochenes Päckchen Nazionali gegeben. Man muß auch mal von der Norm abweichen, sagte die Wirtschafterin, wohlgemerkt, ohne gleich über die Stränge zu schlagen. Den Umlauf legte sie auf den Schreibtisch, und sie schraubte die Kappe vom Kugelschreiber. Sie bat uns um unsere Entscheidung. Während Friedhelm den Umlauf durchlas, sagte die Wirtschafterin zu mir gewandt: Die Caterina ist mit der Zeit steif und unkonzentriert geworden. Jeder Mensch ist in der Lage, täglich zehn Minuten etwas für seine Gelenkigkeit zu tun, denn ein jeder besitzt ein Heimgerät. Nehmen wir nur diesen Rom-Stuhl. Sie ergriff den Rom-Stuhl. Es kann aber auch ein Türrahmen, ein Besenstiel oder ein Bügeleisen ähnliche Dienste tun. Die Übungen von 1 bis 5 sind kinderleicht. Unter der Rubrik ZUSAGEN trug Friedhelm unsere Namen ein: also werden wir wieder etwas für die Opfer des Völkermords geben, wie gewöhnlich. Die Wirtschafterin demonstrierte am Rom-Stuhl nicht, erläuterte aber das ÜBERSTEIGEN, DAS BEINKREISEN, DAS HOCHDRÜCKEN, DAS RADFAHREN und zuletzt DIE RÜCKEN-KRAFTPROBE. Sie hatte hierbei diesmal nicht das Gefühl, daß sie privat zu weit ging. Die Caterina ist versorgt. Bitte, benutzen Sie Ihre Vorhänge noch vorsichtig, bis endgültig geklammert wird. Auf diesen Mann kann man sich verlassen. Abends hat der Mensch eine zweite, leicht abgeschwächte Leistungskurve. Es ist ratsam, rechtzeitig vom Nachtsattel abzusteigen. Morgen früh werden Sie sich am blanken Ausblick auf den Akademiebetrieb mit den Ehrengästen, den weißen Tauben und den Zypressen erfreuen und Ihrer Wirtschafterin insgeheim danken. Man muß sich auf beides verstehen, auf das Geben und auf das Nehmen.

Robert

Der Robert stört. Der Robert stört ja schon wieder mit dieser Notenzeile. Dagegen bedienen sich die ihm wohlgesinnten Eltern des laut aufgedrehten Radios beinah vergeblich. Auch die Großmutter versteht seine Wörter überhaupt nicht. Niemand kennt sich aus mit seinem Wort TOD. Vögel sprechen Fremdsprachen. Der Robert ist doch hoffentlich sicher dankbar. Das gibt dem Robert doch hoffentlich sicher alles zu denken. Daß man ihn überhaupt darauf aufmerksam macht. Er kann doch nicht dauernd einfach Brand stiften. Er kann doch nicht Tag für Tag seine eigene Großmutter anbrennen, er kann doch nicht Tag für Tag seine eigenen Eltern einfach sogar regelrecht anzünden. Der Robert stört. Vögel können täuschen. Tannenmeisen besitzen ein viel feineres musikalisches Unterscheidungsvermögen als die Großmutter, als die Eltern; könnten wir doch den Robert aus praktischen Erwägungen in einen Menschen verwandeln. Singend oder pfeifend – immer wieder diese Notenzeile – benimmt der Robert sich grob unhöflich und taktlos. Raus aus dem Gesicht mit Fingern, Haaren, Tränen. Erst recht an einem so schönen Sommerabend. Der Robert hat doch sogar Eltern, die nicht nur im Winter ihre gefiederten Freunde füttern. Die Eltern verteilen ihre Tierliebe paritätisch. Die Eltern üben ihre

Tierliebe nicht nur in einer Richtung aus und denken, während sie noch den Vögeln verschiedene Futtersorten an differenzierten Futterplätzen hinstreuen, schon an das dem Vergnügen der Vögel unmittelbar folgende Vergnügen der Hauskatze. Und so kränklich, Robert, sieht man einfach nicht aus. Schau dir mal deinen berstenden Vater an. Schau mal, deine Mutter: immer einen Moment vorm Aufplatzen. Bei der Großmutter handelt es sich allerdings nur noch mehr oder weniger um einen Bauch. Was die Eltern auch in sie reinstecken, die Beine der Großmutter beispielsweise, aber auch Hals, Hände, Schultergegend und so weiter kriegen nichts davon mit. Was die Eltern auch in den Robert einstekken, er bleibt mit Haut und Haar ein Störeffekt. Dem kann durchaus eines Tages abgeholfen werden, Robert, wir warnen dich sehr. Dir kann sowieso abgeholfen werden. Den Eltern kann geholfen werden. Robert legt erneut Feuer an die Familie und stört. Der Robert kommt musikalisch gesehen überhaupt nicht vom Fleck. Es brennt ja lichterloh. Deine Eltern aus Schmalz schmelzen. Deine Großmutter aus Zunder schrumpelt, der Bauch deiner Großmutter explodiert. Robert, das Musikstück geht doch weiter, und es hat sogar einen beinah ganz fröhlichen Schlußsatz. Deine Eltern meinen es gut mit den Vögeln, mit der Katze, mit der Großmutter, und sie würden es gut meinen mit dem Robert sofern. Sofern beispielsweise. Wenn er sich nur. Hielte er sich doch wenigstens an die Notenzeilen des Schlußsatzes. Seine Eltern so friedlich bei ausreichenden Getränken im Freien unter den Balken der Pergola und die Clematis wird immer besser. Noch zwei Gläser mehr, und der Vater wird mittels Geschlechtstrieb verbunden mit Gehirntrübung die elterliche Ehe mal wieder biologisieren. Noch ein Glas mehr, und die Mutter wird mittels Depersonalisation verbunden mit mobilisierter Ethik ihre lebenspartnerschaftliche Glanznummer aufführen. Noch ein Schluck mehr, und die Großmutter wird, platsch, vom Stuhl platschen. Mit sämtlichen elf bekannten Sprachen der Amazonas-Stämme hat man zwischen dem Robert und seiner Familie keine Kommunikation erzielt. Auch in der Knotenschrift lassen seine Zeichen sich nicht aufschließen. Höher entwickelte Vögel befreien sich vom angelernten Notenrepertoire. Kolkrabe und Schamadrossel können sich erfundene Namen geben und sich bei den erfundenen Namen rufen. Robert, rufen deine Eltern. Robert, deine Eltern haben soeben für den kommenden Herbst Spezialfuttersorten eingekauft, sie haben außerdem soeben rechnerisch ermittelt: eine Erkältung der Großmutter kommt uns billiger als abendlicher Stromverbrauch durch Benutzung des Heizventilators, denn die Großmutter nimmt keine Medikamente, sondern das heiße Lungenläppchen, unter dem die Speckgrieben bruzzeln. Robert, deine Eltern nehmen den Fettgestank deiner Großmutter auf sich und überdies das Gehuste. Robert, deine Eltern streuen ja schon wieder das Vogelfutter aus, während sie die Katze zurückhalten. Der Robert stört und stört. Die Eltern hören seine Fremdsprache, von der er sich Verständigung mit den Vögeln erhofft. Die Eltern können sich vor seiner Notenzeile ja kaum noch schützen. Das laut aufgedrehte Radio randaliert bereits, doch dringen Roberts Erfindungen gegen die Eltern durch den süßen triefenden Schwall, nach dessen Drehungen sich die Eltern in immer eindeutigeren Stellungen winden. Die Schamadrossel ahmt nach und täuscht mit der Nachahmung zum Beispiel die Amsel. Die Großmutter kommt dank der Freimütigkeit der Eltern auch immer auf ihre Kosten. Die Großmutter ist schon ganz gut im Voyeurismus. Sie erreicht mit gewissen Verrenkungen auf ihrem Stuhl hübschere Genußerfolge als seinerzeit mit dem Großvater. Die Hauskatze wartet in einem längst von ihr bejahten Erregungszustand ab, bis die Vögel in der ihnen typischen Hast das Futter aufgepickt haben. Und erst danach schießt sie los. Und erst jetzt verbuchen Eltern, Großmutter, Katze einen beinah gemeinsamen Lustgewinn. Robert, was ist los mit dir. Robert, werd uns bloß nicht pervers. Es ist besser freien, denn Brunst leiden, wissen deine bibelfesten Eltern. Robert, die Natur ist kein Singsang, die Natur ist kein fremder Wortschatz, die Natur ist kein Deckchensticken, die Natur hats in sich. Wie schön doch schiebt beispielsweise in der lebenspartnerschaftlichen Grundstellung A dank umsichtiger Natur der Wanst deiner Mutter sich unter den Wanst deines Vaters, und mittels genau bemessener mütterlicher Oberweite kommen sie auch in der Rumpfpartie gut aneinander. Diesem Umstand verdankst du dich selber, Robert. Und sogleich nach allen Wundertaten der Natur richten die Eltern die eingeweihte Bettwäsche für die Dampfwäscherei Beck. Und sogleich stopfen die Eltern die ganz beschickerte Großmutter zwischen Laken und Plumeau. Und sogleich knistert lauter als dein Familienfeuer im Haus, Robert, unser Apfelduftschaum im Badezimmer, wo wir Eltern naß werden. Der natürliche Mensch vernimmt nichts, Robert. Robert, du darfst anschließend in die Wanne, deren dreistufigen leichten Schmutzfilm du anschließend wegbürsten darfst. Der Vater ist am schmutzigsten und am schwersten, er bringt das Wasser am höchsten den Wannenrand hinauf, und der Robert darf das väterliche Grau wegschrubben, wobei er aber weitermacht mit der Notenzeile. Deine Eltern kennen dein Wort TOD überhaupt nicht, denn noch einmal stirbt in der Familie keiner. Denn noch einmal beantwortet keiner die Täuschungen vom Robert. Die Eltern erstreben doch die verdiente Nachtruhe. Haben sie sich zuvor etwa geschont, haben sie nicht vielmehr zuvor unter anderem nochmals ein wenig Hirse hingeworfen, die nicht kleinlichen Eltern haben zuerst den Vögeln und dann der Katze bei der Nahrungsaufnahme zugeschaut. Das Interesse der Eltern für Verhaltensforschung ist kaum umzubringen. Den Robert aber steckt keine ihrer breitgestreuten Kenntnisse in eine der bekannten Verhaltensschubladen. Die Hauskatze ist reell, Vögel aber können täuschen. Ein Eisfuchs aber konnte lügen. Der Robert aber kann, indem er lügt, die Wahrheit sagen. Der Robert aber stört seine ganz erschöpften Eltern mit der böswilligen Sprache seines Auslands. Die Eltern können an ihren Störeffekt nicht heran. Die Eltern können Roberts Befreiung vom angelernten Notenrepertoire nicht verstehen. Die Eltern können an Vögel und Katzen zugleich heran. Die Eltern können an Robert und die Wahrheit nicht heran, weder gleichzeitig noch, wenn auch getrennt, parallel. Die Eltern können aber doch wieder einmal gut schlafen, während das Feuer ausgeht, während die Asche abkühlt, während die Brandopfer von ihrem Ewigen Schlaf nichts wissen.

Nette arme und gerechte Kreaturen

Cora serviert das Frühstück. Sie legt mir die Zeitung auf die Bettdecke. Das Verwöhnen haben wir gerecht auf uns beide verteilt. Ehen, in denen nur noch gemäkelt oder gegähnt wird, sollten durch Planung eine neue Lebensfähigkeit erhalten. Sorgen, die wir nicht kennen. Wir machen es uns trotzdem ganz durchschnittlich und nach außen hin unscheinbar. Höchstens ein Unverständiger könnte unsere tätige Tierliebe als Abweichung vom Alltag der Nachbarn denunzieren. Wir scheren uns aber nicht um den denkbaren Erkennungsfleck auf unserer Mimikry. Hauptsache, der Klatsch läßt Cora und mich in Ruhe – aber wir hören sowieso nicht hin. Cora klopft mein Frühstücksei auf. Für Hühner gibts kein Frühstücksei. Hühner sollen Eier legen, sie aber nicht fressen. Jetzt im September hat der Kleintierhalter Zeit, sich um die Probleme seiner Stallungen zu kümmern. Das sind alles Zitate aus meinem Beitrag in DEIN HUHN – DEINE FREUNDIN. Für die Sicherheit der Eier haben wir uns eine Abrollvorrichtung zugelegt, endlich. Somit ereignet es sich nicht mehr, daß eine Henne mit der Gelegenheit konfrontiert wird, zerbrochene Eier zu probieren und womöglich auf den Geschmack zu kommen. Wir haben das früher erlebt. Diese asoziale Henne wurde geradezu süchtig und wartete nicht auf Eierunfälle, sondern führte sie selber mit dem Schnabel herbei und gab

sich schließlich schon nicht mehr mit der eigenen Produktion zufrieden. Ich kehre die Zeile um und behaupte: Durch eines Ungehorsam werden viele Ungerechte. Wir mußten jedesmal die feuchtgewordene Nesteinstreu erneuern, damit sich die Leidenschaft für Eier nicht auf die übrigen Hühner übertrug. Mit Drahtabzäunungen und auch Strohballen, in die Ecken gestopft, nahmen wir den Hühnern die Freiheit zum Ungehorsam. Die Kreatur ist der Eitelkeit unterworfen.
Cora hat sich auch diesmal wieder genau an die verabredete Kochzeit gehalten, und ich verzehre das Ei nach meiner Technik, die auf maximalen Lustgewinn ausgerichtet ist. Ich schaffe es immer besser, rings um das Dotter vorerst kleine Glibber und festes Eiweiß auszuschaben; aber auch bei diesem Vorspiel halte ich mich, Langsamkeit, Langsamkeit, im Genießen hin. Wir wissen inzwischen, daß wenige oder falsch aufgestellte Tränken ebenfalls zum Eierpicken verleiten. Die Vergangenheit ist nie vorbei. Immerhin haben wir Menschen und das Huhn vor 280 Millionen Jahren gemeinsame Vorfahren gehabt.
Wir halten dann unsere kleine Andacht. Ich hörte Coras Stimme gern. »Wir waren schon zu tief gesunken / Der Abgrund schluckt uns völlig ein«, singt sie. Ich löse sie ab: »Und dennoch konnt in solcher Not / Uns keine Hand behilflich sein.« Aber wir denken eigentlich ziemlich anders darüber.
Für schwierigere Mahlzeiten bin ich zuständig, und Cora verwöhnt sich mit einem Besuch bei den Tauben, die in ihrem Reisemonat besonders viel Vitamin A brauchen, während ich mich an die Zubereitung der letzten uns verbliebenen Jungpute mache. Es hat anscheinend im August zu viel geregnet, denn obwohl wir die Tiere rechtzeitig in die Unterkunft gebracht haben, müssen sie doch bereits feucht gewesen sein; sie magerten ab, wurden appetitlos, schläfrig und atmeten schwer, Nasenausfluß und heiseres Röcheln traten hinzu, zahlreiche Abgänge alarmierten uns. Da war nichts mehr zu retten. Wir hätten am bestem beim 1. Symptom mit dem

Ausmerzen begonnen, nur unsere Weichherzigkeit verhinderte dies. Nette arme Kreaturen, mit denen wir uns umgeben. Ach, was sind wir für zwei nette arme Kreaturen. Wir sind alle mehr oder weniger miteinander und mit der Backhefe verwandt.

Alle Kreatur sehnt sich mit uns. Die Ehe war immer unser Wunschtraum. Welche Schwierigkeiten haben wir überwunden. Die Geheimnistuerei vieler Jahre hat uns reichlich zermürbt. Das hängt uns natürlich noch nach. Cora war in besseren Zeiten weniger passiv und kaum weinerlich. Ich selber bin manchmal etwas aufbrausend. Doch den Mangel an Leben haben wir abgeschafft. Wir sind viel extremer zusammen als die ehelich verbundenen Paare in der Nachbarschaft, und neuerdings blöken auch noch Ziegen und Schafe um uns herum. Daß Ziegen von Würmern befallen werden können, bedenkt der Ziegenhalter nur selten. Wir passen auf, wir lesen überwiegend alles Einschlägige über die Gefahren, die unseren Lebensgefährten drohen, denn abgesehen vom selbstverständlichen Mitleid bei der Beobachtung von Schmerzen und Verenden – Vorgänge, die andererseits allerdings Erfahrung einbringen – und abgesehen auch von der Last mit der Beseitigigung der Kadaver, möchten wir im Überleben unserer Kameraden bis zur natürlichen Schlachtreife doch den Lohn der Aufmerksamkeit, der Opfer und der Liebe erblikken, den Gewinn des ganzen Aufwands nun eben. Wie es von Anfang der Kreatur gewesen ist. Wer recht tut, der ist gerecht. In diesem Monat wird geschlachtet. Zuvor prüfen wir die Entwicklung der Brustmuskulatur und die des Federkleides. Wir haben alle Tiere auf klangvolle Namen getauft. Ich hebe Lilianas schönen bunten Flügel an und kontrolliere dessen Ausbildung. Ich merke Liliane für den Speisefahrplan der nächsten Woche vor. Undine ist eine Nachzüglerin, auch was die bislang nur durchbrochene Hülse betrifft. Es erweist sich aber als Vorteil, daß unsere Tiere trotz Gleichaltrigkeit an Dauer unterschiedliche Reifeprozesse durchmachen, besonders wenn man nichts verschenken will. Warum uns die

Kriminalisierung durch unsere Nachbarn nicht mehr stört? Nun, wir haben entdeckt, daß es gar nicht lohnt, MENSCHEN ZU SEIN, wenn MENSCHEN andere vom Menschen ausschließen. Meine Anzüge passen denen nicht, desgleichen mein Haarschnitt, die Krawatten, und den Neurologen, zu dem ich Cora einst aus Sorge über ihre depressiven Schübe schickte, habe ich auch überlistet, so daß Cora seine affige Privatklinik, in die er sie abschieben wollte, niemals von innen gesehen hat. Wir halten uns besser an die edel geschnittenen Gesichter unserer Angorakaninchen. Fast hätte es anfangs Streit gegeben wegen dieser ebenfalls getauften Tiere, denn jeder von uns wollte das Bürsten übernehmen. Nun haben wir das gerecht entschieden, nämlich nach Talent. Ich bürste besser. Der Gerechte gibt und versagt nicht. Cora, der ich schließlich die Tauben weitgehend überlasse, bekam das Fell nie ganz frei von Fremdkörpern. Unter meiner Bürste glätten sich verworrene Stellen. Des Gerechten Weg ist schlicht. Besonders sorgfältig pflege ich die Wolle im Genick, an der Brust, zwischen den Läufen und am Bauch, da also, wo sie sich am leichtesten verfilzt. Wir haben uns keine grobwolligen Häsinnen zugelegt, dankbar für die Information in DEINE KLEINTIERE. Keine Kahlstellen – vielmehr machen unsere Zöglinge mit dichter Vliesbildung Furore, allerdings nur zu unser beider Freude, da wir ja nun einmal abgekapselt leben. So ist die Welt. Leute, die ihre Ehen in der Hoffnung angefangen haben, sich den größten Wunsch lebenslänglich zu erfüllen, stecken doch in Kürze in ihrer unbefriedigten betrogenen Trauer. Anders bei Cora und mir. Ach was sind wir für zwei nette arme und gerechte Kreaturen. Wir dürfen durchaus triumphieren, wenn auch nur entre nous, aber was heißt: NUR! In unserem Daseinsareal begegnet man der Verwirklichung des Menschen und auch der des Tieres zu jeder Tages- und Nachtstunde.

Hilfe! Hilfe! höre ich Cora rufen. Ich muß wohl oder übel die Jungpute ungerupft liegenlassen, ich finde Cora unfähig, der Taube Suzanne ein Weizenkeimölpräparat zu verabreichen.

In ihrer Verwirrung stößt sie überdies mit dem Ellenbogen gegen die Lebertranflasche. Ich habe ihr schon hundertmal gepredigt, stets auch zwischen Entnahme und Entnahme, von Gabe zu Gabe also, die Flasche zu verschließen. Ich kenne doch mein schußliges Liebchen. Wirklich ertappe ich Cora nicht gern bei ihren kleinen beschädigenden Schlampereien, aber ausgegossener Lebertran ist keine Augenweide, ist ein Verlust, ist ein Indiz. Bleibt mir nichts anderes, als Cora eine runterzuhauen. Keine Kreatur ist vor ihm unsichtbar. Die Kreatur wird frei werden von dem Dienst. Ich drohe den Entzug der Taubenpflege an.
Cora umarmt mich trotzdem. Sie ruft und weint meinen Namen in vielen Variationen: o Rita, Ritalein, Rita-Schatz. Ich gleite wie üblich von der Züchtigung in die Zärtlichkeit. Auch in einer Ehe wie der unsrigen muß ja einer die verächtliche, nützliche Rolle des Mannes übernehmen. Richtet und streitet mit Gerechtigkeit.

Ein Fall von Chemie

Doch, also ich, wenn du mich fragst, ich finde schon, daß wir hinmüssen, und zwar dringend, wirklich, sagte Frau Eschfeld zu Herrn Eschfeld. Wir müssen gar nichts, und bei diesem Sauwetter schon erst recht nicht, nirgendwohin, sagte Herr Eschfeld.
Ihr Satz und sein Satz variierten nur vorausgegangene Sätze zwischen ihnen. Nach etwas mehr als zwei Ehejahrzehnten war die Gegensätzlichkeit ihrer Standpunkte in einem Fall wie diesem eine todsichere Prognose. Jemand war krank, nichts war daran weiter schlimm. Für Frau Eschfeld eine Gelegenheit zur Übertreibung. Für Herrn Eschfeld ein Zeitverlust sogar im Denken. Frau Eschfeld bekam Lust, sich aufzuregen. Zusätzlich die Lust, ihre Aufgeregtheit auch zu zeigen. Diese Lust war bei ihr knapp geworden. Eine eheliche

Energiekrise. Ihr weiblicher Gefühlsstau kam bei ihrem Mann schlecht an, wenn schon mal doch aus Unüberlegtheit die Schleusen aufgemacht wurden. Daher transportiert sie ihre Exaltationen meistens in eine mittelschlechte Laune, damit nichts weiter auffiel, aber Herrn Eschfeld fiel nichts auf, und Einsilbigkeiten seiner Frau empfand er als angenehm, sofern er sie überhaupt wahrnahm. Sieh dir das Dreckwetter an, sagte er.

Wieso sagte er etwas ganz von selbst, nicht mal als Antwort? Es ist Schneefall, schöner Schnee, sagte Frau Eschfeld, sie fand ihre Stimme sanft, wohlklingend, sehnsüchtig. Also Schluß jetzt, Suse, sagte Herr Eschfeld.

Herr Eschfeld heißt ein für allemal Helmut, seit er Helmut getauft wurde. Frau Eschfeld hat es sich im Lauf ihrer Biographie mit dem Vornamen nicht so leicht gemacht. Susanne steht im Paß. Als Kleinkind kritikunfähig, ließ sie sich Suse nennen, auch Susi und so weiter. Erst als Schulkind bestand sie auf Susanne, wegen der ganzen Heul- und Tränensusen, die sich anboten, auch wenn sie keinen Anlaß lieferte. Später war sie auf Sue gekommen. Ein paar Bekannte von früher erinnerten sich noch an Frau Eschfelds amerikanische Zeit und redeten sie noch mit Sue an, falls sie noch in Frau Eschfelds Leben vorkamen, die meisten nicht mehr. Inzwischen war die französische Version von Susanne so gut wie durchgesetzt, samt Aussprache und Rechtschreibung. Das ging im Freundeskreis glatt über die Bühne, auf der sich sowieso die Ehefrauen in aparte Geschöpfe verwandelt hatten mittels Abänderungen der Vornamen oder regelrechten Umbenennungen und mittels und zwecks zunehmender Lebensreife. Das Älterwerden will verstanden sein. Was man dran verschönern kann, sollte man dran verschönern. Sogar die Verwandten gewöhnten sich an und ein und machten bloß noch den Schreibfehler, deutsches S statt des französischen Z. Aber Herr Eschfeld war verdammt zäh. Er hatte gern kurze Sachen. Suse war kurz, wenn schon angeredet werden mußte, und dann war meistens was nicht ganz in Ordnung. So wie

jetzt in den Reproduktionen des autofeindlichen Sauwettersatzes. Die zielten gegen eine nicht ganz hasenreine Passion von Frau Eschfeld, von der Herr Eschfeld aber nichts wußte. Er bekam immer nur Symptome mit. Die behagten ihm ebenfalls schon wenig genug. Frau Eschfeld saß ganz unheimlich gern bei Kranken herum, hielt sich bei Leidenden und Leidtragenden auf, am liebsten an irgendwelchen Klinikla-gern, in den kleinen Katastrophengebieten von Krankenhauszimmern war sie ein kompetenter Gast. Immer befand sie sich in einem Zuschauerabstand, doch so wirkte es nie. Es sah vielmehr nach Menschenliebe und Mitleiden aus. Es sah halt richtig gut aus, einfach Klasse. Sie kannte Mimik, Gestik und Sprache des Gefühls *Barmherzigkeit* mit sämtlichen gleitenden Übergängen zu den Anschlußgefühlen.
Andere fahren auch. Wenn man muß, fährt man, sagt Frau Eschfeld. Barmherzigkeit, dachte sie, was für ein schillerndes Krankheitsbild mit schillernden diffusen Empfindungschancen. Das Ausdrucksregister, die Wortschatztastatur. Optisch und akustisch konnte da höllisch viel zur Wirkung und an den jeweils kranken Mann gebracht werden. Schließlich ist es übrigens *deine* Schwester und nicht meine. Bei *meiner* so engen Angehörigen würde sich mir da überhaupt nicht erst eine *Frage* stellen. Schneetreiben oder nicht. Ich wäre zur Stelle. Frau Eschfeld seufzte angebracht. Ist das nicht zum Verzweifeln? Ich meine, daß da doch wahrhaftig *ich* es sein muß, die *dir* das Selbstverständliche quasi abbettelt. Ja, das Selbstverständliche. Allzu oft erscheint es dir als verstiegen und so. Es ist eigentlich unter meiner Würde. *Würde* war als Wort jetzt ein Fund. Frau Eschfelds Gesichtshaut fand sich sofort in die dem Begriff entsprechende Maske. Die wurde aber für Herrn Eschfeld nicht zum Anblick, weil er nicht hinschaute. Doch schaute sie ihn an. So gut wie ihn kannte sie keinen, und jetzt wußte sie, daß sie zum Erfolg kam. Er würde nachgeben. Es würde losgefahren werden. Ach, wie liebte sie sich selber bei diesen ganzen Pro- oder Postoperativen. Verstörte Gesichter betrachtete sie mit einem heimlichen

Genuß, darin sie einige ihrer Eigenschaften feierte: Teilnahme war schon auch dabei, durchaus. Und was sie wirklich noch gut hinkriegte: Mutmachen, Mut-wieder-ein-bißchen-Abschwächen, Wechselbäder von kleinen Aufheiterungen und ergriffener Erschlaffung. Die passenden Pausen. Sie verordnete sich diese Sprachlosigkeiten. Durch sie ließ Frau Eschfeld die von ihr belagerten Gelagerten begreifen, daß sie mit betroffen war und einen Schrecken mit empfand. Absichtliches Verstummen als Dokument auch der eigenen Krankenhauserfahrungen. Oft bekam sie einen kleinen Neid auf die Patienten. Eigentlich würde sie sich ganz gern mal wieder operieren lassen. Wären nur nicht die zwei Durststreckentage samt Schmerzen. Aber sonst, sonst schon. Die beschwichtigte Mattigkeit, die Milde, wenn ein Medikament den Körper fast auflöst, das weiche Gehirn. Aber vorerst war, organisch gesehen, nichts mit ihr los. Also blieb es bei den Glanznummern an den Betten. Dort stellte sie sich ihr Gesicht vor: erreichbar für das Elend. Die Notfallaugen des jeweiligen Patienten flehten ihr dann erneut Wörter ab, und sie erbrachte das Spiel *Aufraffen. Dem andern zuliebe*. Diese ganze Skala. Ein beliebiger Satz, dessen Beliebigkeit gespürt werden mußte. Ein Lächeln, das *abgerungen* aussehen mußte. Alles mit zumeist schmalen Lippen, die nun mal ein vom Ernst der Lage betroffener Mund formt. Gelegentlich eine flüchtige Lippenverbreiterung und eine vollere Mundöffnung für ein therapeutisches Heiterkeitsglucksen. Ja, sie kannte sich aus. Das war, an Klinikbetten, nicht einfach zufällig ein Gesicht, sondern das waren Gesichtszüge. In denen kam alles vor zwischen Tod und Leben. Das ganze Wissen *um*. *Um* war mehr als über und von und, na ja, *um* schloß eben alles ein. Eine ganz wichtige Voraussetzung für Frau Eschfelds Superstarrolle im Pech anderer Leute war allerdings: die Leute im Pech durften ihr nicht zu sehr am Herzen liegen.
Würde, sagte Frau Eschfeld, ich nehme das noch mal auf, Helmut. Sie hatte längst gesiegt. Herr Eschfeld war mit dem Freikratzen der Windschutzscheibe fertig, saß jetzt am Steuer

und sah nach einem Fluch aus. Ihm war jedoch eingefallen, bevor er nachgab, daß er die elende Klinikfahrt mit einer Kontrolle beim Garagisten verbinden konnte. Er hatte auch bei der Sparkasse ein paar Aufträge in den Schalter einzuwerfen. Unter deiner Wüde wäre es ja erst recht gewesen, die arme Claire in ihrem Geheul allein herumliegen zu lassen. Claire: auch so eine spät Umgetaufte, eine Ex-Klara. Ich könnte nicht in Ruhe meinen Tee mit dir trinken, sagte Frau Eschfeld, ehe ich nicht – na eben im Bewußtsein, daß die Arme so schlimm dran ist. Und den Tee trinken wir anschließend, dann erst wird eine Art Genuß mir als etwas Erlaubtes vorkommen. Du sollst mal sehen, dir wird's genauso gehen ... Vor der Mitmenschlichkeit kann man nicht kneifen. Verantwortungsbewußte Fahrer lassen ihr Auto stehen bei so einem Wetter, sagte Herr Eschfeld. Schließlich ist's nichts Gefährliches. Meine Schwester war nur so blöd, mit über vierzig noch mal ein Kind zu kriegen. Du redest brutal, sagte seine Frau, spürte aber, daß ihr Mann ziemlich genau und einfach den Sachverhalt benannte. Im Unterschied zu ihr spielte er sich nicht auf, mit keinem Gefühl, mit keiner Gefühlsverweigerung. Mit gar nichts. Er war ein Helmut auf Lebenszeit, ein Helmut wie für immer. Claire weint und weint, sagte sie, zumindest subjektiv braucht sie jemanden, ich meine: mich. *Dir* ersparen wir das Jammertal da besser, das seh ich schon ein, fügt sie hinzu, längst das Wahrscheinliche hoffend: Herr Eschfeld käme nicht mit ins Klinikzimmer. Und nur dann klappte alles mit Frau Eschfelds Gefühlskaleidoskop, nur dann. Wie eh und je, wenn sie ihn bei größeren Entfernungen als Fahrer überhaupt brauchte, würde er auch diesmal an einem einigermaßen unverfänglichen Schauplatz den Schlamassel abwarten, obschon ungeduldig. Sie war etwas über ihn gerührt, endlich. Denn schon im Umkreis von Spitälern, der Arme, da fühlte er sich nicht wohl, ach, wie viel ihm doch entging. Erst recht haßte er Warteräume, die Portalnähe, Portierschwesterblicke, und ungern befand er sich in der Gesellschaft weiterer Wartender, die immer so verhohlen beeindruckt aussahen und die Stimmen dämpften. Auch der Geruchssinn von Herrn Eschfeld wurde in Klinikbereichen belästigt. Das ist sicher eine Art unterdrückter Angst, die reizt ihn zur Abwehr, dachte Frau Eschfeld, halbwegs stolz auf sich selber und auf ihren zweifelhaften Mut, halbwegs mitleidig mit Herrn Eschfeld: jetzt verspürte sie noch keine Neigung, die Aufrichtigkeit des Herrn Eschfeld und seiner Sauwut zu akzeptieren. Ach, eine ehrliche Haut, vermutlich: soviel zu denken, erlaubte sie sich gerade. Oft zog er es vor, im Auto zu warten. Er hatte ja leider recht, der heutige Besuch war absurd – nur: das kam später dran. Einsichten bekamen zukünftigere Termine in ihrem Bewußtsein. Jetzt erst mal war die Vorfreude dran, die Neugier auf eine tränenreiche Frau im Bett, auch die Neugier auf ihr eigenes Trostspendekapital als anerkannte bewährte Klinik-Suzanne. Sie genoß beim Hinausschauen auf Sauwetterumwelt ihre Mitempfindungssucht und den Schnee gleich mit. Schöner Schnee, schönes Vorhaben. Schöne Listen gegen einen sonst vielleicht etwas öden Tag. Ihre weit herumgelobte Zuständigkeit tat auch gut, wie es immer guttat, gebraucht zu werden. Was die Wissenschaft wußte. Störend wirkte sich nur jedesmal aus, daß Herr Eschfeld am halbneutralen Warteplatz Frau Eschfelds Mitmenschlichkeit abstoppte. Ich bleibe kurz, versprach sie, jedesmal wohl wissend, daß sie die Zeit überziehen würde. Hinterher gelang's aber auch immer, zu beteuern: Nein, noch kürzer *ging's* einfach nicht, in *dem* Zustand, nein, da konnte ich nicht weg von einem, der gerade völlig am Ende war – und mehr in der Art. Immer waren mindestens zehn Minuten zuzulegen, anschließend zu verteidigen.

Während der durch das Sauwetter häufig behinderten Fahrt verschwieg Frau Eschfeld ihrem ahnungslos ehrlich unfrohen Mann, daß sie erst neulich wieder erfahren hatte, nach Entbindungen sei mindestens ein depressiver Tag völlig normal, er werde von Ärzten und Pflegepersonal geradezu erwartet. Mit sehr schön hingekriegtem menschlichen Erbeben in der Stimme sagte sie: Und deine Mutter ist gesundheitlich auch nicht genug auf der Höhe für so ein Drama. Wie eindringlich sie mich am Telefon bat, ihre Claire nicht so liegen zu lassen, du hättest ihre Stimme nur hören sollen. Woran fast alles übertrieben war, bis auf Frau Eschfelds Überzeugung: Übertreiben ist jetzt nötig. Wieder ein gerührter Solidaritätssplitter für Herrn Eschfeld: Rutschgefahr auf der Kreuzung, das zu niedrig eingestellte Gas oder sonst was, das den FIAT peinlich blockierte, zwischen verärgerten Verkehrsteilnehmern. Ja, das war wieder ein verhunzter halber Tag, verhunzt für ihn durch sie, so ein für ihn kostbarer Tag innerhalb seiner hochgeschätzten Ferien, auf die er Wochen vor Semesterschluß geduldig-ungeduldig hinzählte. Bis das immer mehr schrumpfende Arbeitsstundenpotential ihn immer fröhlicher machte. Am letzten Tag beim Nachhauskommen, die Ferien vor sich, sah er erlöst aus, bleich und erholungsreif.

Eine Kehrtwendung innerhalb der weichen Gemütsstrebungen. 2. Stock, Station IV, Nr. 17. Wohlklänge in Frau Eschfelds Ohren. Ihr Eintreten als Auftritt. Mit dem Klinikgesicht. Die Erbarmens-Suzanne. Beim Treppensteigen war sie bereits die Erinnerung an Herrn Eschfeld losgeworden. Er und seine Stinkwut auf dem überfüllten Parkplatz im Schnee – er würde dauernd rangierbereit bleiben müssen, ein Glücksfall – schwanden aus Frau Eschfelds Ganglien. Frau Eschfeld weckte, indem sie Nr. 17 betrat, die gut schlafende Patientin zum Schaden der Patientin. Die sah schläfrig aus, sonst gar nichts. Aber Suzanne würde später *verweint* sagen. Das zweite Bett war unbelegt. Der Ausblick war schön. Eine Wohlstandskranke, die nicht mal krank war. Schnee auf Ästen. Ein angenehmes Zimmer überhaupt. Die Schwägerin wälzte sich mehrmals und wurde halb wach, blieb weiterhin tränenlos. Es deutete auch nichts auf eine nahe Tränenzukunft hin. Vielmehr lag eine Kaffeepause schon hinter der Verschlafenen, die überdies wohlschmeckendes Gebäck erwähnte und, noch schlimmer, alles aufgegessen hatte. Frau Eschfeld erblickte in der sogenannten Nr. 17 nicht das erhoffte psychosomatische Notstandsgebiet, auf das sie eingestellt war und dringend hatte reagieren wollen. Sie mußte den Eindruck in sich zertrümmern, so ziemlich eindeutig fehl am Platz zu sein. Daher erinnerte sie die vom Schlaf wohlig benommene Schwägerin an die immerhin mal geweinten Tränen. Die verdammte Misere konnte vielleicht, zunächst als Zitat, nochmals Gestalt annehmen. Und sie selber könnte beim Abschied in der Verwandten das Gefühl hinterlassen, ihr sei eine Wohltat widerfahren. Doch stieß sie auf einen langweiligen hingeplauderten Widerstand, das war da im Bett einfach eine, der es, bei leichter Schwäche, ganz gut ging. Eine kaum wenigstens mal mütterlich-milchige, schon völlig unblutige, einfach entschwängerte Zone, der Bettumkreis von Nr. 17. Jetzt sogar noch das Geplapper von netten Schwestern. Das fehlte noch. Sie war doch auf Klagen über viel zu hastige Schwestern dressiert. Frau Eschfeld machte endlich eine günstige Entdeckung: auf dem Nachttisch stand eine Schnabeltasse, darin lagen vier kleine Tabletten. Die beiden gelben waren mühelos mittels Erinnerung an Frau Eschfelds Vorleben als in ihrem Vorleben berüchtigte Tranquillanzien zu identifizieren. Ein sehr vielseitiges, in der Verwendungsbreite berühmtes Präparat. Schon bekam Frau Eschfeld ein lustvolles Ziehen im Gaumen. Ein Heimweh strömte durch ihr Gehirn. Sie deutete: Hilft dir das da etwa? Die Kritik in der Fragestimme war gelungen, darin auch ein touch des Anrüchigen. Claires *O ja* klang arglos und gleichgültig zergähnt. Also, wenn du mich fragst, sagte Frau Eschfeld ungefragt, ich fände es unvernünftig, ja gefährlich, wenn du das Giftzeug noch einen Tag länger nähmst. Du mußt jetzt so über die Runden kommen. Nimm's nicht, rat ich dir. Ein wieder geglücktes Pathos, nur ein bißchen zu laut für eine Station IV. Die bringen dich in einen Teufelskreis, sagte sie. Die Schwägerin sah noch immer nicht alarmiert aus. Warum gähnte sie eigentlich dauernd, eigentlich etwas unhöflich. Hör mir zu, sagte Frau Eschfeld. Einen Kummer ungewisser Genese soll man nicht blockieren, ihn per Chemie wegmogeln, denn weg geht er damit nicht. Es täuscht. Er setzt sich vielmehr fest, und dann erst wird's schlimm. Frau Eschfeld war jetzt fest entschlossen. Sie selber wollte die Tabletten in ihren Besitz bringen. Einen Kummer, falls der nächste wieder kommt, meine Liebe, den soll man aus sich rausheulen. Claire-Klara wirkte allmählich beinah überzeugt, hauptsächlich aber war ihr das Ganze egal. Sie sah auch nicht so aus, als stehe eine zweite Depression bevor. Sie sagte: Das andere ist gegen Schmerzen, das laß ich auf alle Fälle liegen, aber mit dem Psychokram hast du sicher recht. Steck's einfach weg, wirf's fort. Oder, ich könnte es auch liegenlassen, niemand zwingt mich ja, es zu nehmen. O doch, widersprach Frau Eschfeld, fast abgehetzt vor Eile, der neuen Gefahr zu begegnen. Sie werden dir's schon aufzwingen, glaub mir. Weißt du, die wollen es sich ja leicht machen mit ihren Patienten, von ihrem Standpunkt aus verständlich, welche Schwester hat denn heut noch Zeit zu einem Gespräch. Statt dessen dämpft man mit Medikamenten. Spart Arbeitszeit und Kraft und so, und jeder hat Ruhe. Schon gehörten die zwei kleinen gelben Tröster Frau Eschfeld; zuerst zwischen den Fingerkuppen, dann im Taschentuch. Wenigstens *ein* Klinikzimmererfolg und gar nicht erwartet, auch ganz gut. Vielleicht sogar sehr gut. Wenn es schon nicht hier war wie sonst, kein griffbereiter Elendsstoff umherlag, kein Überschwemmungsgebiet, keine Dürrezone weit und breit für ihre Hilfsaktionen. Das Baby war wohlauf, sah zwar noch komisch aus, aber so war es anfangs immer, auch bekam Claire das kaum mit bei nur einmaligem Vorzeigen des Kindes pro Tag. Was für ein schwerer psychischer Schaden aus diesen Klinikmechanismen entstehen wird – Frau Eschfelds Androhung an die Schwägerin –, ging in deren erneutem Gähnkrampf unter. Was, Säugen auch nicht, wie bitte? Hör ich recht? Doch ganz sachlich, bloß müde redete die Entbundene schlichtweg von empfindlichen Brustwarzen, ganz einfach. Zu vermissen gab's da gar nichts. Auch durch Suggestion kam keine Entbehrung zustande. Frau Eschfeld betonte umsonst. Stillen

sei doch als dringlichstes mütterliches Bedürfnis weltbekannt. Vom Säugling und von dessen zukünftigen Daseinsfolgebelastungen bis hin zur Kriminalität wolle sie gar nicht erst reden, und sie redete davon. Vergeblich, alles. Nein, diese Mutter empfand keinen noch so nachdrücklich nahegelegten Verlust. Plötzlich kam eine Zuversicht bei Frau Eschfeld auf, die über die schiefgegangene Gegenwart der Nr. 17 hinauszeigte, wahrscheinlich als Folge einer Rückblende auf die erwähnten Brustwarzen. Sie beschloß, schon morgen einen Termin mit ihrem Gynäkologen zu verabreden. Für sehr bald. Nie verpaßte sie sowieso sämtliche Abstrich-Gelegenheiten, Krebsvorsorgen und was es da alles gab. Sie ließ den Gynäkologen weitaus öfter, als physisch notwendig war, in ihr herumkramen, keine Chance vertat sie, bäuchlings eine womöglich bedenkliche Merkwürdigkeit Herrn Eschfeld und dem Arzt gegenüber zu erfinden. Ein Bedarfsfall trat ja so leicht nicht ein, jetzt nicht mehr. Seit sonst sich niemand mehr um diese Körpergegend und ihre Zugänge kümmerte, lief sie mit manischem libidinösem Appetit zum Gynäkologen, der eine sehr geeignete, nämlich ruhige Privatpraxis hatte. Da erhielt sie jeweils ohne Umschweife einen nahen Termin für die nur mehr dort möglichen Triebbefriedigungen. Brustabfühlen wäre auch mal wieder was ganz Nettes. Am Unterleib lag ihr allerdings viel mehr. Schon die Position als solche vermittelte etwas Lustvolles, noch bevor der Handschuh des Mannes in sie eindrang. Da regte sich eine Spannung in Frau Eschfeld, die matt an frühere Zeiten erinnerte, aber ihrem Geschmack mehr entgegenkam als alles jemals mit Herrn Eschfeld. Beim Gynäkologen stand sie nicht unter dem quälenden Erfolgszwang von damals, Stöhngeräusche entfielen, die Motive brauchten nicht vorgetäuscht zu werden. So gern und so gut sie ja im allgemeinen Theater spielte, Bettlakentheater war ihr immer als ziemlich mühselig und unergiebig vorgekommen.
Ciao, meine Liebe, ich geh jetzt besser, sagte Frau Eschfeld, und ihr war fast wohl dabei zumute. Schlaf dich weiter aus.

Ciao! Erleichtert einverstanden lächelte und kuschelte die Schwägerin sich bereits in die nächste Schlaflage zurecht. Ein lieber Besuch, sagte sie kurz vor einem anschleichenden Traum, ein unnötiges Opfer, wie du siehst. *(Ein Heultag ist normal!)* Kurz bevor ihr irgendeine wohltätige Bewußtlosigkeit zuvorkam, ließ die Einschlafende sogar noch den Bruder grüßen, sie bedauerte ihn wegen der Warterei und der Fahrerei im Sauwetter.

Schluß mit Nr. 17. Weitermachen mit Herrn Eschfeld und dem Zusammenleben. Immerhin hatte sich eine Zukunft herausgebildet, die lag bei den erbeuteten Beruhigertabletten und beim Gynäkologen. Trotz falscher Geschichtsschreibung des diesmal zeitlich nur wenig überzogenen Krankenbesuchs blieb der Krankenbesuch als Tatbestand ein Zündstoff, aber beinah nur für die Rückfahrt, nun bei Straßenglätte, und der Garagist fand nichts heraus, die Sparkasse hätte warten können. Beim Tee war für Herrn Eschfeld die sinnlose Tagesstörung fast vergessen, eingereiht in die Kapitel der Lebensgeschichte seiner Frau, die nun mal war, wie sie war, leider, na ja. Er beugte sich über die Mehrwertsteuer. Bis in den Abend hinein war er von Listenkram umzingelt. Frau Eschfelds Rührung über ihren Mann wurde nun endlich die reuedurchtränkte Wahrheit, die sie sich vorher verboten hatte. Sie lutschte am ersten Valium herum, trank den aufgeweichten Bitterstoff mit einem Schluck Macon hinein in ihre auf Erlösung wartenden Innereien, sie wartete sozusagen auf ihr Gemüt. Schließlich war es soweit, sie legte die Zeitung weg und redete ihren Mann an, in der breiigen angenehmen Liebesstimmung, die endlich auch ihn ganz einbezog. Sie redete von den leidenden Menschen. Herr Eschfeld bat, nicht gestört zu werden. Sie irritierte ihn beim Zählen und überhaupt. Es wurde aber immer schwieriger, den Mund zu halten, um wortlos, allein mit dem Kopf zu empfinden: ergiebiges Mitfühlen, besseres Leiden in der geheimen, geschenkten, gestohlenen Sanftmut von Giftstoffen, in einem Fall von Chemie. Ehe der Zustand in Salbaderei ausartete, sprach Frau Eschfeld noch ein paar langsame, bedeutungsschwere Sätze, denen Herr Eschfeld sogar manchmal zuhörte. War das nicht fast Ehrfurcht, das da in seinem Gesicht ohne Hehl und Lüge, gelegentlich fast Liebe, so wie in der Steinzeit, darin sie unbegreiflicherweise jung gewesen, die Liebe in der grauen eiszeitlichen Vorzeit und Unzeit ihrer gemeinsamen Verabredung für immer?

Ach, Unvorsicht! Frau Eschfeld überzog wie gewöhnlich, dieses Mal war es die Sprechzeit innerhalb ihrer toxischen Stimmung. Bedeutungsschweres Schweigen hätte ja auch gehen müssen, aber wenn keiner sie ansah? Also ertappte sie sich bei Artikulationshemmungen hemmungslos, dann doch wieder gehemmt, konnte aber nicht aufhören, am Ende lallte sie nur noch. Schwerer Argwohn bei Herrn Eschfeld. Warum, warum überhörte ich seine Sorge? fragte sich Frau Eschfeld am verstörten nächsten Vormittag. Ihr Mann war gerade, wiederum bei Sauwetter, zu einer orthopädischen Behandlung aufgebrochen, heute benutzte er die Transportmittel der öffentlichen Verkehrsbetriebe, vernünftig, wie er war, tat er, was getan werden mußte, ja und da war er auf und davon in Richtung auf Ultraschall und Injektionen ohne jegliche triebhafte Genüßlichkeit als Zugabe. Traurig sah Frau Eschfeld seiner Ehrlichkeit nach. Das hatte sie noch in den Gehörgängen: *Was hast du eingenommen? Hast du vorher schon was getrunken?* Und mehr solcher Sätze. Warum habe ich nur ein Unrecht erblickt, das mir geschah, indem es gar nicht mir geschah, sondern von mir angerichtet worden war, fragte sie sich. Warum starrte sie immer gebannt auf einen Kummer, der ihr angetan wurde? Was war das alles für eine Umkehrung von Ursache und Wirkung, was für eine Infektion. Schnell zwischendurch erzielte sie am Telefon einen ganz überraschend günstigen Termin beim Gynäkologen. Etwas Beruhigung. Die füllte das Loch aus, in dem sich heute keine gute Tat suhlen konnte. Gestern, gestern. Jedem Verdacht ihres Mannes war ihr keifendes beleidigtes Ableugnen akustisch dazwischengekommen, leider allerdings durch mangelhafte Sprechtechnik eindeutig unglaubwürdig, eindeutig vergiftet. Er hatte aber immerhin keine Leibesvisitation vorgenommen, und das zweite gelbe Ding wurde soeben von Frau Eschfeld geschluckt. Er hatte auch nicht nach der verrucht halb leer getrunkenen Briefträger- und Botenschnapsflasche gefahndet. Nach Frau Eschfelds Notfallreserve, ein Glücksfall oder ein Pech, wie immer man das ansah, doch immerhin konnte gegen irgendwelches Erwischtwerden derartiger wieder mal leerer Flaschen Frau Eschfeld ihre Güte und Großzügigkeit ins Spiel bringen und angeblich einem Lieferanten was spendiert haben.

Bis plötzlich gar nichts mehr half an diesem Vormittag und nur noch Frau Eschfelds Entsetzen über sich selber übrig war. Weder die Aussicht auf den Gynäkologen noch Herrn Eschfelds zirka einstündige Abwesenheit, nicht mal die zweite geklaute und schon verbrauchte Tablette: nichts half und war übrig. Er, dieser eindeutige Helmut, er ist es, er mit seinem Zorn und mit seinem Mißtrauen gegen mich und mit seinen übrigen handfesten brauchbaren Geradlinigkeiten, er ist es, der sich an die Wahrheit hält, und wenn es auch nur seine Wahrheit ist, ist es eine Wahrheit. Sie sah sich im Spiegel an. Ihre Eitelkeit konnte in diesem Augenblick nicht befriedigt werden. Dieses heutige Elend stand ihr überhaupt nicht. Ihr Gesicht: entfernt von allen Inszenierungseffekten und guten Regieeinfällen. Ihr Gesicht: erbarmungslos als die Hauptsache inmitten von zuwenig Haar. Das war's! Das Haar! Zuwenig drum herum. Zuviel Gesicht! Der Friseur, heut noch! Beim Friseur würde sie wieder Milde und ein paar gute Empfindungen für sich selber zurückergattern. Obwohl Aufbauschen nicht mehr Mode und von Herrn Eschfeld gehaßt war: heute würde sie eine große Haarillusion anordnen. Mit kaum was an Haarbestand eintreten – dann aber! Höhe und Breite und Fülle, alles weich, aber fest. Und darin ihr Gesicht. Der verlorene Eindruck, ein guter Mensch zu sein, wäre wieder ein Ausdruck: das ist ein guter Mensch. Wieder ein Fall von Chemie und kein Fall von Wahrheit, aber so sah es nicht aus, das wußte sie, seit Suse zu Sue und zu Suzanne geworden war – ja, es sah beinah nie so aus, wie es in Pässen stand und: wie es war.

Die Nächste, bitte!

Und Alma? Kennt ihr die? Am besten rede ich doch wohl wieder mal von Alma, da ich ja etwas spöttisch sein soll, oder? Auch ist es Alma, wenn ich so die Familie durchgehe und gleichzeitig ehrlich bin, immer wieder doch Alma, die mir am nächsten steht unter allen. Zu dir oder zu ihm fiele mir heute mehr ein, wirklich, ich hätte heute Lust zu einem anderen Thema und zu einer freundlichen Tonart. Ins Alma-Material bin ich sowieso dauernd ohne Lustgewinn vertieft. Immerhin brauche ich es kaum zu zensieren, denn Alma hält einiges aus. Zwar ist sie nicht die Stabilste im Familienalbum. Sie hat auch für Ehrlichkeiten und derartiges nichts übrig, für Kritik. Für meine aber. Es sieht so aus.
Bei Berichten über Alma verordne ich mir nicht die sonst angebrachte Kontrollfurcht davor, lebenslänglich einen Schaden anzurichten. Schreiben als Hausfriedensbruch! Befangenheiten und Verstörungen ringsum, ich habe genug davon! Was denkt ihr denn von mir? Mich mit der Bitte um Boshaftigkeit beim Erzählen von LIEBEN NÄCHSTEN erst so richtig in Stimmung zu bringen? Irrtum! Ich bin nicht fröhlich, jemand, der einfach nun mal gern kränkt. Selbst ich, trotz meiner Phobien, trotz meines neuen Ticks, euch den Eindruck zu vermitteln, daß ich entbehrlich sei, selbst ich will nicht eines Tages wie ohne Verwandtschaft dastehen, lauter Rufmordopfer um mich her, und auch die besser weggekommenen Schwerverletzten weichen mir aus; nach langwierigen Genesungsprozessen nähern wir uns einander nur mehr mit Mundschutz und vorbeugend geimpft. Ihr Lieben! Erkennt doch in dieser regelmäßigen Katastrophe von gemischten

Gefühlen, in dieser ohrenbetäubenden Stille, in dieser ungestörten Unruhe, daß ich nicht betäubt bin, wenn ich euch anfasse, heiße Eisen, die ihr seid! Ich bliebe ja in einer schön beschönigenden Ruhe und ihr mit mir darin, gleichmäßig gleichgültig, hätte ich euch gerade nur so gern wie sich das gehört. Wie kaltblütig zufrieden. Ein bequemes Leben der ungenauen Wahrnehmungen. Sehr angenehm schwerhörig und einäugig blind, auch ziemlich stumm. Oh verdammt aber und oh Elend, muß ich leider spüren mitten im Siedfleisch, mitten in der Genueser Sauce, mir wird aber auch diesmal wieder nicht das Unscheinbarste entgangen sein, mitten im Restaurantbesuch, während alles gut aussieht, während es fast ausreichend harmonisch ist, während oft genug gelächelt wird, während noch nicht völlig geklärt ist, wer bezahlen wird, das gibt noch eine kleine Zukunft der Sticheleien beim Erinnern später, aber laß doch, aber das macht doch nichts, was sich liebt das neckt sich, während das Unvollkommene ganz selbstverständlich unvollkommen bleibt, auf immer und ewig wie wir uns lieben, Alma, nun reg dich doch ab, du bist doch kein Kind mehr ... und während ich wieder mal nicht glattweg vor euren Augen krepiere inmitten dieser Energiekrise, worin ich ohne Taktik bin, mitten im so schönen Beisammensein weil es so schön ist mitten in einem Notstand, darin es gesetzlos aufs nackte Überleben ankommt, mitten im italienischen Lokal, im Gernhaben im lautlosen Gewitter in dieser Verabredung, von der ihr vier oder zwei oder fünf anderen einfach blindlings annehmt: es ist ja genau das Richtige! Es genügt! Während aber GENUG NIE GENUG ist wie immer, ist es ja haarsträubend verkehrt!

Wir müßten uns in den Armen liegen, pausenlos! Die Spaghetti müßten uns als matschige Knäuel aus den Kehlen quellen, schaut her, was für ein Liebesspektakel, mit den Stirnen fallen wir in die öligen Teller, unsere Kleider triefen von Angstschweiß und Leckerbissen dieser Zeche, die keiner mehr zahlen kann, denn das war entschieden zu viel, ein besinnungsloser Aufwand, das reinste Empfindungstheater.

Die italienischen Kellner wischen verständnisvoll an uns herum: wirklich, nur noch im ROMA läßt Alma sich auf Rendezvous mit der Familie ein. Wie durch ein Wunder und gegen jedes Naturgesetz ist Alma nochmal davongekommen neulich wieder, als wieder überhaupt nichts vorfiel zwischen ihr und friedfertigen Angehörigen, durch die Alma in einen Gefühlstumult gerät, so oder so. Klimatische Unruhen, veränderlich gleichbleibend. Die guten Verwandten sind ja schon vorsichtig geworden. In Almas Gegenwart meiden sie tunlichst, was alles heikel sein könnte. Nur wissen sie nicht, daß alles heikel ist. Andererseits sollte Alma sich nicht total der Welt entfremden. Es muß also auch, wenn sie dabei ist und sich eigentlich nichts weiter wünscht, als in einer Kleinkindgeborgenheit ihr Vanilleeis zu lutschen, es muß auch dann möglich sein, mit den erbverdächtigen lieben Alten mal sämtliche Erbangelegenheiten durchzusprechen, ja so was muß einfach gehen, bei aller Rücksichtnahme auf Almas neurotisierte Eindrücke vom Alltag mit Luxusleiden, das finden noch die Wohlmeinendsten. Alma, man kann über alles offen reden, hm? Man kann über gar nichts offen reden. In jeder Minute mit einer Person, die von Alma geliebt wird, spürt sie: es geht um Leben und Tod. Radikal im immer vorletzten Moment zu leben, führt zu gewissen Lähmungserscheinungen. Alma, unsere Beziehungen könnten erstarren, wenn wir so weitermachen. Sie kommen mir künstlich vor. Gut so! Ich kenne kein Beispiel aus der Natur, das mich nicht erst in einer Kunstform betroffen hätte. Vor den natürlichen Haltungen, vor den persönlichen, diesen unfrisierten Begegnungen drückt Alma sich unauffällig mehr und mehr. Wer sich Daten mit Alma notiert, weiß was Alma schuldig bleibt. So richtig von Mensch zu Mensch ist sie kaum mehr zu haben. Wie viele Kalenderseiten ohne Vermerk über Alma sind das nun schon wieder. Sieht das nicht nach Kühle aus? Und steht im Widerspruch zu so inständigen verwandtschaftlichen Gefühlen? Herzlich herzlich liebt Alma, aber was hat man denn davon. Herzlich tut sie verlangen: am liebsten aus der Entfernung. Als Familienmitglied fällt sie den andern ein wie jemand, mit dem man besser nicht rechnet. In ihren wenigen Funktionen als eine Angehörige kündigt sie sich an: demnächst, bald, dann aber! Leere Versprechungen sind das gleichwohl nicht. Ich kenne keinen, der seine Absichten ernster nähme. Das ist es ja gerade: sie nimmt sich zu viel vor, zu Herzen, schlecht zusammen. So viel Theorie tötet die Praxis.

Um eine richtige genüßliche Freiwilligkeit handelt es sich nicht, wenn Alma sich heraushält. Die Mutter ist auf der Treppe gestürzt. Schlimm sehe ich aus, aber sei ruhig, passiert ist mir weiter nichts. Du brauchst bestimmt nicht zu kommen. Reg dich nicht auf. Wär ich nur nicht so eitel, dann gings ja noch, und jetzt lach mal über den ganzen Unsinn. Alma nimmt den Gnadenerlaß an, erscheint nicht am Tatort und beauftragt ein Blumenboudoir mit der Therapie bei der Mutter. Schön tröstlich wirkt so ein gemischter Strauß auf die Mutter, erst recht auf Alma, denn schon läutet das Telephon, denn schon bedankt sich die Mutter ziemlich gerührt und etwas beschämt: so hat das alles kein Anblick werden müssen, so lebe ich immer noch lieber mit schrecklichsten Vorstellungen als mit harmloseren Wirklichkeiten, so läßt Alma sich vertreten, gut. Nicht recht, doch schlecht. Doch besser als das Stück PANIK, das ich euch in allen euren Ernstfällen inszenieren muß, ihr Lieben. Besser, ich grüße von weitem. Immer sterbt ihr so stümperhaft vor meinen Augen herum. Ich kann es nicht mit ansehen! Gehen wir doch aufs Ganze, endlich. Wenn ich einen Notarzt brauche für uns Unfallgeschädigte, wende ich mich mit den größten Erfolgschancen an die Chefin vom Blumenboudoir. Wie beschwichtigt ich gleich auf ihre Blumenvorschläge reagiere, keine Ahnung, was sie da für eine blühende Vortäuschung zusammenstellen will, glücklich höre ich kaum zu. Das ist Solidarität. Das ist eine direkte Verbindungslinie zwischen uns, die Blumenchefin übernimmt die Verständigung, laß UNS sprachlos bleiben. Aber übermorgen, mein Kind, wie stehts damit, es bleibt doch bei unserem Treffpunkt? Schon übermorgen? Bis dahin wird doch dein Aussehen noch nicht wieder normal sein! Schlimm wirst du noch aussehen! Ich sage das nicht meinetwegen, obwohl, du weißt ja, wie schreckhaft ich bin und immer in Gefahr, einen Alptraum zu haben, mehr zum Spaß erinnere ich dich an deine Blutergüsse plus Eitelkeit, versteh mich nicht falsch! Gut, liebe Alma, du bist zwar ein bißchen verrückt, aber warten wir besser ab, wirklich, bis ich mich wieder unter die Menschen wagen kann – und dann erst, viel später, sogar bis hin zu dir, Alma. Haltet Abstand! Um euretwillen!

Betrübt und häufig winkt Alma ab: zu ihrem großen Bedauern und Leidwesen, Gemütsverfassungen, die man ihr jederzeit glaubt, ist sie verhindert. Ein Pech, ein Jammer, aber ums Verrecken kann sie nicht an der Geburtstagsgesellschaft, bei der Taufe, in der Sylvesternacht, anläßlich von gar nichts teilnehmen. Sie macht Gebrauch von einer Schonfrist auf Lebenszeit. Wir haben sie ja so gern, diese allzu wetterfühlige, nicht mehr ganz taufrische Person da. Aus Liebe zu ihr bringen wir eine unendliche Geduld für sie auf. Alma, beruhige dich und tilge nun endlich getrost diesen Termin da mit uns, bitte. Tu uns den Gefallen und erhol dich von was auch immer, von nichts und wieder nichts; atme also auf, nur ruhig. Es gibt Tage, an denen der Satz IN DER WELT HABT IHR ANGST die vernünftigste Beschreibung der gesamten Lage ist. Alma hat dennoch keinen besseren Einfall als WELT und ANGST, wie WALD und FLUR, tödlich lebensfroh. Sie schnappt nach der Luft, nach dem Gnadenbrot, ohne falsche Bescheidenheit! Auf mich wirkt sie darin mutlos. Bei allem Verständnis. Es wäre einfach sympathischer, wenn auch sie sich mit dem normalen Leben die Finger schmutzig machen würde.

Heute kommt ihr ja schon das Wetter wie die Schuld der Tagesschauredaktion vor. Das Abendprogramm hat sich ein Menschenfeind ausgedacht. Alles verfolgt mich. Raff dich auf und sag diesen Besuch im Altersheim zu! Alma erleidet einen endokrinen Anfall. Wenn schon. Das bekommt sowieso

außer ihr keiner mit, und sie stirbt nicht dran. Ein vasomotorischer Sturzflug! Aber sie landet ja sicher, todsicher wie stets. Mein Gesicht sieht fratzenhaft aus, und ich kann es nicht mehr entzerren. Das Haar wird immer klebriger in Strähnen, meine Augen schwellen zu, in den Schuhen wachsen mir die Füße monströs an, und genauso wie die Zehen, glühen meine Finger, rot verfleckt sich die Haut, der universale Zusammenbruch kann nicht lang mehr auf sich warten lassen, mit schlechter Prognose, das stimmt schon, aber doch wieder nicht letalem Ausgang. Du wirst wieder knapp davongekommen sein. Du wirst wieder nach einer unruhigen Nacht, worin du vor Mundtrockenheit und gutem Gewissen in deinem altgewohnten psychosomatischen Zwiespalt ganz normal geängstet gewesen sein wirst, in einen kranken rekonvaleszenten Tag fallen, mit deinem Phantomkater, wie nach Alkoholmißbrauch. Wahrnehmungsmißbrauch.
So eine furchtbare Verausgabung. Biologisch und seelisch schreibst du dir die zierlichsten Kammerspiele in überorchestrierte Mammutopern um. Erinnern wir uns doch an die lieben ruhigen Tatsachen. Was war das doch für ein friedliches Teestündchen zu Epiphanias. Lauter freundliche Personen um den Tisch, eine überschaubare Runde, liebe Nächste, deren einzige Schuld es ist, daß Alma sie zu gern hat. Ach vielleicht hat man doch beim Denken an Alma am meisten von Alma. Sie schreibt manchmal richtig angenehme Briefe. Wo sie nicht teilnimmt, nicht aufkreuzt, nicht mit von der Partie ist, vergeht die Zeit wie ungelebt. Alles ist so unwirklich. Ich fühle mich der ablaufenden Lebenszeit gegenüber so nachlässig. Also los, in den lang geplanten schönen Ausflugsnachmittag mit mir, zu euch, wir miteinander. Hinein in unsere Liebesverstrickung: das nächste Mal! Heute bin ich einfach zu schwach für die Wirklichkeit unserer Lebensläufe, für diese Verzahnungen, für meine Verantwortung gegenüber den einzelnen Augenblicken, meine Maßnahme für einen Sinn von allem und gegen eine Vergänglichkeit von allem. Ohne mich, diesmal also doch wieder, ruft Alma, und

insgesamt unauffälliger läuft das Zusammensein ab, keiner merkt eine Unbequemlichkeit, wir haben doch keine Schlinge um den Hals, das sind doch zwar unauflösbare, aber liebenswerte Familienbande, beinah wie Schmucksachen, eher schöner. Aus Notwehr mit Absicht in der Selbsterhaltungstendenz schützt Alma ein ungewisses Zahnweh vor und bleibt der Geselligkeit fern. Sie möchte lieber auf der Operationsliege an ihrer eigenen Spucke ersticken als am Gefühl für uns alle dort auf der herrlichen Terrasse vom WALDHAUS? Sie möchte sich weniger gern an Liebe mit Törtchen und Schlagrahm verschlucken als an Amalgam und Zement? Dort hilft ihr der Zahnarzt mit dem Speichelsauger – hier aber würde das Vertrauen auf einen Zufall sie retten. Der Mut des Tiefseetauchers am Korallenriff. Es lohnt sich doch!
Ich will euch nicht überleben! Jeder Wunsch in jeder Haltung ist untreu, ist unmoralisch. Wie kann man so roh sein zu Eltern und aufhören mit der leicht verständlichen Übereinkunft KINDHEIT, zu Geschwistern auch, mitläuferhaft auf irgendwelchen EIGENEN WEGEN. Wie lieblos ist SELBSTÄNDIGKEIT. An diesem Tag verrät sofort jeder flüchtige Gedanke seine Herkunft vom umfassenden Egoismus. In der Luft, die du atmest, wird der Sauerstoff knapp. Diese Vergiftung macht einen Ekel, und doch verdankst du es nur ihr, daß du noch nicht VON UNS GEGANGEN bist. Du bist UNTER UNS, hallo Alma, nebenbei auch übrigens als eine Tante. Vorsätzlich hast du unter den paar Angehörigen, die jünger sind als du, niemanden eng an dich gebunden? So ist es. Unter mir wird einmal nicht in der komplizierten Liebeshinsicht gelitten werden, später, wenn man mich zu bedauern hat, wenn mein hohes Lebensalter ein Grund zum Seufzen ist, wenn meine Einsamkeit behoben werden müßte – von keinem zwingend. Keinen habe ich mir gefühlsmäßig verpflichtet. Alle werden sich auf meine emotionale Gelassenheit berufen können. Ich werde für diese Nachfolger in meiner aussterbenden Familiengeschichte jemand sein, an den man ohne ein Herzjagen denken kann und nicht oft zu denken braucht. Beim mehr spieleri-

schen Denken unter anderm auch an mich, diese unscharf erinnerte Version einer Tante, wird man nicht vor Mitleid aufstöhnen. Meine greisenhafte Verwahrlosung irritiert immer mal vorübergehend einen Hausmeister, einen Busschaffner, eine Kassiererin im EKZ-Markt, und Versicherungsvertretern, allen anderen Beratern und Betrügern ist sie willkommen.

Alma sieht eigentlich nicht ein, wieso Selbstmitleid verächtlich sein soll. Selber LIEBEN muß man sich ja auch, wissen die Psychologen, und ganz nah bei dieser Erkenntnis wird es gleich religiös. Nehmen wir ruhig die medizinischen und die biblischen Aufforderungen ernst, lieben wir diese Nächste hier mit allem Drum und Dran: unbesorgt, ich liebe Alma wie mich selbst. Ich lasse sie nicht aus den Augen, aus dem Sinn, sie steht mir nah, und näher geht es nicht. Alma, im Umgang mit anderen eher für höfliche Heuchelei als für grob geschätzte Wahrheiten, Alma, die es haßt, wenn Leute einander die Meinung sagen, Alma, die wegläuft, läuft MIR täglich fast zu häufig ins stehende Messer. Ritualhaft drängt sie sich nach meinen Bezichtigungen, wenn auch nicht unerschrocken. Paß auf, daß das nicht zur Attitude wird. Ja, ich sehe sie kritisch, obgleich ohne Distanz. Oft verachte ich sie bei engster Verbundenheit. In tiefer Trauer und aus großer Liebe. Unserer Anhänglichkeit ist nicht zu kündigen. Und dann, wenn wir gemeinsam ein bißchen transzendental werden, fühlen wir eine Verschwörung bis über den Tod hinaus. Jede befristete Treue kommt uns unwahrscheinlich vor. Der einschränkenden Bemerkung BIS DASS DER TOD EUCH SCHEIDET mißtrauen wir, mit unserem mehr als ehelichen Bund nicht nur fürs Leben. Wir sind, nach unserem Ermessen, einfach nicht zu trennen.

Bei Almas Tod werde allerdings doch ich am stärksten betroffen sein. So wie ja jetzt schon ich am meisten in Mitleidenschaft gezogen bin, wenn Alma kränklich bis krank ist und ihre psychovegetative Stigmatisation ihr wie mir zu schaffen macht. Gemeinsam schlagen wir uns besonders an

Wochenenden herum mit Übelkeit und Gebeten, mit Schwindel, Bauchweh, Angst vor der Vergeblichkeit, mit Organsensationen und Hoffnung auf die Galaxien. Es glückt uns jeweils gleich schlecht oder gleich gut, mit dem Bewertungsgefühl eine Art Zufriedenheit hinzukriegen. Wenn wir beim Aufwachen schon wissen, daß abends nichts im Fernsehen ist, ist uns schwer zu helfen. Wenn wir den unbewohnbaren Mond anschauen, fühlen wir uns trotz allem meistens getröstet. Insgesamt haben wir viel vom Dasein, falls dieser Eindruck bisher noch nicht so klar herauskam.

Die NÄCHSTE ist Alma mir wirklich. Diese Möbel, diese Bilder, der heute versöhnlich regennasse Garten – warum noch, ohne Alma? Die kleine braune Tasse für den täglich mehrmals guten Einfall KAFFEE! Wenn ich mir Almas stehen- und liegengelassene Lebenszeichen in Almas Hinterlassenschaft umdenke, erkenne ich erst recht ganz klar, daß wir DES TREIBENS noch lange nicht MÜDE genug sind! Die Post wird weiter sortiert, der Verkehr rollt wieder durch die aufgelassene Bahnschranke, jetzt tritt der Sommerfahrplan in Kraft, ein Blatt fällt, und es sieht künstlich aus – nicht für uns. Lieber Frühling, du kannst dir deine ganzen Beglückungstiraden sparen! Ich kann mir Alma nicht aus der Welt herausdenken. Ich kann das mit ihr noch schlechter als mit jeder andern zum Verrücktwerden geliebten Verwandten. So ein überschätztes Existieren, so versessen auf SCHMERZ UND LUST; ist das die wahre TODsünde, diese LEBENSnotwendigkeit, eine liebe schlechte Gewohnheit? Betrauern sollte ich Alma studienhalber immer mal jetzt schon.

Mit einem dieser Zufälle aber, durch die schöne Übereinstimmungen zustandekommen, hat Alma jetzt großes Glück. Sie hat mit einem Geräusch aus der Küche jetzt großes Glück: jemand, der auch immer nur ihr Bestes will, bereitet ihr, die auch immer nur ihr Bestes will, eine Mahlzeit, appetitlos ist Alma nämlich eigentlich nie, und ALMA WO STECKST DU DENN ruft man nach mir.

Nachmittag in der Tannenhofstraße

Sein Schwächeanfall wirkte auf mich wie gestellt. Warum aber sind mir doch während der Rückfahrt in der Linie 11 die Tränen gekommen?
Ein nicht besonders origineller Regieeinfall hat in der Einstellung TANNENHOFSTRASSE/DIE ALTEN ELTERN BEGLEITEN DIE TOCHTER AN DIE HALTESTELLE durch den Schwächeanfall des Vaters gemischte Gefühle im Zuschauer heraufbeschworen. Der Zuschauer gerät in einen kurzen Konflikt, nimmt dann Partei. Der Trick Todesgefahr wirkt sich todsicher im Zuschauer schon während der Rückfahrt der Tochter gegen die zurückfahrende Tochter aus. Zwar bleibt die Kamera auf der Tochter, doch deren Tränen ergeben keine Abbildung.
Ich habe nicht richtig geweint. In der Öffentlichkeit weine ich eigentlich nicht.
Man hat als Zaungast beim Anschauen dieser Filmsequenz schon durchaus Verständnis für die Tochter, Mitgefühl auch, genauen Beobachtern entgeht nicht, daß diese Tochter den kleinen schmerzlichen Vorgang eher unnatürlich ernstnimmt. Sie kann sich nicht herzlich, nicht deutlich zu ihm verhalten. Sie demonstriert ihren Schreck in einem Kontrast. Sie redet zu übereifrig vom Schuldanteil der Großwetterlage. Seit Tagen und Tagen ist es in Wahrheit gewittrig, hochexplosiv, aber es bleibt alles folgenlos an diesem stehengebliebenen Himmel. Hörst du, Vater, so leicht weiß ich keinen, der diese südhessischen hochsommerlichen Wochen ganz ohne Kreislaufsachen durchsteht. Erstens rein körperlich macht dieses Wetter Schwierigkeiten, dann aber auch seelisch. In mir ist eine Katastrophenstimmung, in meinem Kopf entsteht der alte Monstervorwurf der ganzen letzten Sommerjahrgänge, ich weiß immer keinen, dem ich ihn machen kann, ich beschimpfe unsere gesamte Region, ich beklage mich bei der Regierung, bei den Mitarbeitern des Wetteramts, bei den Nachrichtensprechern, ich möchte die örtliche Polizeistelle anrufen – es kann doch nicht so weitergehen, es muß doch

regnen, endlich einmal, das war doch früher anders.
Ich habe früher das Wetter jeweils nur mit mir selber in Verbindung gebracht. Seit mir die Verwandten ringsum durch ihr Älterwerden ständig auffällig wurden, habe ich keine Empfindung mehr nur für mich selber. An höhere Temperaturen ist immer eine Sorge gefesselt. Ihr Eltern, würdet ihr mich denn so überhaupt wiedererkennen, mit einem selbständigen unverfrorenen Zuruf: der wolkenlose Himmel, der gefällt mir! O ja: das wird ein tückisch heißer Tag, gewiß, aber es gibt Freuden, die mir dazu einfallen, ich möchte dieses fast römische Licht aus den Jalousienritzen heut einmal genießen, in liebloser natürlicher Unabhängigkeit!
Dem mitleidigen, vom Anblick des ängstlichen und blassen Vaters angerührten Zuschauer graut ein wenig vor den Beleidigungstiraden der Tochter, gerichtet gegen die klimatischen Bedingungen dieses Nachmittags in der Tannenhofstraße. Der Vater wäre jetzt besser dran ohne die Tochter, besser ohne sie in den gewohnten Umständen seiner Anfälle von Übelkeit, Engegefühl, Beklemmung, also allein mit seiner Frau. Ihr möchte man sich in einer Notlage anvertrauen. Sie ist ein bißchen nachlässig, sie übertreibt nichts, sie verzerrt den ganz banalen, ganz lebensgefährlichen Schwächeanfall nicht in ein Theaterspiel, sie treibt die immer noch zu wirkliche Wirklichkeit nicht zu ihrer Bequemlichkeit nach außen in die Kunstfassung. Sie kümmert sich um das Rohmaterial. Die Tochter aber überlebt bereits den Vorfall in der Inszenierung des Vorfalls.
In allen inneren Beschwichtigungen und Schutzwällen aus Satzkonstruktionen bin ich dennoch steckengeblieben auf der Rückfahrt. Die 11 war beinah leer. Meine Eltern und ich, wir sind bedacht darauf gewesen, daß ich vor dem Berufsverkehr in so einem noch beinah leeren Großraumwagen den günstigen Sitzplatz nah beim Fahrer bekommen könnte, nah dort dem einzigen Luftzug aus der nicht für Publikum bestimmten Tür neben der Fahrerkanzel. Ich setzte mich aber weit weg

von da. Noch stand sogar für mich selber nicht fest, wie das würde mit dem Weinen. Es könnte doch mehr draus werden diesmal. Die Lage diesmal war mir neu. Da kannte ich mich nicht aus. Aus der halbwegs sicheren Entfernung unserer Telephonate und Briefe, Postkarten, Drucksachen weiß ich doch immer mehr als genug von deinem Krankheitsbild, Vater, habe ich gedacht. Großer Irrtum! Der kurze Unfall in der Tannenhofstraße war mehr Erfahrung als mein langes gründliches trauriges Bedenken. Ihr habt euch nicht an die unausgesprochene Verabredung zwischen uns gehalten und mich verschont mit Praxis wie sich das gehört. Ich finde schon, daß Eltern sich verstellen müssen. Mein Vater, du hast dich immer mir zuliebe verstellen können. Habe ich nicht diese Übereinkunft, in der wir stillschweigend aneinander die schmerzfreie Methode anwenden, überhaupt von dir übernommen, verdanke ich nicht ausgerechnet dir das Bewußtsein vom Schutz vor dir als einer Person, die mit konkreten Belastungen, sogar auch mit Ängsten, wirklich ist und lebt? Soll ich dich denn bei deinem eigenen höchstpersönlichen Goethe angreifen und dich dran erinnern, daß man darüber und darüber und darüber nur mit Gott reden kann?
Ich habe neulich bei einer Podiumsdiskussion der Filmakademie in die elende kommunikative, kooperative, vertrauensselige, plaudersüchtige Stimmung hinein auf die Frage, ob ich für die VOLLKOMMENE OFFENHEIT sei, mit gelassener Feindseligkeit NEIN geantwortet. Sie halten wohl, obwohl Sie Schauspielerin sind, viel von der Distanz, oder? O ja, ich glaube schon, ziemlich viel. Mit etwas mehr Anrecht daraufhin bin ich gegen gutes Honorar erst recht einsilbig geworden, wenn auch scheiternd beim Versuch, zusätzlich physisch nicht mehr anwesend zu sein.
Wem wäre geholfen mit VOLLKOMMENER OFFENHEIT über den Schwächeanfall vom Vater? Doch nicht einmal dem Vater selber. Ich verrate doch ihn nicht an eine Art Mitgefühl, das sein Lebensende schon ausmalt! Die Rückfahrt war mir so ungewohnt wie das Unglück in der Tannenhofstraße, wie der

ganze Nachmittag mit den Eltern überhaupt. Ich besuchte die Eltern ja nie ohne Reinhards abmildernde Gesellschaft. Vielleicht wäre dem Vater so viel Wahrheit gar nicht zugestoßen, wenn wir wie immer, zu viert, uns in einer künstlichen Kindlichkeit miteinander wie Spielzeug verhalten hätten. Das war ein so erwachsener, realistischer Beitrag, er mußte ja aus dem Rahmen fallen, es konnte nicht ganz gut ausgehen.
Dem Vater selbst, der Mutter eigentlich nicht, dem Vater kam es ein bißchen unbehaglich und etwas komisch vor, wie lang ich blieb, wie besuchsartig alles ablief, nervös war ich wie immer, doch Reinhard fehlte, um meine Übertriebenheiten in eine Spielhandlung umzuformen, darin über meine übliche clownshafte Aufgeregtheit mit aller Liebe wohltätig geseufzt und gelacht werden konnte. Es gelang uns ohne Reinhard gar nicht, das Eltern-und-Kind-Spektakel. Hat das den Vater überanstrengt? Da erlebte er zweieinhalb Stunden lang seine wirklich seit über 20 Jahren erwachsene Tochter.
Es ging ihm aber gut beim Tee. Er hat, weil Reinhard ihn nicht kritisieren konnte, mit weniger Verlegenheit als sonst zu viel Butter aufs halbe Grahambrot gestrichen. Er hat wie immer dreimal kurz ruckartig beschlossen, mit der Gelbwurst aufzuhören, hat die Wurst auf dem Teller weit genug von sich weggeschoben, den Senf auch, hat dreimal erneut jeweils kleine Scheiben Wurst wieder abgeschnitten, hat hastig gegessen, hat keinen am Tisch gefürchtet, und daß meine Mutter WARUM ISST DU DICH NICHT WIE JEDER NORMALE MENSCH GLEICH SATT OHNE SCHLECHTES GEWISSEN gesagt hat oder etwas in der Richtung, hat ihm nur ins vertraute Bild gepaßt und nicht zugesetzt.
Es ist vielleicht auf der Terrasse aber etwas zu warm und auch zu windstill gewesen. Ich habe es sogar riskiert und furchtsam, wild blindlings entschlossen, also doch im Ganzen wohl furchtlos, unterm Tisch nach seinen Füßen geschaut. Sie sind an diesem Nachmittag nicht bläulich-rot verfärbt, nicht angeschwollen gewesen. Ich bin daraufhin dem Vater in einem Zärtlichkeitsanfall wie dankbar gewesen! Oder dem

Himmel, dem Internisten, den Medikanten, oder einfach der milden Beleuchtung in diesem Augenblick, und auch dem rotgestickten Saum der alten Tischdecke. Durch einen schlechten Zufall hatte ich unter irgendeinem vorhergegangenen, von mir selber mit keiner Kalendereintragung bedachten Datum die Füße meines Vaters dabei ertappt, nicht, wie es zu ihnen paßte, ästhetisch hell und feindgliedrig zu sein. Ich habe mir meine Unruhe als nur lächerlich und wieder übertrieben eingeprägt und mir vorgesagt, daß meine eigenen und mehr als 20 Jahre jüngeren Füße ja nie so schön weißlich, glatt, zart, säuberlich sind wie die vom Vater eh und je, außer wenn ich sie hochlege. Na bitte! Da hast du es mal wieder! Du verunstaltest jedes Erscheinungsbild und es entsteht eine Angstkarikatur. Was sollte ausgerechnet ich prophezeien, ich mit dieser peinlichen Veranlagung zu rotblauen Füßen, Händen auch! Es geht mir gut! Meine Herztätigkeit ist ja einwandfrei! Sieh doch keine Gespenster. Erfinde nicht dauernd Zeichen, Vorzeichen!
Meinem Vater kann es also beim Tee nicht schlecht gegangen sein. Eher unser gemeinsamer Aufenthalt in seiner Bibliothek, eher diese Ernsthaftigkeit und das Erwachsensein der Bücher und der Sätze zwischen uns, eher das Uneingeübte und Reden ohne Manuskript hat ihn dann angestrengt. Eine Stellprobe aus dem Stand: das Stück ABSOLUTE OFFENHEIT lag uns ja beiden nicht!
Am Telephon war ich an solche Andeutungen gewöhnt: Wenn nun nur auch noch das Herz besser wäre. Es war doch ein Fehler, ins Tal zu ziehen. Die Hanglage wäre besser gewesen. Die Mutter verwöhnt mich sehr, ich hoffe sehr, daß ich bald wieder zu etwas tauge, ich bin ein nutzloser alter Faulpelz geworden. Die kleinen Mitteilungen meines Vaters über sich selber sind aber vorsichtig dosiert gewesen, er hat sie auch nie an einem Stück gemacht, sondern in einem ganz anderen, nicht ihn betreffenden Zusammenhang untergebracht, so als sollten sie darin unauffällig bleiben. Oder gerade nicht.

In der Linie 11 während meiner Rückfahrt, und als die Gegend immer weniger ländlich wurde, rechts die Hügel, links mehr und mehr vorstädtische Zersiedelung, da habe ich mir nicht mehr vormachen können, daß mein Vater noch immer in gelassener Heiterkeit, und irgendwie WEISE, zusätzlich in geheimer Konferenz mit dem Transzendenten einfach so lebte, es drauf ankommen ließ, genußfähig blieb, einverstanden mit allen Reduktionen, ach nein. Mir kam es plötzlich so vor, als versuche er doch dauernd einen beschämten Appell an uns, mit vorsichtigen Hinweisen auf sich selber. Er war vielleicht in Verlegenheit, uns gegenüber, vielleicht empfand er das Unangemessene an seiner Position. Schließlich war er ein Theologe! Wie kam es, daß ein Fund ein Schatz ein Ablenkungsvolltreffer wie dieses Karl Barth-Manuskript ihn weniger betraf als ein Artikel im Teil NATUR UND WISSENSCHAFT, Thema: Herzschrittmacher! Ich würde so Sachen nicht weiter beachten, ich würde diese populärwissenschaftlichen Elaborate höchstens überfliegen, nicht richtig lesen, sagte ich zu meinem Vater, wir sind doch viel zu elitär für so was, wir zwei, hm? Beim Vater ist doch der Herzschrittmacher – schon das Wort widert mich an – überhaupt nicht indiziert, sagte ich zu meiner Mutter in einer der zahllosen Wiederholungen dieses Verweises. Alles hat sich immer nach Bestrafung angehört.

Daß man über den Tod am besten redet wie über einen ziemlich schlechten Witz, findet ein solcher Vater auch, ein Vater, der es aufs Sorgenvollste gut meint mit seiner Familie. Und wer wird denn mal dafür sorgen, wenn ich nicht mehr da bin, daß die Mutter bei den Süßigkeiten auf ihre Kosten kommt? Wer wird es sein, der das Überflüssige und Unvernünftige übernimmt? Das Naschen, das Verwöhnen, das ZUGUTMEINEN, das ZUGERNHABEN, alle diese ganzen seelischen Diätfehler? So ausführlich, so wortreich, mit einer so viel zu OFFENEN Liste seiner Zuständigkeiten hat ja aber der Vater gar nicht gefragt. Doch ist die Wendung WENN ICH MAL NICHT MEHR DA BIN vorgekommen, im Tonfall von Scherz und Laune und

wie zum Spiel. Als Einfall ist die andauernde Beschäftigung getarnt worden. Keine Sorge: das ist flüchtig, vorübergehend, ja schon vergangen, ihr braucht mir eigentlich nicht mehr zu antworten, höchstens aber bitte dies und zwar empört wie immer, nah der Wut, mit bösen Gesichtern, energisch: Aber davon reden wir doch nicht, das liegt zu fern, wir verschwenden keinen einzigen Gedanken auf SO WAS, wie kannst du denn leichtfertig mit dem Ernstesten umgehen, lieber Vater, du bist doch manchmal gar nicht so sanft und zart und behutsam wie es zu dir paßt, hm?
So haben wir dich im unklaren gelassen über unsere Praktiken nach deinem Tod, zum Beispiel mit der Mutter, und Schokolade bei der Einschlaflektüre mittags zwischen Feuilleton und Lokalteil. Wir haben dich im Stich gelassen. Aber ich glaube, es war dir lieber so. Daß man seinen tiefsten Kummer und seine größte Sorge am besten geheimhalte, hat leider wohl nicht Goethe gesagt, und trotzdem, ich fand, es passe zu ihm und deshalb zu meinem Vater, als ich während meiner Rückfahrt den Schwächeanfall wie einen Stilbruch empfand, als sich außerdem herausgestellt hatte, daß aus dem Weinen nichts Langwieriges würde. Enttäusche uns nicht, laß deine Anhänglichkeit an dich selber uns nicht als TIEFSTEN KUMMER/GRÖSSTE SORGE sichtbar werden. Eigentlich erwarten wir von dir eine theologisch fundierte Selbständigkeit im Umgang mit Attacken der Angina pectoris.
Daß du das jetzt ausgerechnet miterleben mußt, sagte mein Vater zu mir. Er saß auf einem schmalen Fassadensockel in der Tannenhofstraße wie nicht zum ersten Mal. Immer weiter fielen mir nur Vorwürfe ein, sogar gegen ihn, bei dem die kleine SOS-Kapsel nun lebensrettend wirkte. Wie? Du hast hier öfter schon pausiert? Warum wagst du dich denn überhaupt aus dem Haus, wenn es dir so schlecht geht? Es kommt immer ziemlich unerwartet, sagte meine Mutter. Mein Vater lächelte mit mir, ich fand: ein bißchen stolz, fast trotzig; und mehr Mitleid, Betrübnis, Sorge um mich, als er sich jetzt eigentlich zumuten konnte, waren in seinem Gesichtsaus-

druck vermischt. Er sah auch hoffnungsvoll aus. Er erblickte wieder eine Strecke Tagesablauf, Alltag, wichtige Gewohnheiten vor sich.

Mir war plötzlich klar, daß ich die neue Rolle nur akzeptiert hatte, um einfach weg sein zu können. Hoffentlich ist das neue Fernsehspiel nicht wieder zu traurig, sagte mein Vater, als wir beim Tee auf der Terrasse saßen, als seine Füße meinem Gutachten standgehalten hatten, als ich noch fast im Recht war mit einem Stöhnen über ihn, von dem man doch Kunstverstand zu verlangen hatte. Ich machte aber mit. Ich machte ihm die Freude, von einem eher lustigen Drehbuch zu erzählen. Wie du weißt, bin ich jetzt in einem etwas schwierigen Lebensalter, sagte ich. Natürlich billigten wir beide mein Lebensalter nur als eine sehr unzulängliche äußere Information mit wenig, mit beinah keinem wirklichen Mitteilungswert. Diese Zahlengruppierung war zwischen meinen Eltern und mir, Reinhard und die übrige Familie inbegriffen, noch immer gut als eine Art von Ulk aufrechtzuerhalten, aber allmählich mit einem etwas krampfhaften Lachen.

Ich machte beim Weiterreden die dazugehörige Grimasse: Speziell als Schauspielerin ist man schlecht dran von 40 Jahren aufwärts. Ich habe keine Lust nach der Sparte INDUSTRIELLENGATTIN in einem Kriminalfilm. Ich bin aber in diesem neuen Stoff zum ersten Mal wie ohne alle Heucheleien und Selbstverleugnungen besetzt, auch nicht GEGEN DEN TYP oder wie man sich sonst immer rausmogelt. Ich bin wirklich im Film so alt wie ich bin und mir dessen, genau dessen, bewußt. Und es hat mit meinem Alter zu tun, alles, was ich im Film so mache und plane und erlebe und was mir passiert. Alles eher komisch, wirklich. Ihr könnt diesem Fernsehabend mal in großer Ruhe entgegenblicken.

Mein Vater war nicht ein Mensch, der bei gegebenem Anlaß sagte: Das werde ich wohl nicht mehr erleben.

Was dir passiert? Und das wäre? fragte meine Mutter.

Ich bin eine Frau, die zu ihrem bisherigen Leben keine rechte Lust mehr hat, sagte ich. Das brauche ich fast nicht zu spielen, sagte ich nicht. Ich bin eine Schauspielerin, die keine rechte Lust mehr hat, das bin ich wirklich, sagte ich zu den Eltern. Die Eltern wiederholten ihre Meinung über meinen Beruf. Er sei ein schöner Beruf, aber doch zu anstrengend für mich, zu viel Kampf, zu viel Nervenverschleiß, und sie erinnerten mich ans Theater, an mich als Kind und an den Anfang meiner Lust, Schauspielerin zu werden. Du hattest nie ans Filmen gedacht, Antonia. Du hattest immer die Bühne im Kopf, klassische Rollen, die Viola in WAS IHR WOLLT.

Wir alle kennen den Text zu dieser Thematik auswendig. Ach, Theater, rief ich erwartungsgemäß, damit alles beim Gewohnten bliebe, wenn ja schon Reinhard mit seinen Stichworten fehlte. Wenn ich nur ans Theater denke und erst recht an mich von damals, kriege ich schon eine Identitätskrise. Ich kann mir jetzt nicht mehr vorstellen, daß ich selber das gewesen sein soll: beim Rollenlernen im Speicher, hochdramatisch, ohne mich lächerlich zu finden.

Nur das dauernde In-den-Spiegel-Schauen, das kommt mir noch immer sehr identisch mit dir vor, wäre jetzt Reinhards Part.

Erst recht kann ich mir nicht mehr vorstellen, daß ich fast ohne Verlegenheit vor der alten Mary Krug posierte, in ihrem vollgestopften Zimmer, alles war furchtbar affektiert und ich ahnte schon selbst, daß ich mir keine einzige Geste glauben konnte. Ich habe eine ganze Jugend damit vertan, jemand anderes sein zu wollen, jemand Vorgestelltes zu imitieren. Lauter Nachahmungen, ja, und insofern bin ich womöglich doch veranlagt zum Schauspieler, dachte ich. Wir haben längst von etwas anderem geredet. Die immer noch ein wenig wie neue Wohnlage der Eltern kommt jedesmal im Gesprächsstoff vor. Meine Mutter kann stolz gewesen sein auf irgendwelche Anpflanzungen, noch wahrscheinlicher, daß sie in diesen regenlosen Wochen um irgendwelche Anpflanzungen besorgt war, ganz bestimmt aber ist sie, egal unter welchem Vorzeichen, aktiv und daseinsbezogen gewesen. Man muß Maßnahmen ergreifen gegen diese Dürre, und so

lang die Nachbargrundstücke unbebaut sind, bekommt man keine Ruhe im Garten. Die ganzen Unkrautsamen fliegen mir in die Beete. Das ist zum Verrücktwerden.
Mit meinem Vater war ich wie gewöhnlich verbündet gegen die Ordnungsfröhlichkeit meiner Mutter. Wir plädierten für den unvernünftigen Wildwuchs. Wir wußten schon beide, durchaus ja, daß wir darin oberflächlich waren, aber wir leisteten uns diesen Leichtsinn gern immer wieder, denn der kleine Zorn meiner Mutter wirkte wie Therapie, so alltagserhaltend, so lebensrettend.
Wie schön die Kiefern aussehen, sagte ich. Aber Laubbäume vermißt man doch sehr, sagte meine Mutter. Im Innern gab ich ihr recht, nach außen verteidigte ich die Kiefern. Wie unbedacht von mir, von Bäumen zu reden! Natürlich fehlen Laubbäume, überhaupt Waldbestände in Reichweite.
Die Frau um die Vierzig in meinem Film, falls ihr noch was davon hören wollt, sie plant also unter anderm, sich zu verheiraten, sagte ich und beantwortete die Zwischenfrage nach Reinhards Meinung zu der Rolle mit SEHR GUT, SEHR POSITIV und AUCH ER IST JA IMMER FÜR NICHT-TRAURIGE SACHEN. Ich lachte die Eltern mit der Kinderfratze an. Sie mußten auch lachen. Obwohl Reinhard natürlich sehr gut weiß, daß TRAURIG oder LUSTIG keine Kriterien sind, genau wie ihr, ja? Alles war angenehm versöhnlich. Wir fühlten uns in einem Drehbuch sicherer. Wir fühlten uns in Rollen gut untergebracht.
Ich bin also tränenlos zu Haus angekommen. Ich habe Reinhard nicht aus seinem Zusammenhang gerissen mit so was wie Angst und Erschütterung. Wenn man die wahre Ursache nicht zum Weinen nutzt, bieten sich Sensibilitätstests und Ausweichmiseren an. Ich könnte mir die Haare waschen, die Haare ganz kunstlos so lassen wie sie nach dem Waschen sind, mit der Schere zusätzlich hineinfahren, ich könnte mir mit meinem total naturbelassenen Anblick meine Verlorenheit beweisen. Wie häßlich, aber lieb und liebenswert, wie wirklich grauenerregend siehst du aus, vollkommen schutzlos. Genauso gut kann man einen Streit anfangen, ein

Mitleid bei sich selber erregen. Man kann auch einen andern kränken, bis dir die Existenz des andern wie die eigene Schuld und Vergeßlichkeit im Hals steckenbleibt. Ich muß doch eine Ersatzperson auftreiben, an der ich den sterbenden Vater rächen kann.

Man kann zum Beispiel in einem Kaufhaus in das Erste Obergeschoß fahren, Abteilung Damenoberbekleidung. Wirklich, du brauchst mal was anderes als diese Hosen, denn wir verreisen bald und in einem Hotel wie unserem solltest du nicht gerade verwahrlost auftreten. Wirklich, du brauchst mal ein Kleid, oder wenigstens dann einen Rock, wenn du dich bei Kleidern total hysterisch aufführst. Aber ein Kleid wäre schon besser und zwar fürs Abendessen, denk an letztes Jahr, an deine Qualen, weil du keine dehnbaren Textilien hattest, kurz vorm Dessert haben dich die Koliken ja fast umgehauen! Es ist doch jedesmal ein Jammer auch um das herrliche Käsebuffet. In letzter Not hast du dich schließlich an die roten Johannisbeeren gehalten, ein saures Zeug, das du unter normalen Bekleidungs- und Atmungsbedingungen keines Blickes würdigst. Und nun zeig mal her, was du kannst, hier ist das erste Rondell mit den Kleidergrößen 36–42. Das Leiden an dir selber kriegst du doch immer am allerbesten hin. Meine Eitelkeit steht für etwas anderes. Meine Eitelkeit hat nichts Oberflächliches. Sie ist ein Persönlichkeitsproblem. Sie sorgt dafür, daß ich mit mir übereinstimme. Ja, banaler ist das nun mal nicht. Es ist mindestens so feierlich und so wichtig wie IDENTITÄT nun einmal ist! Hier sind die schrecklichen farbigen und graphischen Einfälle für diesen Sommer. Dort in der Umkleidezelle erlebst du unter Garantie gleich wieder das ganze Elend der Depersonalisation, kombiniert mit Selbstachtungsschwund, Gliederzittern, Anschwellen der Schleimhäute, wo sind denn deine Augen hin versackt, sehen wirklich und wahrhaftig so deine Beine aus, ganz so, wirklich? Muß das sein?

In anderen Schuhen wirkt das gleich besser, sagte die Verkäuferin. Sie war beim zweiten Kleid schon wie mitbetroffen und

unmechanisch, mein Anblick hatte ihr die Berufsglätte genommen, jetzt ging sie mit mir um wie mit einer Kranken, auf der Hut vor Ansteckung. Sie sagte: Sie sollten höhere Absätze tragen. Liegt das an diesem Spiegel, fragte ich die Verkäuferin, Reinhard, eine Runde von Kundinnen, die ihren eigenen Anschaffungsprozeß unterbrochen hatten, nur um dieses Demütigungsschauspiel und Niedergangsdrama einer zuvor arglos selbstbewußten Person mitzubekommen, ich fragte ins Obergeschoß, ins Kaufhaus: Oder bin ich wirklich so untersetzt, so stämmig, so überhaupt nicht wie zu Haus, wo ich an mich gewöhnt und auf mich gefaßt bin und meistens mit mir auskomme. Sie ist Schauspielerin, erklärte Reinhard der erschrockenen Verkäuferin. Einige Kundinnen wandten sich nun schon leicht angewidert ab. Die mit den besseren Nerven hielten es länger aus. Ich glaube nicht, daß ich tatsächlich so ein etwas bäuerlicher Typ bin, das ist nicht mein eigener Knochenbau, das ist Ihr Spiegel.
Ich will das abkürzen und habe schließlich im Safarilook und mit darauf abgestimmter grünlich-beiger Gesichtsfarbe über den Schwächeanfall vom Vater geweint, ich war wieder hilflos und voller Vorwürfe für die südhessischen Sommerbedingungen, dem Fassadensockel mit dem geretteten Vater gegenüber, nicht mehr zu retten.

Nachbemerkung

Meine erste Wohmann-Erzählung las ich in den ehrwürdigen »Westermanns Monatsheften«, die bei uns zu Hause abonniert wurden. Es mag 1960 gewesen sein oder 1961, so sicher weiß ich das nicht mehr, ich ging jedenfalls noch zur Schule, aber an die Erzählung erinnere ich mich genau. Bloß, sie war eben gar nicht von Gabriele Wohmann. Das allerdings ist mir erst viel später klargeworden. Denn seit ich ihr Lektor bin, hab ich Gabriele Wohmann den Inhalt dieser Geschichte irgendwann mal erzählt, der ihr aber leider ganz unbekannt vorkam, wenn sie auch zugab, daß eine seltsame Verwandtschaft bestand zu ihren eigenen Themen, ja, daß die Erzählung durchaus von ihr sein könnte. Vielleicht sollte sie die Geschichte jetzt einfach schreiben, meinte sie damals. Schade, daß sie das noch immer nicht getan hat; ich hätte die Erzählung, ihre, gern in unsere Auswahl aufgenommen.

Während der vielen Gespräche mit Gabriele Wohmann und ihrem Mann wirkte die Arbeitssituation fast schon familiär. Jeder saß auf dem mittlerweile längst angestammten Sessel (Reiner Wohmann sitzt gewöhnlich auf dem Sofa), wir rauchten, verglichen meine jeweils neueste Liste mit der vorhergehenden, manchmal fragte Gabriele Wohmann, ob mein Tee inzwischen nicht doch schon viel zu kalt sei, und an einem dieser Nachmittage stimmte dann die Auswahl endlich auch mit dem vorgesehenen Umfang überein. Bei der wiederholten Lektüre war meine Liste nämlich länger und länger geworden und mußte, als es an die Umfangsberechnung ging, entschlossen gekürzt werden. Daß die Auswahl dadurch subjektiver geworden ist, die persönlichen Vorlieben deutlicher macht, zeigt, wie herstellerische Zwänge durchaus ihr Gutes haben können. Aber die Tatsache, daß (trotz so offenkundiger Subjektivität des Lektors) die Autorin sich hier angemessen vertreten sieht, ist ja erst

die eine Seite einer Sache, die nun allein den Leser angeht. Und da, meine ich, sollen die »Ausgewählten Erzählungen aus zwanzig Jahren« nicht nur einen Überblick geben, sie sollen auch eine Einladung besonders an junge Leser sein, sich, vielleicht zum erstenmal, mit der Erzählerin Gabriele Wohmann zu beschäftigen.
Die Texte sind chronologisch geordnet nach dem Entstehungsdatum, über das Reiner Wohmann fast klaglos Buch führt. (Es hätte der Intention dieser sich aufs Erzählerische konzentrierenden Auswahl widersprochen, hier auch noch eine mehr experimentelle Schreibphase der Jahre 67–71 zu berücksichtigen.) Unsere Auswahl beginnt mit der Erzählung »Ein unwiderstehlicher Mann« – Ende 1956 entstanden und im Februar 1957, als Gabriele Wohmanns erste Veröffentlichung, in den »Akzenten« gedruckt – und sie endet mit der 1977 geschriebenen Erzählung »Nachmittag in der Tannenhofstraße«. An neuen Arbeiten aus den Jahren 1978 und 1979, die in dem Band »Paarlauf« gesammelt sind, führt Gabriele Wohmann vor, wie verlockend für sie die Form der Erzählung bis heute geblieben ist.

Thomas Scheuffelen

Quellenhinweis

Die vorliegende Auswahl wäre nicht möglich gewesen ohne das freundliche Entgegenkommen folgender Verlage, denen wir für die Abdruckerlaubnis danken:

Dem Band Gabriele Wohmann, »Sieg über die Dämmerung« (Piper Verlag, München 1960) sind entnommen: *Sieg über die Dämmerung, Im Irrgarten, Der Antrag, Grün ist schöner.*
Dem Band Gabriele Wohmann, »Erzählungen« (Verlag Langewiesche-Brandt, Ebenhausen 1966) sind entnommen: *Ein unwiderstehlicher Mann, Wiedersehen in Venedig, Eine Okkasion, Eine großartige Eroberung, Die Klavierstunde, Zu Besuch, Ich Sperber, Die Verabredung, Ein Fall von Leichtsinn, Hamster Hamster.*
Dem Band Gabriele Wohmann, »Alles zu seiner Zeit« (dtv Nr. 1164, München 1976) ist entnommen: *In der Veranda* (Rechte beim Verlag Eremitenpresse).
Folgende Erzählungen sind den im Verlag Eremitenpresse erschienenen Büchern von Gabriele Wohmann entnommen:
»Sonntag bei den Kreisands« (Düsseldorf 1970): *Sonntag bei den Kreisands, November paßt, Alles für die Galerie, Ablenkung.*
»Habgier« (Düsseldorf 1973): *Habgier, Kompakt, Antrittsrede, Nur keine Aufregung.*
»Böse Streiche« (Düsseldorf 1977): *Regensommer.*
»Das dicke Wilhelmchen« (Düsseldorf 1978): *Das dicke Wilhelmchen, Das Morgengebet.*
»*Ein Fall von Chemie*« dem gleichnamigen Band (Düsseldorf 1975).
»*Die Nächste, bitte!*« dem gleichnamigen Band (Düsseldorf 1978).

Leider ist es nicht gelungen, die Genehmigung zum Abdruck der Erzählung *Die Bütows* (Eremitenpresse, Düsseldorf 1967) zu erhalten.